박혜선 亦功 국어

# 콤팩트한 단원별 문제풀이

박혜선 편저

# 독해 편(문학, 비문학)

**한 권으로 전 영역 파이널 요약 + 문풀을 단번에**

**평균 99점 수석 합격자, 2관왕, 초시 합격자들 다수 배출**

동영상강의 www.pmg.co.kr

# 出事俵(출사표)를 던지는 亦功이들에게
## 박문각 국어 1위 혜선 쌤이 보내는 편지

안녕하세요. 여러분들의 합격을 누구보다도 간절하게 기원하는 혜선 쌤입니다.

올인원, 고득점의 결정타, 신기록 기출 강의부터 차근히 커리를 밟아 온 역공이들!

이번 혜선 쌤의 최고 시그니처 강의인 콤팩트한 단원별 문제 풀이(일명: 콤단문)에 오신 것을 환영합니다.

국가직까지 80일, 지방직까지 150일밖에 남지 않은 이 시점에서 제가 여러분들께 드리고 싶은 말씀은

**"끝까지 독기 품고 견디고 나아가세요.**
**산 넘고 물 넘다 보면 우리는 정상에 와 있을 거예요"**입니다.

사실 출사표라는 단어의 원래 한자는 '출사표(出師表: 出 날 출 師 스승 사 表 겉 표)'입니다.

출사표(出師表)란 출병할 때에 그 뜻을 적어서 임금에게 올리던 글을 의미합니다.

그만큼 2023 국가직, 지방직에 출전하게 될 우리 역공이들의 비장한 마음을 담기 위해 이번 교재의 알맹이는 '출좋포'가 아니라 '출사표'로 이름을 정했답니다.

하지만 제가 이번에 정한 '**出事俵(출사표)**'는 좀 더 특별한 의미를 담고 있습니다.

첫째, 출제자들이 사랑하는 포인트의 준말,

둘째, 깊고 큰 지혜를 가진 우리 亦功이들이 국가의 새로운 인재가 되어 세상의 중심으로 튀어 오르라는 의미가 있습니다.

콤단문은 작년에 수석합격자, 2관왕, 여러 단기합격자들에게 검증된 최고의 학습서입니다.

최대한 적중에서 벗어나지 않으려 정말 철저하고 정성스럽게 집필한 교재인 만큼,

정말 이 교재가 우리 역공이들이 세상의 중심이 되는 새로운 인재가 되는 발판이 되길

간절하게 기원합니다.

이전에 시중에 없었던 '이론 족집게 出事俵(출사표)'와 '최빈출, 중간빈출, 제3빈출, 난이도 조절용'의 확실한 중요도 평정으로 역공이들의 노력이 결실을 맺길 기원합니다.

# ∼∽ 시중에 없던 콤단문, 범접할 수 없는 단기 합격 신화 ∾∿

### ⌕ 亦功 국어 박혜선의 콤단문을 필수 수강해야 하는 **첫 번째 이유**

콤단문의 핵심!! 출사표(出事俵) 이론과 적용으로 독해 편에서 알아야 할 핵심 비문학 이론, 문학 이론을 적중 동형 모의고사 이전에 확실하게 정리하고 갑니다. 혜선 쌤 사정상 이번 연도에는 무료 특강을 원 없이 깔아주지 못해서!! 아예 1년을 농축한 시그니처 무료 특강을 콤단문에 쏟아 부었습니다. 亦功이들이 불편한 부분 없이, 2023 잘 끌고 가라고 시그니처 특강을 콤단문에 쏘옥 담았으니! 1년의 과정을 4시간 안에 녹여 봅시다!

### ⌕ 亦功 국어 박혜선의 콤단문을 필수 수강해야 하는 **두 번째 이유**

어떤 비문학 지문이나 문학 지문이 나오더라도 亦功이들이 읽어 낼 수 있도록 수석 합격자와 2관왕들이 극찬한 발문에 따른 비문학 독해 방법, 현대 운문 독해 방법, 고전 운문 독해 방법을 전수해 드립니다. 발문에 따른 혜선 쌤만의 시그니처 문제 풀이 전략과 멘털 관리, 문제를 대하는 마음가짐까지 모두 수업에서 언급해 드리겠습니다.

### ⌕ 亦功 국어 박혜선의 콤단문을 필수 수강해야 하는 **세 번째 이유**

이 커리 뒤가 진짜다! 전문 출제 위원들이 합심한 동형 모의고사 국가직, 지방직 대비의 동형 모의는 먼저 하는 사람이 이기는 게임입니다. 누가 더 동형 모의고사가 익숙해지느냐에 따라 단기 합격이 결정이 되지요. 단, 실제 시험과 난이도, 지문 길이, 문제 구성, 선택지 구성이 동일한 양질의 시험을 잘 선택해야 합니다. 이러한 디테일까지 챙기는 모의고사가 바로 혜선 쌤의 파이널 적중 모의고사입니다. 전문 출제 위원과 철저하게 분석하고 연구해 낸 모의고사를 풀기 직전, 문법을 가장 확실하게 정리할 수 있게 하는 것이 바로 콤단문입니다.

### ⌕ 亦功 국어 박혜선의 콤단문을 필수 수강해야 하는 **네 번째 이유**

누구보다 트렌드를 빨리 읽는 혜선 쌤이 2023에 선정한 비문학 유형들, 문학 유형들을 최고의 퀄리티와 적정한 양으로 풀 수 있게 됩니다. 특히 다루기 어려운 PSAT 추론, 사례 추론, 밑줄 추론, 빈칸 추론 등 추론 영역은 혜선 쌤의 주력 분야이니 믿고 역공이들은 따라와 주시면 됩니다! 또한 메타인지 관리표로 회독 수와 자신이 못하는 독해 영역을 확인할 수 있으니 동형 직전의 대비를 확실하게 하실 수 있습니다!

시중에 없던 혁신적인 콤단문 독해 편을 통해 올해 또한 많은 亦功이들이 인생에서 잊지 못할 최고의 성과를 내길 기원합니다. 여러분들의 단기합격을 끝까지 기도하고 그때까지 최고의 지원을 아끼지 않겠습니다.

2023년 1월 편저자

박혜선 惠旋

亦功이들 필독!

**필독!!!**  콤단문 비문학 편으로 단기 합격하는 방법!

교재에 펜으로 풀어 버리면 나중에 보기 어려우니, 공책(혹은 포스트잇)에 풀고
틀린 것, 애매하게 맞은 것만 체크합니다.

**❶**

혜선 쌤이 콤단문 강의에서 풀어준 문제는 특히 당일에 바로 복습한다.
나머지 문제는 20문제씩 끊어 푼 후 한꺼번에 채점,
오답한 후 다음 20문제를 풀고 똑같은 과정을 반복한다.

**❷**

틀리거나 애매하게 맞은 문제는 미리 표시한다. 절대 답을 체크하지 말고 오답을 시작한다.

**❸**

내 사고 과정에 어떤 문제점이 있었는지 고민한다.
(고민 방법은 수업 시간에 혜선 쌤이 알려 줄 예정)

**❹**

사고 과정 오류의 공통 지점을 인식한다.

**❺**

특히 많이 틀리는 비문학 유형을 인식해 놓고
실제 동형 시즌에서 이 부분을 특히 더 잘 맞히려고 노력한다.

## 필독!!! 콤단문 문학 편으로 단기 합격하는 방법!

교재에 펜으로 풀어 버리면 나중에 보기 어려우니, 공책(혹은 포스트잇)에 풀고
틀린 것, 애매하게 맞은 것만 체크합니다.

**❶**

혜선 쌤이 콤단문 강의에서 풀어준 문제는 특히 당일에 바로 복습한다.
나머지 문제는 20문제씩 끊어 푼 후 한꺼번에 채점,
오답한 후 다음 20문제를 풀고 똑같은 과정을 반복한다.

**❷**

혜선 쌤이 콤단문에서 알려주는 문학 이론은 작년 가장 인기가 많았던 무료 특강 내용에 근거한다.
그러니 정말 최소화된 이 문학 이론은 무조건 숙지한다.

**❸**

혜선 쌤이 따로 주는 풍부한 문제들에 적용하며 문학 적용력을 기른다.

**❹**

신기록 문학 기출과 병행하며 공부해야 한다. (이유는 수업 시간에 공지 예정)

**❺**

특히 많이 틀리는 문학 유형(고전 운문, 고전 산문, 현대 운문, 현대 산문)을 인식해 놓고
실제 동형 시즌에서 이 부분을 특히 더 잘 맞히려고 노력한다.

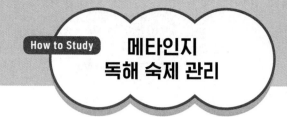

**How to Study** 메타인지 독해 숙제 관리

※총 한주에 4일로 5주 과정이지만, 한 주에 7일로 계산하면 총 3주 과정으로도 끝납니다. 본인의 학습 과정에 따라 조절해 주세요.

| 주차 | 단원 | | 학습 내용 | 회독(색칠) | | | | 세부 취약 파트 체크 |
|------|------|---|-----------|-----------|---|---|---|---------------------|
| 1주차 | PART 01<br>필수 비문학<br>이론. 1단계 | 0일 | 콤단문 독해 편 사용법 OT<br>(필수적으로 기억해야 하는, 혜선 쌤과의 약속)<br>• 가장 중요한 비문학 독해 팁 | ☆ | ☆ | ☆ | ☆ | ∨ _____<br>∨ _____ |
| | | 1일 | CH.1 설명 방식 | ☆ | ☆ | ☆ | ☆ | ∨ _____<br>∨ _____ |
| | | 2일 | CH.2 접속어 넣기 | ☆ | ☆ | ☆ | ☆ | ∨ _____<br>∨ _____ |
| | PART 02<br>'내용' 완전 격파 | 3일 | CH.1 중심 화제, 주제, 제목 찾기<br>CH.2 중심 내용 찾기 | ☆ | ☆ | ☆ | ☆ | ∨ _____<br>∨ _____ |
| | | 4일 | CH.3 내용 일치, 불일치 | ☆ | ☆ | ☆ | ☆ | ∨ _____<br>∨ _____ |
| 2주차 | | 5일 | CH.4 내용 추론 일치, 불일치 | ☆ | ☆ | ☆ | ☆ | ∨ _____<br>∨ _____ |
| | PART 03<br>'최고 오답률'<br>완전 격파 3단계 | 6일 | CH.1 지시 대상 찾기 | ☆ | ☆ | ☆ | ☆ | ∨ _____<br>∨ _____ |
| | | 7일 | CH.2 문장, 문단 배열하기 | ☆ | ☆ | ☆ | ☆ | ∨ _____<br>∨ _____ |
| | | 8일 | CH.3 문장 하나 넣어서 배열하기 | ☆ | ☆ | ☆ | ☆ | ∨ _____<br>∨ _____ |

| 주차 | 단원 | | 학습 내용 | 회독(색칠) | | | | 세부 취약 파트 체크 |
|---|---|---|---|---|---|---|---|---|
| 3주차 | PART 04 '추론' 완전 격파 | 9일 | CH.1 PSAT 추론 | ☆ | ☆ | ☆ | ☆ | ∨ ———<br>∨ ——— |
| | | 10일 | CH.2 밑줄 추론<br>CH.3 사례 추론 | ☆ | ☆ | ☆ | ☆ | ∨ ———<br>∨ ——— |
| | | 11일 | CH.4 빈칸 추론+이어질 내용 추론 | ☆ | ☆ | ☆ | ☆ | ∨ ———<br>∨ ——— |
| 4주차 | PART 05 '화법' 완전 격파 5단계 | 12일 | CH.1 말하기 방식 | ☆ | ☆ | ☆ | ☆ | ∨ ———<br>∨ ——— |
| | | 13일 | CH.2 공손성의 원리 | ☆ | ☆ | ☆ | ☆ | ∨ ———<br>∨ ——— |
| | | 14일 | CH.3 협력의 원리 | ☆ | ☆ | ☆ | ☆ | ∨ ———<br>∨ ——— |
| | PART 06 '문학' 필수 이론 완전 격파 | 15일 | CH.1 문학 감상 방법<br>CH.2 운문 필수 이론 | ☆ | ☆ | ☆ | ☆ | ∨ ———<br>∨ ——— |
| | | 16일 | • 현대 운문 독해법 출사표(出事俵) | ☆ | ☆ | ☆ | ☆ | ∨ ———<br>∨ ——— |
| 5주차 | | 17일 | • 고전 운문 독해법 출사표(出事俵) | ☆ | ★ | ☆ | ☆ | ∨ ———<br>∨ ——— |
| | | 18일 | CH.3 산문 필수 이론 | ☆ | ☆ | ☆ | ☆ | ∨ ———<br>∨ ——— |

## 가장 중요한 비문학 독해 팁

### 1. 중심 화제 찾기

(1)

국가정보자원관리원과 ○○시는 빅데이터 기반의 및 층형 복지 서비스 분석 사업을 수행했다. 국가정보자원 관리원은 자체 확보한 공공 데이터와 ○○시로부터 받 은 복지 사업 관련 데이터를 활용하여 **복지 공급 지역** 를 제작하고, 복지 기관 접근성 분석을 통해 취약 지역

### 2. 구조 파악하기

(1) **구조**

**개념이 개념은 분류 개념, 비교 개념, 정량 개념으로 분류할 수 있다.** 식물학과 동물학의 종, 속, 목처럼 분명 한 경계를 가지고 대상들을 분류하는 개념들이 분류 개 념이다. 어린이들이 맨 처음에 배우는 단어인 '사과', '개', '나무' 같은 것 역시 분류 개념인데, 하위 개념으로

**1** 가장 중요한 비문학 독해 팁, 낯선 지문도 똑소리 나게 읽자!

혜선 쌤의 비장의 무기! 비문학이 어려운 사람들에 게 합격의 지름길이 될 혜선 쌤의 노하우가 담긴 독 해 팁입니다.

**2** 대표 출사표 발문 체크, 발문이 생명이다!

많은 합격 후기에서 입증된 발문에 따른 문제 풀이 법을 전수할 예정입니다.

### 대표 **출사표** 발문 체크

01 다음에서 제시한 글의 전개 방식의 예로 가장 적절한 것은? 2020 국가직 9급
02 다음 글의 주된 서술 방식은? 2021 국가직 9급
03 다음 글에 대한 설명으로 적절하지 않은 것은? 2016 지방직 9급

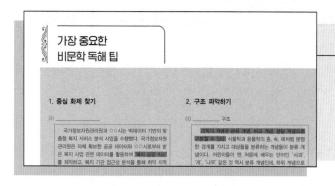

**출사표 이론, 어떤 특강 부럽지 않다!** **3**

가장 중요한 비문학, 문학 이론을 최소화하여 파이널 정 리, 요약해 주는 섹션입니다. 1년 커리를 하나에 넣은 작년 대박 난 무료 특강을 업그레이드하여 넣었습니다.

**4** 출사표 적용, 적용까지 되어야 진짜 실력!

출사표 이론을 실제로 문제에 어떻게 적용할지 세 세하게 알려주는 섹션입니다. 수석 합격자를 배출 한 혜선 쌤의 노하우가 농축된 섹션입니다.

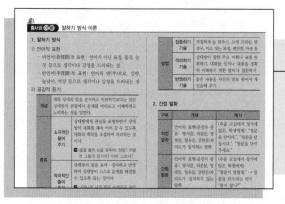

**5** 문학 필수 이론, 걱정 마! 1년 다 녹여 드릴게요.

1년 커리를 4시간 안에 녹여 작년에 대박 났던 무료 특강을 업그레이드한 버전입니다. 시험에 필수적인 이론만 발췌해서 역공이들의 늘어져 있는 이론을 효율적으로 모아 줍니다.

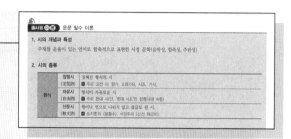

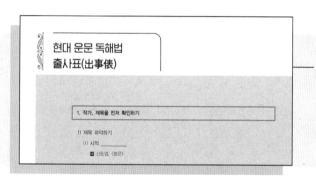

**6** 현대 운문 독해법, 더 이상 어렵지 않은 현대 시!

처음 보는 시도 맞힐 수 있게 만들어주는 박혜선 시그니처 독해법입니다. 현대 운문을 읽고 문제를 풀 수 있는 눈을 길러 줍니다.

**7** 고전 운문 독해법, 고전 운문 정복하면 고득점 신기록 경신!

학생들의 만족도가 가장 높은 고전 운문 독해법입니다. 고전 운문 독해의 신세계를 보게 될 섹션입니다. 고득점을 결정하는 고전 운문을 읽는 방법, 해석하는 방법을 완전 격파합니다.

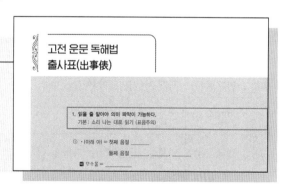

## ● 국가직 9급 경향 (문학)

| | | | | |
|---|---|---|---|---|
| **2022** | 현대 운문 | 신동엽, <봄은> | 현대 산문 | 이태준, <패강랭> |
| | 고전 운문 | 유응부, <간밤의 부던 부람에><br>이항복, <철령(鐵嶺) 높은 봉(峰)에><br>계랑, <이화우(梨花雨) 훗뿌릴 제><br>조식, <삼동(三冬)의 뵈옷 닙고> | 고전 산문 | 김만중, <구운몽> |
| **2021** | 현대 운문 | 조병화, <나무의 철학> | 현대 산문 | 이상, <권태><br>김정한, <산거족> |
| | 고전 운문 | 작자 미상, <動動><br>황진이, <동짓돌 기나긴 밤을><br>성혼, <말 업슨 청산(靑山)이오><br>이현보, <농암(籠巖)에 올라보니><br>박인로, <반중(盤中) 조홍(早紅)감이> | 고전 산문 | |
| **2020** | 현대 운문 | 박남수, <아침 이미지><br>김소월, <산유화> | 현대 산문 | 조세희, <난장이가 쏘아 올린 작은 공><br>양귀자, <비 오는 날이면 가리봉동에 가야 한다> |
| | 고전 운문 | 김창협, <산민><br>이달, <제총요(祭塚謠)> | 고전 산문 | 일연, 《삼국유사》 |
| **2019** | 현대 운문 | 신동엽, <이야기하는 쟁기꾼의 대지> | 현대 산문 | 이강백, <파수꾼><br>황순원, <목넘이 마을의 개> |
| | 고전 운문 | 박인로, <누항사(陋巷詞)><br>허난설헌, <사시사(四時詞)> | 고전 산문 | 작자 미상, <춘향전> |
| **2018** | 현대 운문 | 곽재구, <사평역에서> | 현대 산문 | 김유정, <봄봄> |
| | 고전 운문 | 정철, <내 마음 베어 내어><br>임제, <무어별(無語別)> | 고전 산문 | 김만중, <구운몽> |
| **2017 추가 채용** | 현대 운문 | 박재삼, <울음이 타는 가을 강> | 현대 산문 | 법정스님, <무소유><br>김승옥, <무진기행> |
| | 고전 운문 | 황진이, <어져 내 일이야>,<青山은 내 뜻이오>,<冬至ㅅ돌 기나긴 밤을>,<山은 녯 山이로되> | 고전 산문 | 허균, <홍길동전> |
| **2017** | 현대 운문 | 정희성, <저문 강에 삽을 씻고><br>김기림, <바다와 나비> | 현대 산문 | 황석영, <삼포 가는 길><br>최일남, <노새 두 마리><br>오정희, <중국인 거리><br>박태원, <소설가 구보 씨의 일일> |
| | 고전 운문 | 작자 미상, <구지가> | 고전 산문 | 작자미상, <유충렬전> |
| **2016** | 현대 운문 | 기형도, <엄마 걱정><br>천상병, <귀천> | 현대 산문 | 성석제, <몰두><br>염상섭, <만세전> |
| | 고전 운문 | | 고전 산문 | 이규보, <경설><br>김만중, <사씨남정기> |

## ● 지방직 9급 경향 (문학)

| 2022 | 현대 운문 | 김소월, <산> | 현대 산문 | 이효석, <메밀꽃 필 무렵><br>황석영, <삼포 가는 길> |
|---|---|---|---|---|
| | 고전 운문 | 심환지, <육각지하화원소정염운<br>(六閣之下花園小亭拈韻) | 고전 산문 | 작자 미상, <홍계월전><br>작자 미상, <장끼전> |
| 2021 | 현대 운문 | 조지훈, <봉황수> | 현대 산문 | 강신재, <젊은 느티나무><br>박경리, <토지><br>김훈, <수박><br>이강백, <느낌, 극락 같은> |
| | 고전 운문 | 길재, <오백년 도읍지를> | 고전 산문 | 작자 미상, <춘향전> |
| 2020 | 현대 운문 | 함민복, <그 샘> | 현대 산문 | 오정희, <중국인 거리> |
| | 고전 운문 | | 고전 산문 | 작자 미상, <봉산탈춤><br>이첨, <저생전><br>작자 미상, <주몽신화> |
| 2019 | 현대 운문 | 반영론적 관점 + 박목월, <나그네> | 현대 산문 | 이호철, <닳아지는 살들><br>신영복, <독서칼럼> |
| | 고전 운문 | 이황, <고인(古人)도 날 몯 보고><br>윤선도, <술은 어이ᄒᆞ야 됴ᄒᆞ니><br>작자미상, <우레ᄀᆞ치 소ᄅᆞ나는 님을><br>권섭, <하하 허허 흔들> | 고전 산문 | 김만중, 《사씨남정기》 |
| 2018 | 현대 운문 | 박목월, <청노루> | 현대 산문 | 염상섭, <삼대> |
| | 고전 운문 | 정훈, 〈탄궁가〉<br>정철, <마을 사람들아> | 고전 산문 | 임춘, <공방전><br>작가 미상, 〈흥부전〉 |
| 2017<br>추가<br>채용 | 현대 운문 | 이형기, <낙화> | 현대 산문 | 조세희, <난쟁이가 쏘아 올린 작은 공> |
| | 고전 운문 | 월명사, <제망매가(祭亡妹歌)> | 고전 산문 | |
| 2017 | 현대 운문 | 정지용, <忍冬茶> | 현대 산문 | 김유정, <만무방> |
| | 고전 운문 | 변계량, <내히 됴타 ᄒᆞ고><br>정철, <재 너머 성권농(成勸農) 집의><br>허난설헌,<春雨> | 고전 산문 | |
| 2016 | 현대 운문 | | 현대 산문 | 김동인, <광염 소나타><br>박태원, <천변풍경> |
| | 고전 운문 | | 고전 산문 | 작자 미상, <주몽신화> |

● 국가직 7급 경향(문학)

| 2020 | 현대 운문 | 백석, <여승> | 현대 산문 | 성석제, <황만근은 이렇게 말했다> |
|---|---|---|---|---|
| | 고전 운문 | 윤선도, <견회요> | 고전 산문 | 작자 미상, <규중칠우쟁론기><br>판소리 사설의 적층성 |
| 2019 | 현대 운문 | 김영랑, <독을 차고> | 현대 산문 | 윤흥길, <아홉 켤레의 구두로 남은 사내> |
| | 고전 운문 | 최돈성 <애국가><br>성삼문, <수양산(首陽山) 부라보며><br>한호, <짚방석(方席) 내지 마라><br>황진이, <내 언제 무신(無信)후야><br>원천석, <흥망(興亡)이 유수(有數)하니><br>작자미상, <나모도 바히돌도 업슨> | 고전 산문 | - |
| 2018 | 현대 운문 | 정호승, <슬픔이 기쁨에게> | 현대 산문 | 이청준, <전짓불 앞의 방백><br>이청준, <소문의 벽> |
| | 고전 운문 | 작자미상, <썻썻 常 평홀 平 통홀> | 고전 산문 | 이규보, <이옥설><br>허균, <내 벗이 사는 집> |
| 2017<br>추가<br>채용 | 현대 운문 | 이문재, <농업박물관 소식><br>문태준, <가재미><br>윤제림, <공군소령 김진평><br>마종기, <아프리카의 갈대> | 현대 산문 | 유홍준, 《나의 문화유산답사기 1》 |
| | 고전 운문 | 윤선도, <어부사시사><br>계랑, <千里에 외로온 쑴만><br>이조년, <多情도 病인 냥후여><br>정몽주, <단심가><br>박인로, <선상탄(船上歎)> | 고전 산문 | 박지원, <상기(象記)> |
| 2017 | 현대 운문 | - | 현대 산문 | - |
| | 고전 운문 | 정철, <속미인곡><br>정철, <머귀 잎 지고야> | 고전 산문 | 박지원, <호질><br>이규보, <뇌설> |
| 2016 | 현대 운문 | 천상병, <귀천> | 현대 산문 | 현진건, <운수 좋은 날> |
| | 고전 운문 | 허전, <고공가(雇工歌)> | 고전 산문 | 가전체 |

## ● 지방직 7급 경향(문학)

| | | | | |
|---|---|---|---|---|
| 2021 | 현대 운문 | 김기택, <풀벌레들의 작은 귀를 생각함> | 현대 산문 | 윤흥길, <장마> |
| | 고전 운문 | 우탁, <흔 손에 막뒤 잡고> | 고전 산문 | 박지원, <큰누님 박씨 묘지명><br><호랑이의 웃음><br><박쥐의 처세술> |
| 2020 | 현대 운문 | 조지훈, <석문> | 현대 산문 | 임철우, <사평역> |
| | 고전 운문 | 정철, <관동별곡(關東別曲)><br>윤선도의 <오우가(五友歌)> | 고전 산문 | 김시습, <이생규장전(李生窺墻傳)><br>박지원, <예덕선생전> |
| 2019 | 현대 운문 | 이성부, <봄> | 현대 산문 | - |
| | 고전 운문 | 백수광부의 처, <공무도하가><br>작자 미상, <서경별곡> | 고전 산문 | 천승세, <만선><br>박지원, <호질> |
| 2018 | 현대 운문 | 신경림, <농무> | 현대 산문 | - |
| | 고전 운문 | 정철, <관동별곡><br>송순, <면앙정가> | 고전 산문 | 박찬욱 외, <공동경비구역 JSA><br>이광수, <무정> |
| 2017 | 현대 운문 | 김광규, <대장간의 유혹> | 현대 산문 | 김동리, <역마><br>이태준, <달밤> |
| | 고전 운문 | 정철, <사미인곡><br>김수장, <서방님 병(病) 들여 두고><br><갓나희들이 여러 층(層)이오매><br>정극인, <상춘곡><br>정서, <정과정> | 고전 산문 | 작자미상, <춘향전><br>혜경궁 홍씨, <한중록> |
| 2016 | 현대 운문 | 박남수, <종소리> | 현대 산문 | |
| | 고전 운문 | 이황, <도산십이곡> | 고전 산문 | |

● **국가직 9급, 7급 경향(비문학)**

|  | 9급 | 7급 |
|---|---|---|
| 2022 | 화법 말하기 방식 2문제<br>일반 추론 부정 발문<br>사례 추론<br>서술 방식<br>내용 일치 부정 발문<br>문단 전개 순서<br>문장 전개 순서<br>내용 일치 긍정 발문 | 없음 |
| 2021 | 토의 말하기 방식, 공손성의 원리<br>글의 설명 방식<br>글의 서술 방식(비유)<br>사례 추론 2문제<br>문장, 문단 배열 순서<br>내용 불일치<br>빈칸 추론<br>내용 추론 불일치 | 없음 |
| 2020 | 내용 불일치<br>화법 의사소통 방식(말하기 방식),<br>화법 'A'의 대화 진행 전략(말하기 방식)<br>글의 전개방식(서술 방식-인과)<br>내용 일치<br>빈칸 추론 2문제<br>내용 불일치<br>내용 추론 불일치<br>밑줄 추론 | 화법 공감적 대화<br>문단 배열 순서(전개 순서)<br>내용 추론 불일치 2문제<br>내용 일치<br>빈칸 추론<br>내용 추론 불일치<br>표현상의 특징[(가)와 (나)의 설명 방식]<br>빈칸 추론(적층적 문학의 특징)<br>PSAT 추론(20번) |

| | 9급 | 7급 |
|---|---|---|
| 2019 | 화법 이론 '토론 논제 고르기'<br>화법 공감적 듣기<br>화법 말하기 방식<br>빈칸 추론(골계, 해학, 풍자)<br>문장 하나 배열하기<br>내용 추론 불일치[(가)와 (나) 추론]<br>글쓰기 전략(설명 방식)<br>내용 추론 일치[(가)와 (나) 추론]<br>내용 불일치<br>사례 추론<br>중심내용 찾기[(가),(나),(다),(라)] | 내용 추론 일치<br>내용 일치<br>빈칸 추론<br>글의 주장 찾기(중심내용)<br>내용 불일치 3문제<br>내용 추론 불일치(가장 긺) |
| 2018 | 중심 내용 찾기<br>작문 글의 통일성 없는 내용 찾기<br>밑줄 + 사례 추론<br>(우연, 애매어, 결합, 분해의 오류)<br>주된 서술 방식<br>내용 불일치<br>내용 추론 불일치<br>내용 일치 | 내용 추론 불일치 3문제<br>화법 말하기 방식<br>내용 추론 일치 2문제<br>내용 불일치 |

# 5개년 지방직 9, 7급 기출 경향

## ● 지방직 9급, 7급 경향(비문학)

| | 9급 | 7급 |
|---|---|---|
| 2022 | 주된 서술 방식(묘사)<br>내용 불일치 2문제<br>밑줄 추론(밑줄 내용 일치_파놉티콘, 시놉티콘)<br>문단 배열 순서(전개 순서)<br>화법 말하기 방식<br>내용 불일치<br>글의 주제 찾기<br>PSAT 추론 2문제 | 화법 말하기 방식<br>설명방식<br>주된 서술 방식<br>내용 일치<br>한자성어 삽입<br>내용 불일치<br>빈칸 추론(2개의 빈칸)<br>문단 배열 순서(글의 전개 순서)<br>밑줄 추론(문맥 고치기)<br>빈칸 추론<br>PSAT 추론 2문제 |
| 2021 | 화법 말하기 방식<br>사례 추론<br>내용 일치 2문제<br>글의 결론 찾기(중심 내용)<br>내용 불일치<br>지시 대상<br>접속어 추론<br>빈칸 추론<br>내용 추론 일치 | 화법 말하기 방식(+내용)<br>내용 일치<br>밑줄 추론(주장에 대한 비판)<br>작문 개요 넣기<br>주된 서술 방식<br>내용 불일치<br>내용 일치<br>내용 추론 불일치<br>PSAT 추론 |
| 2020 | 화법 공손성의 원리(말하기 방식)<br>작문 내용 생성 2문제<br>글의 주장(중심 내용 찾기) 2문제<br>밑줄 추론(바이러스)<br>문단 배열 순서(전개 순서)<br>내용 추론 불일치<br>지시 대상(다른 주체 찾기) | 문장 배열 순서(글의 전개 순서)<br>내용 일치<br>내용 추론 일치<br>작문 개요 넣기<br>내용 추론 불일치<br>중심 내용 찾기(주장 찾기)<br>내용 불일치 2문제<br>진술 방식 |

| | 9급 | 7급 |
|---|---|---|
| 2019 | 화법 토론에서 사회자의 역할<br>화법 진행자의 말하기 방식<br>글쓰기 방식(설명 방식)<br>내용 일치 2문제<br>제목 찾기<br>내용 불일치<br>내용 추론 불일치 | 작문 내용 생성<br>주된 서술 방식<br>중심 내용 찾기(결론 찾기)<br>내용 불일치 2문제<br>빈칸 추론(단어 추론)<br>작문 신문 기사의 구성 파악하기<br>내용 추론 불일치<br>내용 일치 |
| 2018 | 화법 의사소통 장애(말하기 방식)<br>화법 간접 발화<br>밑줄 추론<br>문단의 배열 순서(전개 순서)<br>내용 추론 불일치 2문제<br>내용 불일치<br>작문 조건에 부합하는 글 찾기 | 화법 토의 참여자의 말하기 방식<br>내용 일치 2문제<br>문단 배열 순서(전개 순서)<br>설명 방식<br>내용 불일치(요트 문제 난이도 상) |

PART

# 01

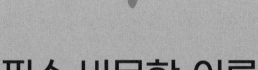

필수 비문학 이론,
1단계

박혜선 亦功 국어
**콤단문** 독해

# 가장 중요한 비문학 독해 팁

## 1. 중심 화제 찾기

(1) _____

> 국가정보자원관리원과 ○○시는 빅데이터 기반의 맞춤형 복지 서비스 분석 사업을 수행했다. 국가정보자원관리원은 자체 확보한 공공 데이터와 ○○시로부터 받은 복지 사업 관련 데이터를 활용하여 복지 공감 지도를 제작하고, 복지 기관 접근성 분석을 통해 취약 지역 지원 방안을 제시했다.
>
> 2022 국가직 9급 9번

(2) _____

> 자신의 신념과 일치하는 정보는 받아들이고 그렇지 않은 정보는 무시하는 경향을 확증 편향(confirmation bias)이라 한다. 자신의 믿음이나 견해와 일치하는 정보는 수용하고 그에 반대되는 정보는 무시하거나 부정하는 심리 경향이다.
>
> 2020 지방직 9급 19번

(3) _____되는 대상

> 컴퓨터에는 자유의지가 있을까? 나아가 컴퓨터에 도덕적 의무를 귀속시킬 수 있을까? 컴퓨터는 다양한 전기회로로 구성되어 있고, 물리법칙, 프로그래밍 방식, 하드웨어의 속성 등에 따라 필연적으로 특정한 초기 상태로부터 다음 상태로 넘어간다. 마찬가지로 두 번째 상태에서 세 번째 상태로 이동하고, 이러한 과정이 계속해서 이어진다. 즉 컴퓨터는 결정론적 법칙의 지배를 받는 시스템이라는 것이다. 그럼 이러한 시스템에는 자유의지가 있을까?
>
> 2022 지방직 9급 20번

## 2. 구조 파악하기

(1) _____ 구조

> 과학의 개념은 분류 개념, 비교 개념, 정량 개념으로 구분할 수 있다. 식물학과 동물학의 종, 속, 목처럼 분명한 경계를 가지고 대상들을 분류하는 개념들이 분류 개념이다. 어린이들이 맨 처음에 배우는 단어인 '사과', '개', '나무' 같은 것 역시 분류 개념인데, 하위 개념으로 분류할수록 그 대상에 대한 정보가 더 많이 전달된다. 또한, 현실 세계에 적용 대상이 하나도 없는 분류 개념도 있을 수 있다. 예를 들어 '유니콘'이라는 개념은 '이마에 뿔이 달린 말의 일종임' 같은 분명한 정의가 있기에 '유니콘'은 분류 개념으로 인정되는 것이다.
>
> '더 무거움', '더 짧음' 등과 같은 비교 개념은 분류 개념보다 설명에 있어서 정보 전달에 더 효과적이다. 이것은 분류 개념처럼 자연의 사실에 적용되어야 하지만, 분류 개념과 달리 논리적 관계도 반드시 성립해야 한다. 예를 들면, 대상 A의 무게가 대상 B의 무게보다 더 무겁다면, 대상 B의 무게가 대상 A의 무게보다 더 무겁다고 말할 수 없는 것처럼 '더 무거움' 같은 비교 개념은 논리적 관계를 반드시 따라야 한다.
>
> 마지막으로 정량 개념은 비교 개념으로부터 발전된 것인데, 이것은 자연의 사실로부터 파악할 수 있는 물리량을 측정함으로써 만들어진다. 물리량을 측정하기 위해서는 몇 가지 규칙이 필요한데, 그 규칙에는 두 물리량의 크기를 비교하는 경험적 규칙과 물리량의 측정 단위를 정하는 규칙 등이 포함된다. 이러한 정량 개념은 자연에 의해서 주어지는 것이 아니라 우리가 자연현상에 수를 적용하는 과정에서 생겨나는 것이다. 정량 개념은 과학의 언어를 수많은 비교 개념 대신 수를 사용할 수 있게 하여 과학 발전의 기초가 되었다.
>
> 2021 국가직 9급 20번

(2) _____ 구조

> 　문화란 공동체의 구성원들이 공유하는 생각과 행동 양식의 총체라고 할 수 있다. 문화를 연구하는 사람들의 주된 관심사는 특정 생각과 행동 양식이 하나의 공동체 안에서 전파되는 기제이다.
> 　이에 대한 견해 중 하나는 문화를 생각의 전염이라는 각도에서 바라보는 것이다. 예컨대, 리처드 도킨스는 '밈(meme)'이라는 개념을 통해 생각의 전염 과정을 설명하고자 했다. 그에 따르면 문화는 복수의 밈으로 이루어져 있는데, 유전자에 저장된 생명체의 주요 정보가 번식을 통해 복제되어 개체군 내에서 확산되듯이, 밈 역시 유전자와 마찬가지로 공동체 내에서 복제를 통해 확산된다.
> 　그러나 문화 전파의 기제를 설명하는 이론으로는 밈 이론보다 의사소통 이론이 더 적절해 보인다. 일례로, 요크셔 지역에 내려오는 독특한 푸딩 요리법은 누군가가 푸딩 만드는 것을 지켜본 후 그것을 그대로 따라 하는 방식으로 전파되었다기보다 요크셔 푸딩 요리법에 대한 부모와 친척, 친구들의 설명을 통해 입에서 입으로 전파되고 공유되었을 가능성이 크다.
>
> 2022 국가직 9급 20번

(3) _____ · _____ 구조

> 　반면에 일본의 어머니들은 대상의 '감정'에 특별히 신경을 써서 가르친다. 특히 자녀가 말을 안 들을 때에 그러하다. 예를 들어 "네가 밥을 안 먹으면, 고생한 농부 아저씨가 얼마나 슬프겠니?", "인형을 그렇게 던져 버리다니, 저 인형이 울잖아. 담장도 아파하잖아." 같은 말들로 꾸중하는 모습을 자주 볼 수 있다.

(4) _____ 구조

> 　과거에 예술은 고급 예술만을 의미했다. 특별한 재능을 가진 예술가의 작품을 귀족과 같은 상층 사람들이 제한된 장소에서 감상하기만 했다. 그러나 사진기와 같은 새로운 기술의 발명으로 기존의 걸작품이 복제되어 인테리어 소품이나 낭만적인 엽서로 사용되면서 대중도 예술 작품을 공유할 수 있게 되었다. 원작에 버금가는 위작이 만들어지고, 게다가 일상의 생필품처럼 사용되는 작품도 등장하게 되면서는, 대중은 더 이상 예술 작품을 수동적으로 감상하는 데에 머물지 않고 능동적으로 소비하고 실용적으로 사용하게 되었다.
>
> 2022 지방직 7급 12번

(5) _____ 구조

> 　이론 X에서 '만약 A가 일어나지 않았더라면 B도 일어나지 않았을 것이다.'의 의미는 무엇인가? 그것은, A가 일어나지 않고 B가 일어난 상황보다, A가 일어나지 않고 B도 일어나지 않은 상황이 A가 일어나고 B도 일어난 사실과 더 유사하다는 것이다. 가령 '만약 기온이 낮아지지 않았더라면 온도계 눈금은 내려가지 않았을 것이다.'라는 것은, 기온이 낮아지지 않고 온도계 눈금이 내려간 상황보다, 기온이 낮아지지 않고 온도계 눈금이 내려가지 않은 상황이 기온이 낮아졌고 온도계 눈금이 내려간 사실과 더 유사하다는 것이다.
>
> 2021 지방직 7급 20번

(6) 통시적 흐름에 따른 구조

> 15세기 중엽 구텐베르크가 인쇄술을 도입했을 때 인쇄업에는 모험적인 투자가 필요했다. 인쇄 시설은 자주 교체해야 했고 노동비용과 종잇값도 비쌌을 뿐 아니라, 막대한 투자금의 회수도 오래 걸렸다. 결국 15세기 말 인쇄업은 자금을 빌려주는 업자들에게 종속되었는데 그들은 경제적 목적을 가지고 책 사업을 장악하였다. 책은 생산 원가의 2 ~ 3배의 이윤을 남기는 고가의 제품이었기 때문이다. 필사본의 수량적 한계를 뛰어넘은 책은 상인들의 교역로를 따라 유럽 각지로 퍼져 나갔다. 이 사치품은 수지맞는 상품으로 시장에서 거래되었고, 그 과정에서 사상의 교환이 촉진되었다.
>
> 2021 지방직 7급 13번

# 3. 문장의 중요도 평정으로 글 읽기

(1) 너무 긴 문장을 읽는 법
: 필수 성분만 읽기

> 복지 공감 지도는 공간 분석 시스템을 활용하여 ○○시에 소재한 복지 기관들의 다양한 지원 항목과 이를 필요로 하는 복지 대상자, 독거노인, 장애인 등의 수급자 현황을 한눈에 확인할 수 있도록 구현한 것이다.
>
> 2022 국가직 9급 9번

> 일례로, 요크셔 지역에 내려오는 독특한 푸딩 요리법은 누군가가 푸딩 만드는 것을 지켜본 후 그것을 그대로 따라 하는 방식으로 전파되었다기보다는 요크셔 푸딩 요리법에 대한 부모와 친척, 친구들의 설명을 통해 입에서 입으로 전파되고 공유되었을 가능성이 크다.
>
> 2022 국가직 9급 20번

(2) 접속어로 평정하기

1) 앞이 더 중요한 접속어

① _____ 왜냐하면 _____

> 생산량이나 소득처럼 겉보기에 가장 간단할 것 같은 경제학적 개념도 이끌어 내는 데 각종 어려움이 따른다. 왜냐하면 거기에 수많은 가치 판단이 들어가기 때문이다.
>
> 2020 지방직 7급 6번

② _____ 예를 들어 _____

> 철자 읽기가 명료하다는 것은 한 글자에 대응되는 소리가 규칙적이어서 글자와 소리의 대응이 거의 일대일이라는 것을 의미한다. 그 예로 이탈리아어와 스페인어가 있다. 이 두 언어의 사용자는 의미를 전혀 모르는 새로운 단어를 발견하더라도 보자마자 정확한 발음을 할 수 있다. 이에 비해 영어는 철자 읽기의 명료성이 낮은 언어이다. 영어는 발음이 아예 나지 않는 묵음과 같은 예외도 많은 편이고 글자에 대응하는 소리도 매우 다양하다.
>
> 2021 국가직 9급 14번

2) 뒤가 더 중요한 접속어

① _____ 그러나, 하지만_____

> 농촌의 모습을 주된 소재로 삼는 A 드라마에 결혼 이주여성이 등장한다는 것은 그녀들이 직면한 여러 문제들을 다룰 기회가 마련되었다는 점에서 일단은 긍정적이다. 하지만 그녀들이 농촌에 정착하는 과정에서 경험하게 되는 다양한 문제들을 단순화할 수 있는 위험성도 내포하고 있다.
>
> 2022 지방직 7급 17번

> 과거에 서양에서는 그리스어나 라틴어가, 동양에서는 한자가 그 역할을 수행하기도 했다. 그러나 지금과 같은 글로벌 사회에서는 미디어나 교통수단의 발달에 힘입어 현재의 국제 통용어로 사용되는 영어가 과거의 국제 통용어들보다 훨씬 많은 힘을 발휘하고 있다.
>
> 2020 지방직 7급 8번

② _____ 그런데, 한편_____

> 효(孝)가 개인과 가족, 곧 일차적인 인간관계에서 일어나는 행위를 규정한 것이라면, 충(忠)은 가족이 아닌 사람들과의 관계, 곧 이차적인 인간관계에서 일어나는 사회적 행위를 규정한 것이었다. 그런데 언제부터인가 우리는 효를 순응적 가치관을 주입하는 봉건 가부장제 사회의 유습이라고 오해하는가 하면, 충과 효를 동일시하는 오류를 저지르는 경향이 많아졌다.
>
> 2019 지방직 9급 20번

③ _____ 그러므로, 따라서_____

> 대부분의 연출자는 선행 예술가로부터 영향을 받아 창작에 임하는 것이 너무도 당연하고 자연스럽다. 따라서 무대연출 작업 중에서 독보적인 창작을 걸러내서 배타적인 권한인 저작권을 부여하는 것은 매우 흔치 않은 경우이고, 후발 창작을 방해하는 요소로 작용할 수도 있다.
>
> 2022 지방직 9급 3번

3) 앞, 뒤가 중요한 접속어

① _____ 즉, 이처럼, 다시 말해_____

> 가장 단순한 생명체는 먹이가 그들에게 헤엄쳐 오게 만들고, 고등동물은 먹이를 구하기 위해 땅을 파거나 포획 대상을 추적하기도 한다. 이처럼 동물들은 자신의 목적을 위해 행동함으로써 환경을 변형시킨다.
>
> 2020년 지방직 9급 6번

② _____ 그리고, 또한, 뿐만 아니라, 게다가_____

> 운영 방안에는 지방자치 및 의회의 기능과 역할, 민주 시민의 소양과 자질 등에 관한 교육 내용이 포함된다. 또한 시의회 의장은 고유 권한으로 본회의장 시설 사용이 가능하도록 지원할 수 있다.
>
> 2022년 지방직 9급 9번

## 4. 모르는 어휘가 나올 때 쫄지 말기

― 내가 아는 쉬운 어휘로 바꾸기

> 따라서 요트의 추진 원리를 이해하기 위해서는 풍압이 추진력의 주(主)가 되는 풍하범주(風下帆舟)와, 양력이 주(主)가 되는 풍상범주(風上帆舟)를 구분하여야 한다.
>
> 요트가 바람을 뒤쪽에서 받아 주행하는 풍하범주의 경우에는 바람에 의한 압력이 돛을 경계로 하여 풍상 측에서 높고 풍하 측에서 낮게 된다. 따라서 압력이 높은 풍상 측에서 압력이 낮은 풍하 측으로 나아가려는 힘이 발생하는데 이 힘을 종합력이라고 한다. 이 총합력의 힘은 평행사변형 법칙에 의하여 요트를 앞으로 추진시키는 전진력과 옆으로 밀리게 하는 횡류력으로 분해될 수 있다. 센터보드나 킬(keel)과 같은 횡류방지장치에 의하여 횡류를 방지하면서 전진력을 이용하여 앞으로 나아갈 수 있게 된다.
>
> 요트가 바람을 거슬러 올라가는 풍상범주의 경우는 비행기 날개에서 양력이 발생하여 비행기가 뜨게 되는 원리와 동일한 원리에 의하여 요트가 추진하게 된다.
>
> 2018년 지방직 7급 20번

**Chapter**
# 01 설명 방식

**대표 출사표 발문 체크**

**01** 다음에서 제시한 글의 전개 방식의 예로 가장 적절한 것은? 2020 국가직 9급

**02** 다음 글의 주된 서술 방식은? 2021 국가직 9급

**03** 다음 글에 대한 설명으로 적절하지 않은 것은? 2016 지방직 9급

 **출사표 이론** 서술 방식

## 1. 정태적 전개 방식

### (1) 정의와 지정

| | |
|---|---|
| 정의<br>(定義) | 어떤 관점이나 현상에 대한 개념(뜻)을 설명하는 서술 방식<br>▶ ~란 ~이다. ~이라는 의미가 있다. ~이다. 이를 ~이라 한다.<br>예 소설이란 사실 또는 작가의 상상력에 바탕을 두고 허구적으로 이야기를 꾸며 나간 산문체의 문학 양식을 의미한다.<br>다음 세대에 자신의 모어(母語)를 전달하지 않고자 하는 행위를 '언어 자살(language suicide)'이라고 한다. |
| 지정<br>(指定) | 손가락으로 가리키듯, 확실하게 가리켜 정하는 것<br>예 저 책이 내가 말한 정말 재미있다는 소설책이야. |

### (2) 비교와 대조

| | |
|---|---|
| 비교<br>(比較) | 두 대상의 공통점을 서술<br>예 수지와 혜선이는 모두 예쁘다. |
| 대조<br>(對照) | 두 대상의 차이점을 서술<br>예 수지는 가볍다. 하지만(반면) 혜선 쌤은 무겁다. |

### (3) 분류와 분석

| | | |
|---|---|---|
| 분류<br>(分類) | 구분<br>(區分) | (종류) 상위 항목을 하위 항목으로 나누는 서술 방식<br>예 자동차에는 크기에 따라 소형차, 중형차, 대형차가 있다.<br>미술 작품에 등장하는 동물은 그 성격에 따라 나누어 보면 종교적·주술적인 동물, 신을 위한 동물, 인간을 위한 동물로 구분할 수 있다. |
| | 분류<br>(分類) | (종류) 하위 항목을 상위 항목으로 묶는 서술 방식<br>예 시, 소설, 수필 등을 문학이라고 한다. |
| 분석(分析) | | (구성이나 구조) 전체를 부분으로 나누어 설명하는 것<br>예 곤충은 머리, 가슴, 배로 나눌 수 있다.<br>자동차는 타이어, 핸들, 차체 등으로 구성되어 있다. |

(4) 유추

| | |
|---|---|
| 유추<br>(類推) | 유사한 점에 기초하여 다른 개념을 더 쉽게 설명함.<br>**예** 바이러스는 집에 몰래 들어온 도둑과도 같다. 바이러스도 도둑과 마찬가지로 우리 몸에 들어와서 멀쩡했던 장기들을 엉망으로 만들어 놓는다. |

(5) 예시

| | |
|---|---|
| 예시<br>(例示) | 어떤 내용에 구체적인 예를 드는 서술 방식<br>**예** 어떤 사물을 역사적 인물처럼 의인화하여 그 가계와 생애 및 개인적 성품, 공과(功過)를 기록하는 전기(傳記) 형식의 글을 가전이라고 한다. 거북·대나무·지팡이·술·돈 따위의 동물이나 식물, 생활에 필요한 물건 같은 사물을 의인화해 그 생애를 서술한다. |

(6) 묘사

| | |
|---|---|
| 묘사<br>(描寫) | 어떤 대상을 시각, 청각, 촉각 등을 사용하여 있는 그대로 생생하게 그림을 그리듯이 서술하는 방식<br>**예** 푸줏간에서는 한쪽 볼에 힘껏 쥐어질린 듯 여문 밤톨만한 혹이 달리고 그 혹부리에, 상기도 보이지 않는 손에 의해 끄들리고 있는 듯 길게 뻗친 수염을 기른 홀아비 중국인이 고기를 팔았다. |

(7) 문답

| | |
|---|---|
| 문답<br>(問答) | 중심 대상에 대해 질문하고 그에 대한 답을 서술하는 방식<br>**예** 그러면 말과 생각이 얼마만큼 깊은 관계를 가지고 있을까? 이 문제를 놓고 사람들은 오랫동안 여러 가지 생각을 하였다. 그 가운데 가장 두드러진 것이 두 가지 있다. 그 하나는 말과 생각이 서로 꼭 달라붙은 쌍둥이인데 한 놈은 생각이 되어 속에 감추어져 있고 다른 한 놈은 말이 되어 사람 귀에 들리는 것이라는 생각이다. 다른 하나는 생각이 큰 그릇이고 말은 생각 속에 들어가는 작은 그릇이어서 생각에는 말 이외에도 다른 것이 더 있다는 생각이다. |

(8) 문제 해결

| | |
|---|---|
| 문제 해결<br>(問題 解決) | 어떤 현상에 대한 문제점의 원인을 파악하고 문제를 해결하는 서술 방식 |

## 2. 동태적 전개 방식

(1) 서사

| | |
|---|---|
| 서사<br>(敍事) | 시간의 흐름에 따라 어떤 사건이나 일을 서술하는 방식. 보통 소설에서 많이 보인다.<br>**예** 사람들은 약속이나 한 듯 말을 잊었다. 어쩌면 그들은 열차를 기다리고 있다는 사실조차 망각하고 있는 것인지도 모른다. 중년 사내는 담배를 입에 문 채 성냥불을 댕기려다 말고 멍하니 난로의 불빛을 들여다보고 있다. 노인을 안고 있는 농부도, 대학생도, 쭈그려 앉은 아낙네들도, 서울 여자도, 머플러를 쓴 춘심이도 저마다의 손바닥들을 불빛 속에 적셔 두고 망연한 시선을 난로 위에 모은 채 모두들 아무 말도 하지 않았다. |

(2) 인과

| | |
|---|---|
| 인과<br>(因果) | 원인과 결과를 서술하는 설명 방식<br>**예** 한국의 자연환경은 사계(四季)의 구분이 뚜렷한 전형적인 온대지역이며, 지형 또한 노년기의 완만한 구릉 지대여서 선율적이고 곡선이 많다. 따라서 자연에 도전하기보다는 자연의 질서에 순응하며 살아왔으며, 이러한 자연환경은 한국인의 자연에 대한 애호와 순응성을 기르는 데 도움을 주었고, 성품 형성에 크게 작용하였다. |

(3) 과정

| | |
|---|---|
| 과정<br>(過程) | 일련의 행동, 변화, 기능, 단계, 작용 등에 초점을 두는 서술 방식<br>**예** 먼저 물을 담고 물을 끓인다. 물이 끓으면 스프를 넣는다. 그 다음 면을 넣는다. |

**출사표 적용** 서술 방식 문제 맞히기

**1 '서술 방식' 긍정 발문 유형**

1. <u>정의, 예시, 인과, 열거, 비교, 대조, 분류, 분석, 유추</u> 등의 서술 방식(= 내용 전개 방식)의 개념을 먼저 잘 숙지해야 한다. 이 단어들이 모두 선택지에 나오기 때문이다. 비슷하지만 전혀 다른 개념인 '<u>정의와 지정</u>', '<u>분류와 분석</u>', '<u>비교와 대조</u>'의 서술 방식도 잘 구별해야 한다.

2. 제시문의 내용 전개 방식을 고르는 문제 유형의 경우에는 제시문의 주된 설명 방식을 파악한 후에 선택지를 확인한다. 공부를 하는 입장에서 기출을 분석할 때에는 반드시 각각의 선택지가 어떠한 서술 방식으로 표현되었는지도 꼼꼼히 확인하여야 한다. 또 시험에 나올 수 있기 때문이다.

**2 '서술상의 특징' 부정 발문 유형**

1. 하나의 제시문을 주고 그 안에 나타나는 지엽적인 서술상의 특징을 파악하는 문제 유형이다.

2. 이 경우에는 선택지의 길이가 짧은 경우가 많기 때문에 제시문과 선택지를 번갈아 보며 눈을 왔다 갔다 하면서 참인 선택지를 소거하며 적절하지 않은 답을 찾아가야 한다.

**亦 功 예상 적중문제**

**01** 다음 글의 주된 서술 방식은?　　2022 지방직 9급

> 이지러는 졌으나 보름을 가제 지난 달은 부드러운 빛을 흐붓이 흘리고 있다. 대화까지는 칠십 리의 밤길. 고개를 둘이나 넘고 개울을 하나 건너고, 벌판과 산길을 걸어야 된다. 길은 지금 긴 산허리에 걸려 있다. 밤중을 지난 무렵인지 죽은 듯이 고요한 속에서 짐승 같은 달의 숨소리가 손에 잡힐 듯이 들리며, 콩 포기와 옥수수 잎새가 한층 달에 푸르게 젖었다.

① 묘사　　　　② 설명
③ 유추　　　　④ 분석

**정답풀이** 아름다운 달밤의 경치를 자세하게 '묘사'하고 있다. '부드러운 빛을 흐붓이 흘리고 있다. 고요한 속에서 짐승 같은 달의 숨소리가 손에 잡힐 듯이 들리며, 콩 포기와 옥수수 잎새가 한층 달에 푸르게 젖었다.'를 보면 시각적 이미지와 청각적 이미지가 자세히 묘사되고 있기 때문이다.

**Answer**

01 ①

## 02 밑줄 친 부분의 주된 설명 방식은?
2019 지방직 7급

보살은 자기 자신이 불경의 체험 내용인 보리를 구하려고 노력하는 동시에 일체의 타인에게도 그의 진리를 체득시키고자 정진하는 인간이다. 그러므로 보살은 나한과 같은 자리(自利)를 위하여 보리를 구하는 자가 아니고 어디까지든지 이타(利他)를 위하여 활동하는 것이다. 나한이 개인적 자각인 데 대하여 보살은 사회적 자각에 입각한 것이니, 나한은 언제든지 개인 본위이고 개인 중심주의인 데 대하여 보살은 사회 본위이고 사회 중심주의인 것이다.

① 유추
② 묘사
③ 예시
④ 대조

## 03 다음 글의 주된 서술 방식은?
2021 국가직 9급

변지의가 천 리 길을 마다하지 않고 나를 찾아왔다. 내가 그 뜻을 물었더니, 문장 공부를 하기 위해 나를 찾아왔다고 했다. 때마침 이날 우리 아이들이 나무를 심었기에 그 나무를 가리켜 이렇게 말해 주었다.

"사람이 글을 쓰는 것은 나무에 꽃이 피는 것과 같다. 나무를 심는 사람은 가장 먼저 뿌리를 북돋우고 줄기를 바로잡는 일에 힘써야 한다. … (중략) … 나무의 뿌리를 북돋아 주듯 진실한 마음으로 온갖 정성을 쏟고, 줄기를 바로잡듯 부지런히 실천하며 수양하고, 진액이 오르듯 독서에 힘쓰고, 가지와 잎이 돋아나듯 널리 보고 들으며 두루 돌아다녀야 한다. 그렇게 해서 깨달은 것을 헤아려 표현한다면 그것이 바로 좋은 글이요, 사람들이 칭찬을 아끼지 않는 훌륭한 문장이 된다. 이것이야말로 참다운 문장이라고 할 수 있다."

① 서사
② 분류
③ 비유
④ 대조

정답풀이 이 문제는 글의 서술상의 특징을 물어보는 기본적인 문제이다. 제시문에서는 나한과 보살의 특성의 차이점을 서술하고 있으므로 밑줄 친 부분의 주된 설명 방식은 '대조'이다. 나한이 개인적 자각인 반면 보살은 사회적 자각에 입각한 것이라고 한다. 나한은 '개인'에 초점이 있는 반면, 보살은 '사회'에 초점이 있는 것이므로 이는 차이점을 설명하고 있는 것이다.

오답풀이 ① 유추란 같은 종류의 것 또는 비슷한 것에 기초하여 다른 사물을 미루어 추측하는 일을 의미한다. 쉽게 말하면 유추는 어떤 대상을 익숙한 대상에 빗대어 더 쉽게 설명하는 것이다.
② 묘사란, '어떤 대상이나 사물·현상 따위를 언어로 서술하거나 그림을 그려서 나타냄.'을 의미한다.
③ 예시란, '구체적인 예를 들어 보임.'을 의미한다.

정답풀이 사람이 글을 쓰는 것을 나무에 꽃이 피는 것에 비유하고 있다. 따라서 ③이 답이다.

오답풀이 ① '서사'란 시간의 흐름에 따라 사건의 진행 과정을 서술하는 것이다. 이 글은 변지의 말이 주된 것이므로 시간의 흐름에 따라 사건의 진행 과정을 서술한다고 보기 어렵다.
② '분류'란, 하위 항목을 상위 항목으로 묶어 가는 것이다. 예를 들면, 사과, 배, 딸기, 참외는 과일에 속한다. 이 글에는 나오지 않는다.
④ '대조'란 두 대상의 차이점을 서술하는 것이다. 이 글에는 나오지 않는다.

**04** 다음 글의 주된 설명 방식이 적용된 것으로 가장 적절한 것은?

2018 국가직 9급

> 문학이 구축하는 세계는 실제 생활과 다르다. 즉 실제 생활은 허구의 세계를 구축하는 데 필요한 재료가 되지만 이 재료들이 일단 한 구조의 구성 분자가 되면 그 본래의 재료로서의 성질과 모습은 확연히 달라진다. 건축가가 집을 짓는 것을 떠올려 보자. 건축가는 어떤 완성된 구조를 생각하고 거기에 필요한 재료를 모아서 적절하게 집을 짓게 되는데, 이때 건물이라고 하는 하나의 구조를 완성하게 되면 이 완성된 구조의 구성 분자가 된 재료들은 본래의 재료와 전혀 다른 것이 된다.

① 르네상스 시대의 화가들은 원근법을 사용하여 세상을 향한 창과 같은 사실적인 그림을 그렸다. 현대 회화를 출발시켰다고 평가되는 인상주의자들이 의식적으로 추구한 것도 이러한 사실성이었다.

② 소설을 구성하는 요소는 물론 많지만 그중에서도 인물, 배경, 사건을 들 수 있다. 인물은 사건의 주체, 배경은 인물이 행동을 벌이는 시간과 공간, 분위기 등이고, 사건은 인물이 배경 속에서 벌이는 행동의 세계이다.

③ 목적을 지닌 인생은 의미 있다. 목적 없이 살아가는 사람은 험난한 인생의 노정을 완주하지 못한다. 목적을 갖고 뛰어야 마라톤에서 완주가 가능한 것처럼 우리의 인생에서도 목표를 가지고 꾸준히 노력하는 사람이 성공한다.

④ 신라의 육두품 출신 가운데 학문적으로 출중한 자들이 많았다. 가령, 강수, 설총, 녹진, 최치원 같은 사람들은 육두품 출신이었다. 이들은 신분적 한계 때문에 정계보다는 예술과 학문 분야에 일찌감치 몰두하게 되었다.

**정답풀이)** 중심 내용을 효과적으로 설명하기 위해 '유추'의 방식을 활용하고 있다. '유추'란 유사한 점에 기초하여 다른 사물을 더 쉽게 설명해주는 방식이다. '문학이 구축하는 세계는 실제 생활과 다르다.'는 것을 잘 전달하기 위해 건축가가 집을 짓는 것에 빗대어 설명하고 있다. 여기서 '문학'을 '건물'에 빗대고 있으며 '실제 생활'을 '건물의 재료'에 빗대고 있다. 따라서 '유추'의 전개 방식이 적용된 것은 ③이다. ③은 '인생에 목적을 가지며 사는 삶'을 '마라톤'에 비유하고 있기 때문에 답이 될 수 있다.

**오답풀이)** ① '비교'의 설명 방식이 쓰였다. '르네상스 시대의 화가'와 '인상주의자들' 모두 '사실성'을 추구하고 있으므로 두 대상의 공통점을 서술하는 '비교'가 쓰인 것이다.

② '분석'의 설명 방식이 쓰였다. 소설을 구성하는 요소를 나눠 설명하는 것은 전체(소설)를 부분(구성 요소)으로 나누는 것이므로 적용된 전개 방식은 '분석'이다.

④ '나열, 예시'의 설명 방식이 쓰였다. 신라의 육두품 출신 가운데 학문적으로 출중한 자들의 구체적인 예를 쭉 나열하고 있기 때문이다.

**05** 다음에서 제시한 글의 전개 방식의 예로 가장 적절한 것은?

2020 국가직 9급

> '인과'는 원인과 결과를 서술하는 전개 방식이다. 어떤 현상이나 결과가 나타나게 된 원인이나 힘을 제시하고 그로 말미암아 초래된 결과를 나타내는 서술 방식이다.

① 온실 효과로 지구의 기온이 상승할 때 가장 심각한 영향은 해수면의 상승이다. 이러한 현상은 바다와 육지의 비율을 변화시켜 엄청난 기후 변화를 유발하며, 게다가 섬나라나 저지대는 온통 물에 잠기게 된다.

② 이 사회의 경제는 모두가 제로섬 요소로 구성되어 있다. 제로섬(zero-sum)이란 어떤 수를 합해서 제로가 된다는 뜻이다. 어떤 운동 경기를 한다고 할 때 이기는 사람이 있으면 반드시 지는 사람이 있게 마련이다.

③ 다음날도 찬호는 학교 담을 따라 돌았다. 그리고 고무신을 벗어 한 손에 한 짝씩 쥐고는 고양이 걸음으로 보초의 뒤를 빠져 팽이처럼 교문 안으로 뛰어들었다.

④ 벼랑 아래는 빽빽한 소나무 숲에 가려 보이지 않았다. 새털구름이 흩어진 하늘 아래 저 멀리 논과 밭, 강을 선물 세트처럼 끼고 들어앉은 소읍의 전경은 적막해 보였다.

**정답풀이)** '온실 효과'가 원인이 되어 '지구의 기온이 상승, 해수면의 상승'이라는 결과를 초래한다. 또 해수면 상승이라는 원인으로 인해 '엄청난 기후 변화, 섬의 침수'라는 결과가 나타난다. 따라서 글의 전개 방식은 '인과'임을 알 수 있다.

**오답풀이)** ② "이 사회의 경제는 모두가 제로섬 요소로 구성되어 있다."라는 부분에는 전체(이 사회의 경제)를 부분(제로섬 요소)으로 나누는 '분석'이 쓰였다. "제로섬(zero-sum)이란 어떤 수를 합해서 제로가 된다는 뜻이다."에 어떤 대상의 뜻을 풀이하는 '정의'가 쓰였다. "어떤 운동 경기를 한다고 할 때 이기는 사람이 있으면 반드시 지는 사람이 있게 마련이다."에는 제로섬의 개념을 쉽게 설명하고자 하는 구체적인 '예시'의 방법이 쓰였다.

③ 시간의 흐름에 따라 사건을 나열하는 '서사'의 방식이 쓰였다.

④ 그림을 그리는 듯이 서술하는 '묘사'의 방식이 쓰였다.

**Answer**

02 ④  03 ③  04 ③  05 ①

## 06 다음 글과 같은 방식으로 논리를 전개한 것은?

2015 국가직 9급

> 진리가 사상의 체계에 있어 제일의 덕이듯이 정의는 사회적 제도에 있어 제일의 덕이다. 하나의 이론은 그것이 아무리 멋지고 간명한 것이라 하더라도 만약 참되지 않다면 거부되거나 수정되어야 한다. 이와 마찬가지로 법과 제도는 그것이 아무리 효율적으로 잘 정비되어 있다고 하더라도 만약 정의롭지 않다면 개혁되거나 폐기되어야 한다.

① 의지의 자유가 없는 사람에게는 책임을 물을 수 없다. 그런데 인간에게는 책임을 물을 수 있다. 그러므로 인간의 의지는 자유롭다고 보아야 한다.

② 여자는 생각하는 것이 남자와 다른 데가 있다. 남자는 미래를 생각하지만 여자는 현재의 상태를 더 소중하게 여긴다. 남자가 모험, 사업, 성 문제를 중심으로 생각한다면 여자는 가정, 사랑, 안정성에 비중을 두어 생각한다.

③ 우리 강아지는 배를 문질러 주면 등을 바닥에 대고 누워 버려. 그리고 정말 기분 좋은 듯한 표정을 짓지. 그런데 내 친구 강아지도 그렇더라고. 아마 모든 강아지가 그런 속성을 가지고 있는 것 같아.

④ 인생은 여행과 같다. 간혹 험난한 길을 만나기도 하고, 예상치 않은 일을 당하기도 한다. 우연히 누군가를 만나고 그들과 관계를 맺기도 한다. 여행을 끝내고 집으로 돌아왔을 때 편안함을 느끼는 것처럼 생을 끝내고 죽음을 맞이할 때 우리는 더없이 편안해질 것이다.

**정답풀이** '유추'란 어려운 개념을 이와 비슷한 친숙한 대상을 통해 더 쉽게 설명하는 것을 의미한다. 제시문에서 '하나의 이론'과 '법과 제도'를 유추의 설명 방식을 통해 설명하고 있음을 '이와 마찬가지로'라는 단서를 통해 알 수 있다. 이와 같은 설명 방식은 ④이다. 인생을 여행에 비유하여 더 쉽게 설명하고 있다.

**오답풀이** ① 연역 추론 방식 ② 대조 ③ 귀납 추론

## 07 다음 글의 설명 방식과 가장 가까운 것은?

2014 국가직 9급

> 여름 방학을 맞이하는 학생들이 잊지 말아야 할 유의 사항이 있다. 상한 음식이나 비위생적인 음식 먹지 않기, 물놀이를 할 때 먼저 준비 운동을 하고 깊은 곳에 들어가지 않기, 외출할 때에는 부모님께 행선지와 동행인 말씀드리기, 외출한 후에는 손발을 씻고 몸을 청결하게 하기 등이다.

① 이등변 삼각형이란 두 변의 길이가 같은 삼각형이다.

② 그 친구는 평소에는 순한 양인데 한번 고집을 피우면 황소 같아.

③ 나는 산·강·바다·호수·들판 등 우리 국토의 모든 것을 사랑한다.

④ 잣나무는 소나무처럼 상록수이며 추운 지방에서 자라는 침엽수이다.

**정답풀이** 여름 방학을 맞이하는 학생들이 잊지 말아야 할 유의 사항의 구체적인 예를 들고 있으며(예시), 열거하고 있다. 마찬가지로 ③은 국토의 모든 것의 예를 들며 열거하고 있다.

**오답풀이** ① 이등변 삼각형을 정의하고 있다.
② 그 친구를 황소에 비유하고 있다. 또한 친구와 양을 대조하고 있다.
④ 잣나무를 정의하며 '소나무'에 비유하고 있다. 또한 열거의 방식을 사용하고 있다.

## 08 ㉠을 설명한 방식으로 적절한 것은?

2021 지방직 7급

담배가 해로운데도 ㉠담배를 피우는 이유는 무엇일까? 첫째, 담배 피우는 모습이 멋있고 어른스럽다고 생각하는 것이다. 요즘은 담배를 마약과 같이 부정적으로 보는 시각이 크지만 과거에는 담배에 대해 긍정적인 인식이 있었다.

둘째, 담배를 피우면 정신이 안정되어 집중이 잘 된다고 생각하는 점도 있다. 이것은 담배를 피움으로써 니코틴 금단 증상이 해소되기 때문인 것으로, 담배를 안 피우는 사람에 비해 더 안정되거나 집중이 잘되는 것은 아니다.

셋째, 담배를 피우는 이유는 니코틴 의존에도 있다. 체내에 니코틴이 없어지면 여러 가지 금단 증상으로 불안하고 초조해지는 등 고통스럽고, 이 고통 때문에 담배를 끊기 어렵다.

넷째, 담배를 피우는 이유에는 습관도 있다. 주위에 재떨이, 라이터, 꽁초 등이 눈에 보이면 자기도 모르게 담배에 손이 가고, 식후나 술을 마실 때도 습관적으로 담배 생각이 나서 피우게 된다.

① 정의      ② 분석
③ 서사      ④ 비교

정답풀이 '분석'은 얽혀 있거나 복잡한 것을 풀어 그 요소나 성분·측면 등을 확실히 밝히는 설명 방식이다. 제시문에서는 '담배를 피우는 이유'를 네 가지 측면으로 밝히므로 분석을 사용했음을 알 수 있다.

오답풀이 ① '정의'는 어떤 대상의 사전적인 뜻을 밝히는 것인데 제시문에 없다.
③ '서사'는 시간의 흐름에 따라 서술하는 방식이다. 하지만 ㉠에 해당하지 않는다.
④ '비교'는 두 대상의 공통점을 서술하는 것인데 ㉠에 해당하지 않는다.

## 09 다음 글에서 설명한 '정의'에 가장 적절한 것은?

2016 지방직 7급

글에서 다루게 되는 대상을 명확하게 규정해 주는 방법을 정의라고 한다. 이때 정의하고자 하는 대상을 피정의항이라고 하고, 그 나머지 진술 부분을 정의항이라고 한다. 정의를 할 경우에는 다음 사항에 유의해야 한다. 첫째, 개념을 명확하게 드러낼 수 있도록 풀이해야 한다. 둘째, 정의하고자 하는 대상이나 개념이 정의항에서 되풀이되어서는 안 된다. 셋째, 정의항이 부정적인 진술로 나타나서는 안 된다. 넷째, 대상에 대한 묘사나 해석은 정의가 아니다.

① 책이란 지식만을 보존해 두는 것이 아니다.
② 입헌 정치란 헌법에 의하여 행해지는 정치이다.
③ 딸기는 빨갛고 씨가 박혀 있는 달콤한 과일이다.
④ 문학은 언어로 인간의 사상과 감정을 표현한 예술이다.

정답풀이 ④에서 피정의항은 '문학'이고 정의항은 '언어로 인간의 사상과 감정을 표현한 예술이다.'이다. ④는 개념을 명확하게 드러냈으며 개념이 정의항에서 되풀이되지 않고 정의항이 부정적인 진술로 나타나지 않았다. 또한 대상에 대한 묘사나 해석이 아니라 문학이 무엇인지 구체적으로 설명하고 있으므로 4가지 조건을 지킨 정답이다.

오답풀이 ① 개념이 명확하지 않으며, 부정적 진술이다. 또 피정의항을 해석하고 있다.
② 피정의항인 '입헌 정치'의 '정치'가 정의항에서 되풀이되었다.
③ 피정의항을 단순히 묘사하고 있을 뿐 개념이 명확하게 드러나지 않는다.

Answer

06 ④   07 ③   08 ②   09 ④

## 10 〈보기〉의 주된 설명 방식이 사용된 것으로 가장 옳은 것은?

2020 서울시 9급

─( 보기 )─

　　우리는 좋지 않은 사람을 곧잘 동물에 비유한다. 욕에 동물이 많이 등장하는 것도 동물을 나쁘게 보기 때문이다. 하지만 정말 인간이 동물보다 좋은 (선한) 것일까? 베르그는 오히려 "나는 인간을 알기 때문에 동물을 사랑한다."고 말하며 이를 부정한다. 인간은 인간을 속이지만 동물은 인간을 속이지 않는다는 것을 알고 인간에게 실망한 사람들이 동물에게 더 많은 애정을 보인다. 인간보다 더 잔인한 동물이 없다는 것은 인간의 역사가 증명하고 있다. 필요 없이 다른 동물을 죽이는 일을 인간 외 어느 동물이 한단 말인가?

① 교사의 자기계발, 학부모의 응원, 교육 당국의 지원 등이 어우러져야 좋은 교육이 가능해진다. 이는 신선한 재료, 적절한 조리법, 요리사의 정성이 합쳐져 맛있는 음식이 만들어지는 것과 같다.

② 의미를 지닌 부호를 체계적으로 배열한 것을 기호라고 한다. 수학, 신호등, 언어 등이 모두 여기에 속한다. 꿀이 있음을 알리는 벌들의 춤사위도 기호라고 할 수 있는 것이다.

③ 바이러스는 세균에 비해 크기가 작으며 핵과 이를 둘러싼 단백질이 전부여서 세포라고 할 수 없다. 먹이가 있는 곳이라면 어디에서라도 증식할 수 있는 세균과 달리, 바이러스는 살아있는 생명체를 숙주로 삼아야만 번식을 할 수 있다.

④ 나물로 즐겨 먹는 고사리는 꽃도 피지 않고 씨앗도 만들지 않는다. 고사리는 홀씨라고도 하는 포자로 번식한다. 고사리와 고비 등을 양치식물이라 하는데 생김새가 양(羊)의 이빨과 비슷하다고 하여 붙은 이름이다.

**정답풀이** 〈보기〉는 '사람'과 '동물'의 차이점을 설명하는 '대조'의 설명이 활용됐다. ③도 마찬가지로 '바이러스'와 '세균'의 차이점을 설명하고 있으므로 '대조'의 설명 방식이 쓰였음을 알 수 있다.

**오답풀이** ① '비유'를 통한 '유추'의 설명 방식이 두드러진다.
② "의미를 지닌 부호를 체계적으로 배열한 것을 기호라고 한다. 수학, 신호등, 언어 등이 모두 여기에 속한다."는 '기호'의 '개념', 즉 '기호'에 대한 '정의'에 '수학', '신호등', '언어', '벌들의 춤사위'는 기호의 '예시'이다.
④ '고사리와 고비 등을 양치식물(羊齒植物)이라 하는데'는 작은 범주를 큰 범주로 묶어 가는 '분류(分類)'의 설명 방식이 두드러진다.

## 11 아래의 글에 나타나지 않는 설명 방식은?

2022 군무원 9급

　　텔레비전에서는 여러 종류의 자막이 쓰인다. 뉴스의 경우, 앵커가 기사를 소개할 때에는 앵커의 왼쪽 위에 기사 전체의 내용을 요약하거나 핵심을 추려 제목 자막을 쓴다. 보도 중간에는 화면의 하단에 기사의 제목이나 소제목을 자막으로 보여준다. 그리고 보도 내용을 이해하는 데 꼭 필요한 핵심적인 내용이나 세부 자료도 자막으로 보여준다.

　　관객이나 시청자가 읽을 수 있도록 화면에 보여주는 글자라는 점에서 영화에서 쓰이는 자막도 텔레비전 자막과 비슷하게 활용된다. 그런데 영화의 자막은 타이틀과 엔딩 크레디트 그리고 번역 대사가 전부이다. 이는 모두 영화 제작과 관련된 정보를 알려주는 제한된 용도로만 사용된다. 번역 대사는 더빙하지 않은 외국영화의 대사를 보여주기 위한 수단으로 사용된다.

　　텔레비전에서는 영화에서 쓰는 자막을 모두 사용할 뿐 아니라 각종 제목과 요약 내용을 나타내기도 하고 시청자의 흥미를 돋우기 위해 말과 감탄사를 표현하기도 한다. 음성으로 전달할 수 없는 다양한 정보를 제작자의 의도에 맞게끔 자막을 활용하여 제공하는 것이다.

① 정의
② 유추
③ 예시
④ 대조

**[정답풀이]** '유추'란 어려운 개념을 이와 비슷한 친숙한 대상을 통해 더 쉽게 설명하는 것을 의미한다. 지문에서는 사용되지 않는다.

**[오답풀이]** ① '관객이나 시청자가 읽을 수 있도록 화면에 보여 주는 글자라는 점에서 영화에서 쓰이는 자막' 부분에서 '자막'의 뜻을 밝히는 정의가 쓰였다.

③ 1, 2문단에서 텔레비전에서는 여러 종류의 자막의 구체적인 예를 들고 있다. 뉴스와 영화에서 쓰이는 자막을 예로 들고 있다.

④ '대조'란 두 대상의 차이점을 서술하는 방식이다. 2문단의 '그런데 영화의 자막은 타이틀과 엔딩 크레디트~제한된 용도로만 사용된다'에서 영화 자막과 텔레비전 자막의 차이점을 들고 있다.

---

**12** 다음 글에 사용된 서술 방식으로 적절하지 않은 것은?

2022 간호직 8급

> 최근 3차 흡연에 대한 관심이 높아지고 있다. 3차 흡연이란 담배 연기를 직접 맡지 않고도 몸이나 옷, 카펫, 커튼 등에 묻은 담배 유해 물질을 통해 흡연 효과를 나타내는 것을 말하는데, 본인이 직접 담배를 피우지 않고도 흡연 효과를 갖는다는 점에서 2차 흡연과 같지만 흡연자에게 근접해 있어 담배 연기를 함께 맡는 2차 흡연과는 다르다.
>
> 3차 흡연도 심각한 피해를 낳는다. 3차 흡연 물질에 노출된 생쥐에게 비알코올성 지방간이 증가하고, 폐에서는 과도한 콜라겐이 생성되었으며, 사이토카인 염증 반응이 나타났다. 이런 증상은 간경변과 간암, 폐기종, 천식 등을 일으킨다. 또 3차 흡연 환경에 노출된 생쥐들의 경우 상처가 생겼을 때, 치유되는 시간이 더 오래 걸리고 과잉 행동 장애가 나타났다.

① 개념 정의      ② 인과
③ 열거          ④ 문제 해결

**[정답풀이]** 문제점과 해결 방안을 서술하는 부분은 나오지 않았다.

**[오답풀이]** ① '3차 흡연이란 담배 연기를 직접 맡지 않고도 몸이나 옷, 카펫, 커튼 등에 묻은 담배 유해 물질을 통해 흡연 효과를 나타내는 것을 말하는데' 부분에 정의가 쓰였다.

② 2문단에서 사이토카인 염증 반응이 원인이 되어 '간경변과 폐기종, 천식'의 결과를 일으킨다고 했으므로 이는 인과에 해당한다.

③ '몸이나 옷, 카펫, 커튼'에 열거가 나타난다.

---

**13** 다음 글의 내용 전개 방식으로 적절한 것은?

2018 소방직

> 국가 지정 문화재는 국보, 보물, 사적, 명승 등으로 나눌 수 있다. 국보는 보물에 해당하는 문화재 중 그 가치가 크고 유례가 드문 것이고, 보물은 건조물·전적·서적·회화·공예품 등의 유형 문화재 중 중요한 것이다. 사적은 기념물 중 유적·신앙·정치·국방·산업 등으로서 중요한 것이고, 명승은 기념물 중 경승지로서 중요한 것이다. 이외에도 천연기념물, 중요 무형 문화재, 중요 민속 문화재도 국가 지정 문화재에 속한다.

① 분류          ② 서사
③ 대조          ④ 인과

**[정답풀이]** 작은 종류를 크게 묶는 것을 분류(分類)라고 한다. '천연기념물, 중요 무형 문화재, 중요 민속 문화재도 국가 지정 문화재에 속한다.'에 분류가 사용되었다.
(참고로 처음 부분에 나오는 '국가 지정 문화재는 국보, 보물, 사적, 명승 등으로 나눌 수 있다'는 큰 범주(국가 지정 문화재)를 작은 종류(국보, 보물, 사적, 명승)로 나누는 것이므로 '구분(區分)'이라고 본다. '구분(區分)'과 '분류(分類)'를 넓게 보면 분류라고 한다.)

**Answer**

10 ③   11 ②   12 ④   13 ①

**14** 다음의 글과 같은 방식으로 서술된 것으로 가장 적절한 것은?
2017 경찰 1차 여경

> 국가 지정 문화재는 국보, 보물, 사적, 명승 등으로 나눌 수 있다. 국보는 보물에 해당하는 문화재 중 그 가치가 크고 유례가 드문 것이고, 보물은 건조물·전적·서적·회화·공예품 등의 유형 문화재 중 중요한 것이다. 사적은 기념물 중 유적·신앙·정치·국방·산업 등으로서 중요한 것이고, 명승은 기념물 중 경승지로서 중요한 것이다. 이외에도 천연기념물, 중요 무형 문화재, 중요 민속 문화재도 국가 지정 문화재에 속한다.

① 비빔국수를 만들기 위해 애호박, 당근, 양파, 오이는 채를 썰어 준비하고, 달걀은 얇게 부친 후 채를 썹니다. 양념장 재료를 잘 섞어 양념장을 만들고, 국수를 삶은 후 찬물에 헹구어 물기를 뺍니다. 준비된 재료를 고루 무쳐서 고명을 얹으면 비빔국수가 완성됩니다.

② 신사임당은 1504년에 아버지 신명화와 어머니 용인 이씨 사이에서 태어났다. 1522년 19세에 이원수와 결혼하였는데 결혼 후 몇 달 뒤 아버지가 세상을 떠났다. 1536년에는 아들 이율곡을 낳았다.

③ 난생 처음 제주 여행을 하였다. 오전에 일찍 성산 일출봉에 올라 아침 해가 떠오르는 것을 보았고, 내려와선 첫 배로 우도에 들어갔다. 해변의 모래가 유리 가루처럼 잘지 않고 알이 굵었다. 점심 무렵에는 우도에서 나와 근처 식당에서 전복죽을 먹었다.

④ 재생 에너지에는 수력, 지열, 풍력 등이 있다. 수력은 가장 전통적인 재생 에너지로서 일찍이 많이 이용되었다. 지열은 우리나라의 지각이 지질학적으로 비교적 안정적이어서 그리 많지 않다. 풍력은 최근 비약적으로 발전하고 있다.

**정답풀이** 위의 글은 구분(區分)의 설명 방식이 쓰였다. 이와 같은 방식으로 서술된 것은 ④이다. 재생 에너지라는 큰 범주를 작은 범주(수력, 지열, 풍력)로 나누어 설명하고 있기 때문이다.

**오답풀이** ① '과정'이 쓰였다. 비빔국수를 만드는 단계를 설명하고 있다.
②. ③ '서사'가 쓰였다. 시간의 흐름에 따라 사건을 서술하고 있다.

**15** 다음 글의 설명 방식으로 적절하지 않은 것은?
2021 국가직 9급

> 빛 공해란 인공조명의 과도한 빛이나 조명 영역 밖으로 누출되는 빛이 인간의 건강하고 쾌적한 생활을 방해하거나 환경에 피해를 주는 상태를 말한다. 국제 과학 저널인 『사이언스 어드밴스』의 '전 세계 빛 공해 지도'에 따르면, 우리나라는 빛 공해가 심각한 국가이다. 빛 공해는 멜라토닌 부족을 초래해 인간에게 수면 부족과 면역력 저하 등의 문제를 유발하고, 농작물의 생산량 저하, 생태계 교란 등의 문제를 일으킨다.

① 빛 공해의 정의를 제시하고 있다.
② 빛 공해의 주요 요인인 인공조명의 누출 원인을 제시하고 있다.
③ 자료를 인용하여 빛 공해가 심각한 국가로 우리나라를 제시하고 있다.
④ 사례를 들어 빛 공해의 악영향을 제시하고 있다.

**정답풀이** 이 글은 '빛 공해'의 개념과 빛 공해가 심한 우리나라의 심각성, 빛 공해의 문제점을 나열한 글이다. 하지만 빛 공해의 주요 요인인 인공조명의 누출 원인에 대해서는 제시하지 않고 있다.

**오답풀이** ① 맨 앞에서 "빛 공해란~상태를 말한다"고 제시하고 있다.
③ '국제 과학 저널인 사이언스 어드밴스의 전 세계 빛 공해 지도'라는 자료를 인용하여 빛 공해가 심각한 나라로 우리나라를 제시하고 있다.
④ 맨 마지막 문장에서 "빛 공해는 멜라토닌 부족을 초래하여~등의 문제를 일으킨다"라는 사례를 들어 빛 공해의 악영향을 제시하고 있다.

## 16 다음 글에 대한 설명으로 적절하지 않은 것은?

2019 국가직 9급

(가) 20세기 들어서 생태학자들은 지속성 농약이 자연 생태계에 어떤 악영향을 미치는지를 밝힐 수 있었다. 예컨대 제2차 세계대전 이후 전 세계에서 해충 구제용으로 널리 사용됨으로써 농업 생산량 향상에 커다란 기여를 한 디디티(DDT)는 유기 염소계 살충제의 대명사이다.

(나) 그렇지만 이 유기 염소계 살충제는 물에 잘 녹지 않고 자연에서 햇빛에 의한 광분해나 미생물에 의한 생물학적 분해가 거의 이루어지지 않는다. 그래서 디디티는 토양이나 물속의 퇴적물 속에 수십 년간 축적된다. 게다가 디디티는 지방에는 잘 녹아서 먹이사슬을 거치는 동안 지방 함량이 높은 동물 체내에 그 농도가 높아진다. 이렇듯 많은 양의 유기 염소계 살충제를 체내에 축적하게 된 맹금류는 물질대사에 장애를 일으켜서 껍질이 매우 얇은 알을 낳기 때문에, 포란 중 대부분의 알이 깨져 버려 멸종의 길을 걷게 된다.

(다) 디디티는 쉽게 분해되지 않기 때문에 한번 뿌려진 디디티는 물과 공기, 생물체 등을 매개로 세계 전역으로 퍼질 수 있다. 그래서 디디티에 한 번도 노출된 적이 없는 알래스카 지방의 에스키모 산모의 젖에서도 디디티가 검출되었고, 남극 지방의 펭귄 몸속에서도 디디티가 발견되었다. 이러한 생물 농축과 잔존성의 특성이 밝혀짐으로써 미국에서는 1972년부터 디디티 생산이 전면 중단되었고, 1980년대에 이르러서는 유기 염소계 농약의 사용이 대부분 금지되었다.

(라) 이와 같이 디디티의 생물 농축 현상에서처럼 생태학자들은 한 생물 종에 미치는 오염의 영향이 오랫동안 누적되면 전체 생태계를 훼손시킬 수 있다는 사실을 발견하였다. 그래서인지 최근 우리나라에서도 사소한 환경오염 행위가 장차 어떠한 재앙을 몰고 올 수 있는지에 대한 연구가 활발히 이루어지고 있다.

① (가)는 중심 화제를 소개하고, 핵심어를 제시함으로써 전개될 내용을 암시하고 있다.

② (나)는 디디티가 끼칠 생태계의 영향을 인과 분석의 방법으로 설명하고 있다.

③ (다)는 디디티의 악영향을 제시하고, 그것의 사용 금지를 주장하고 있다.

④ (라)는 환경오염에 대한 경각심을 암시적으로 드러내고 있다.

---

정답풀이 (다)는 DDT 사용 금지를 주장하는 것이 아니라 실제로 '디디티' 사용이 금지된 미국의 사례를 단순히 소개하고 있는 것이다. 따라서 ③은 적절하지 않다.

오답풀이 ① (가)는 중심 화제로 '지속성 농약'을 소개한 후 '디디티(DDT)'를 핵심어로 제시하였으므로 앞으로 그와 관련된 내용을 전개할 것임을 알 수 있다.

② (나)에서는 인과 분석의 방법으로 '디디티(DDT)'가 끼칠 영향을 설명하고 있다. "이 유기 염소계 살충제는 물에 잘 녹지 않고 자연에서 햇빛에 의한 광분해나 미생물에 의한 생물학적 분해가 거의 이루어지지 않는다."에서 원인을 설명하고 있다. 그리고 뒤이어 "그래서 디디티는 토양이나 물속의 퇴적물 속에 수십 년간 축적된다."라는 결과가 설명된다. '게다가' 뒤에 문장들도 차례대로 원인과 결과에 대한 설명이 나온다.

④ (라)에서는 "디디티의 생물 농축 현상에서처럼 생태학자들은 한 생물 종에 미치는 오염의 영향이 오랫동안 누적되면 전체 생태계를 훼손시킬 수 있다는 사실을 발견하였다."고 하며 환경오염에 대한 경각심을 암시적으로 드러내고 있다.

Answer

14 ④  15 ②  16 ③

**17 다음 글의 글쓰기 방식에 대한 설명으로 적절한 것은?**

2019 지방직 9급

> 멕시코의 환경 운동가로 유명한 가브리엘 과드리는 1960년대 이후 중앙아메리카 숲의 25% 이상이 목초지 조성을 위해 벌채되었으며 1970년대 말에는 중앙아메리카 전체 농토의 2/3가 축산 단지로 점유되었다고 주장했다. 실제로 1987년 이후로도 멕시코에만 1,497만 3,900 ha의 열대 우림이 파괴되었는데, 이렇게 중앙아메리카의 열대림을 희생하면서까지 생산된 소고기는 주로 유럽과 미국으로 수출되었다. 그렇지만 이 소고기들은 지방분이 적고 미국인의 입맛에 그다지 맞지 않아 대부분 햄버거의 재료로 사용되었다.

① 예측할 수 없는 결과를 나열하여 사태의 심각성을 알리고 있다.

② 전문 용어의 뜻을 쉽게 풀이하여 독자의 이해를 돕고 있다.

③ 이론적 근거를 나열하여 주장의 전문성을 강화하고 있다.

④ 통계 수치를 활용하여 논거의 타당성을 높이고 있다.

**정답풀이** 제시문에서는 목초지(牧草地 : 가축의 사료가 되는 풀이 자라고 있는 곳)를 늘리기 위해 숲을 파괴하는 중앙아메리카의 상황을 구체적인 통계 수치를 통해 제시하고 있다. '1960년대 이후 중앙아메리카 숲의 25% 이상이 목초지 조성을 위해 벌채', '1970년대 말 중앙아메리카 전체 농토의 2/3가 축산 단지로 점유', 소고기를 생산하기 위해 '1987년 이후 멕시코에만 1,497만 3,900ha 열대 우림 파괴' 등을 보면 알 수 있다.

**오답풀이** ① 중앙아메리카의 지금까지 일어나고 있는 환경 파괴의 문제점을 전달하고는 있지만 예측할 수 없는 결과의 나열은 제시문에 나타나지 않는다.

② 전문 용어의 뜻을 쉽게 풀이하는 부분은 나와 있지 않다.

③ 이론적 근거의 나열도 나타나지 않으며 주관적인 주장의 강화가 아니라 객관적인 사실에 대해서만 나와 있다.

## 18 다음 글의 전개 방식에 대한 설명으로 적절한 것은?

2017 지방직 9급 추가

유럽의 18~19세기는 혁신적 지성의 열기로 가득 찬 시대였다. 혁신적 지성은 정치적, 경제적, 사회적 여건의 성숙과 더불어 서양 근대 사회의 확립에 주도적 역할을 하였다. 수많은 개혁 사상과 혁명 사상의 제공자는 물론이요, 실천 면에서도 개혁가와 혁명가는 지성인 출신이었다. 그들은 새로운 미래를 제시하고, 그것을 뒷받침할 이데올로기를 마련하고, 그것을 실현할 구체적인 방안을 제시하는 동시에, 현실의 모순을 과감하게 비판하고 몸소 실천에 뛰어들기도 하였다.

하지만 20세기에 이르러 사태는 달라지기 시작하였다. 근대 사회 성립에 주도적 역할을 담당했던 혁신적 지성은 그 혁신적 성격과 개혁적 정열을 점차로 상실하고, 직업적이고 기술적인 지성으로 변모하였다. 이는 근대 사회가 완성되고 성숙함에 따른 당연한 귀결일지도 모르며, 오늘날 고도로 발달한 서구 사회에 직업적이고 기술적인 지성이 필요 불가결하기도 하다. 그러나 지성이 고도로 발달한 사회에서 직업적이고 전문적인 지식과 기술을 제공하는 것으로 만족할 것인가의 문제는 다시 한 번 생각해 봄직하다.

만일 서구 사회가 현재에 안주하고 현상 유지를 계속할 수가 있다면 문제는 다르다. 그러나 그것은 사회의 전면적인 침체를 가지고 올 것이며, 그것은 또한 불길한 몰락의 징조일지도 모른다.

현재의 모순과 문제를 파헤치고 이를 개혁하여 새로운 미래로 나아가는 구체적 방안을 모색하는 임무는 누가 져야할 것인가? 그것은 역시 지성의 임무이다. 지성은 거의 영구불변의 기능이라고 할 수 있는 문화 창조의 기능을 가져야 한다. 현대의 지성은 전문 지식과 기술을 제공하는 데 그치지 말고, 현실을 비판하며 실현 가능한 구체적 방안을 모색하여 새로운 미래를 제시하는 혁신적 성격을 상실해서는 안 될 것이다.

① 자신의 주장을 밝히고 이와 상반된 견해를 반박하고 있다.
② 상호 대립된 견해를 제시하고 자신의 입장을 밝히고 있다.
③ 용어에 대한 개념 차이를 밝히며 자신의 주장을 펼치고 있다.
④ 시대적 변천 양상을 살피면서 바람직한 방향을 제시하고 있다.

정답풀이 1문단에서는 '유럽의 18~19세기'의 혁신적 지성에 대한 양상을 나타낸다. 하지만 2문단에서는 '20세기'의 변화를 제시하고 있다. 4문단의 맨 끝부분에서는 지성의 바람직한 방향(현대의 지성은 전문 지식과 기술을 제공하는 데 그치지 말고, ~ 혁신적 성격을 상실해서는 안 될 것이다.)을 제시하고 있다.

오답풀이 ① 자신의 주장과 상반된 견해를 제시하지 않고 일관된 자신의 주장을 하고 있다.
② 상호 대립된 두 견해가 나와 있지 않다.
③ 용어에 대한 개념 차이를 언급한 부분이 나와 있지 않다.

Answer

17 ④  18 ④

**19** 다음 글에 대한 설명으로 적절하지 않은 것은?

2016 지방직 9급

어떤 사회적 현상을 설명할 때, 상징적 행동을 배제하게 되면 남는 것은 실용성과 관련된 설명뿐이다. 그러나 아메리카에서 시가가 유행하는 현상에 대해서는 그런 기능적 설명이 통하지 않는다. 가령, 사람들이 여전히 담배를 피우고 싶어 하기 때문에 그런 현상이 생긴다는 주장을 들어 보자. 일견 수긍되는 점이 있다. 사람들의 흡연 욕구가 여전하다는 것은 전혀 틀린 말이 아니기 때문이다. 그러나 그것만으로는 아메리카 사회가 시가를 피우는 사람들에게는 관대하고, 궐련을 피우는 사람들에게는 관대하지 않은 까닭을 설명할 수가 없다.

궐련을 피우는 사람들은 이제 공공건물 앞의 보도에 한데 모여서 흡연을 해야 하는 신세가 되었다. 그들 사이에 즉각적 연대감을 형성하면서 말이다. 그런 그들에게 더러 경멸의 눈길을 보내는 사람들도 있지만, 대부분의 사람들은 그들에게 관심을 보이지 않는다. 그들이 공공건물 밖에서 흡연을 하는한, 남에게 해가 될 게 전혀 없다고 생각하기 때문이다. 그런데 시가를 피우는 사람들의 사정은 전혀 다르다. 그들은 저녁 식사가 끝날 즈음에, 또는 파티 도중에 전리품을 자랑하듯이 당당하게 시가를 꺼내어 입에 문다. 그들의 행동에 눈살을 찌푸리는 사람은 아무도 없다.

어찌하여 이런 차별이 생긴 것일까? 연기를 삼키지 않기 때문에 시가가 몸에 덜 해롭다는, 일반적 주장은 설득력이 없다. 연기를 들이마시지 않고 뱉어 내는 것은 간접흡연의 피해를 줄이기는커녕, 오히려 실내 공기를 더욱 심하게 오염시키기 때문이다. 그렇다면 진짜 이유는 무엇일까? 가장 설득력 있는 설명은 다음과 같다. 먼저 보건 당국에서 국민 건강을 위한 캠페인의 일환으로 궐련과의 투쟁을 선포했다. 그러자 궐련은 죽음의 상징이 되었고, 그 캠페인은 상류층 사람들 사이에 즉각적 반향을 불러일으켰다. 이제 최고급 레스토랑에서는 아무도 궐련을 피우지 않지만, 싸구려 술집에는 여전히 궐련 연기가 자욱하다.

① 자문자답 형식을 사용하여 독자의 흥미를 유발하고 있다.

② 난해한 용어의 정의를 제시하여 독자의 이해를 돕고 있다.

③ 자신과 다른 견해를 일부 인정하면서도 그 한계를 지적하고 있다.

④ 다른 현상과의 비교를 통해 특정 현상에 담긴 의미를 밝히려 한다

---

**정답풀이** 난해한 용어의 정의가 언급되지 않았다.

**오답풀이** ① 3문단에서 궐련이 시가보다 나쁜 것으로 차별받는 이유가 무엇일까 하고 질문하고 그에 대한 답변이 바로 뒤에 나오므로 옳다.

③ 1문단에서 시가가 유행하게 된 이유가 담배를 피우고 싶어서라고 생각하는 다른 견해를 "일견 수긍되는 점이 있다."라며 일부 인정한다. 그러나 그것만으로 이유를 설명할 수 없음을 지적했다.

④ 2문단에서 궐련을 피우는 사람과 시가를 피우는 사람을 비교하여 3문단에서 시가와 궐련이 차별받는 현상의 의미를 밝히고 있다.

**20** 다음 글에 대한 설명으로 가장 적절한 것은?

2015 지방직 9급

노동 시장은 생산물 시장과 본질적으로 유사하지만, 생산물 시장이나 타 생산요소 시장과 다른 특징을 지니고 있다. 그중 가장 중요한 특징은 인간이 상품의 일부라는 점이다. 생산물 시장에서 일반 재화는 구매자와 판매자 간에 완전한 이전이 가능하고, 수요자와 공급자는 상대방이 누구인가에 대해 전혀 신경 쓸 필요 없이 오로지 재화 그 자체의 가격과 품질을 고려하여 수요·공급 의사를 결정한다. 그러나 노동 시장에서 노동이라는 상품은 공급자 자신과 분리될 수 없기 때문에 노동의 수요자와 공급자는 단순히 물건을 사고파는 것 이상의 인간적 관계를 맺게 되고, 수요·공급에 있어서 봉급, 부가 급여, 직업의 사회적 명예, 근무 환경, 직장의 평판 등 가격 이외의 비경제적 요소가 많은 영향을 미친다. 따라서 노동 시장은 가격의 변화에 따라 수요·공급이 유연성 있게 변화하지 않는 동시에 수요·공급의 불균형이 발생해도 가격의 조절 기능이 즉각적으로 작동하지 않는다.

① 여러 이론을 토대로 노동 시장에 대한 다양한 관점을 소개하고 있다.
② 여러 사례를 근거로 삼아 노동 시장에 대한 통념을 비판하고 있다.
③ 대비의 방식을 사용하여 노동 시장이 가지는 특징을 설명하고 있다.
④ 노동 시장에 관한 기존의 논의를 분석하여 새로운 주장을 제시하고 있다.

**정답풀이** 제시문에서는 '노동 시장'과 '생산물 시장' 및 '타 생산요소 시장'의 차이를 드는 대비의 방식이 사용되고 있다. 그러면서 특히 '노동 시장'이 가지는 특성을 열거하고 있다.

**오답풀이** ① 여러 시장의 형태가 언급되기는 하지만 여러 '이론'이 나오지는 않았다.
② 노동 시장에 대한 통념과 그 비판은 언급되어 있지 않다.
④ 노동 시장의 특성을 설명한 정보 전달의 글일 뿐, 새로운 주장을 제시한 글이 아니다.

**21** **(가)와 (나)의 표현상 특징을 이해한 것으로 적절하지 않은 것은?**

2020 국가직 7급

> (가) 한국 아이스하키가 북한을 제압, 동메달을 추가했다. 한국 팀은 13일 쓰키사무 실내 링크에서 벌어진 동계 아시안게임 아이스하키 최종 경기에서 북한을 6 대 5로 제치고 1승 2패를 마크, 일본 중국에 이어 3위에 입상했다. 당초 열세가 예상됐던 한국 팀은 이날 필승의 정신력으로 똘똘 뭉쳐 1피리어드 초반부터 파상적인 공격을 퍼던 중 3분쯤 첫 골을 성공시키면서 기세를 높였다.
>
> (나) 아이스하키 남북 대결에서 한국이 예상을 뒤엎고 6 대 5로 승리, 동계 아시안게임 동메달을 획득했다. 한국 팀은 13일 삿포로 쓰키사무 실내 링크에서 열린 북한 팀과의 경기에서 초반 수비 치중에 기습 공격 작전이 적중하면서 승세를 타기 시작, 한 차례의 동점도 허용하지 않고 경기를 끝냈다. 한국 팀은 이로써 북한 팀과의 대표 대결에서 3승 1패로 앞섰다.

① (가)는 '제압', (나)는 '승리'라는 말을 사용한 것으로 보아 (나)는 (가)보다 경기 결과를 객관적인 태도로 표현했어.

② (가)는 '필승의 정신력으로 똘똘 뭉쳐', (나)는 '수비 치중에 기습 공격 작전이 적중하면서'라는 말을 사용한 것으로 보아 (가)는 (나)보다 선수들의 의욕을 강조했어.

③ (가)는 '당초 열세가 예상됐던', (나)는 '예상을 뒤엎고'라는 말을 사용한 것으로 보아 (가)와 (나) 모두 경기 전에 한국 팀의 실력이 북한 팀의 실력보다 낮게 평가되었음을 표현했어.

④ (가)는 '3위에 입상했다', (나)는 '동메달을 획득했다'라는 말을 사용한 것으로 보아 (가)와 (나) 모두 아쉬운 경기 결과였음을 강조했어.

**정답풀이** (가)는 '3위에 입상했다', (나)는 '동메달을 획득했다'라는 말은 객관적인 사실을 전달한 것이므로 (가)와 (나) 모두 아쉬운 경기 결과였음을 강조했다는 설명은 옳지 않다.

**오답풀이** ① '제압(制壓 : 위력이나 위엄으로 세력이나 기세 따위를 억눌러서 통제함)'을 쓴 (가)는 한국에 더 호의적인 입장을 취함을 알 수 있다. '승리(勝利 : 겨루어 이김.)'는 주관적인 의미의 단어가 아니다. 따라서 (나)는 (가)보다 경기 결과를 객관적인 태도로 표현했다.

② (가)는 선수들의 의욕을 강조했지만, (나)는 그 당시의 상황을 객관적으로 전달하고 있으므로 (가)는 (나)보다 선수들의 의욕을 강조했다고 볼 수 있다.

③ (가)는 '당초(當初 : 일이 생긴 처음. 애초.) 열세가 예상됐던', (나)는 '예상을 뒤엎고'라는 말을 사용한 것으로 보아 (가)와 (나) 모두 경기 전에 한국 팀의 실력이 북한 팀의 실력보다 낮게 평가되었음을 표현했다고 볼 수 있다.

## 22 (가)와 (나)의 공통점으로 적절하지 않은 것은?

2021 지방직 7급

(가) 월영암에 사는 탁대사가 냇물에 몸을 씻고 바위 위에 앉아 좌선을 하고 있었다. 이때 하루 종일 먹이를 얻지 못하고 굶은 호랑이가 무슨 먹잇감이 없나 하고 찾다가, 알몸의 사람이 오똑하게 앉아 있는 것을 보고 너무 먹음직스러워 감격했다. 그래서 이런 좋은 것을 그대로 먹으면 감동이 적다고 생각하고, 산 뒤편의 숲속으로 들어갔다. 호랑이는 기분이 좋아 머리를 들어 공중을 향해 크게 웃기도 하고, 앞발을 들어 허공에 휘젓기도 하고, 고개를 좌우로 돌려 소리쳐 웃기도 했다. 한참 동안 이러고 나오니, 이미 날이 저물고 반석 위의 중은 벌써 돌아가고 없었다. 호랑이의 웃음이여, 정말로 웃음거리가 되고 말았구나.

(나) 봉황(鳳凰)의 생일잔치에 온갖 새들이 다 와서 축하하는데, 박쥐는 오지 않았다. 그래서 봉황이 박쥐를 꾸짖어 말하기를, "너는 내 밑에 있는 새이면서 왜 그렇게 방자하냐?" 하고 문책했다. 이에 박쥐는 "나는 발로 기어 다니는 짐승 무리이니 어찌 새인 당신에게 하례를 하겠습니까?"라고 말했다. 뒤에 기린(麒麟)의 생일잔치에 모든 짐승이 와서 하례했는데, 역시 박쥐는 나타나지 않았다. 그래서 기린이 불러 꾸짖으니 박쥐는, "나는 날개가 있어 새의 무리이니 짐승인 당신에게 어찌 축하하러 가겠습니까?" 하고 말하였다. 세상에서 일을 피해 교묘하게 면하는 사람이여, 참으로 '박쥐의 일'이라 하겠구나.

① 화자의 말을 통해 대상을 조소하고 있다.
② 일화를 통해 대상의 성격을 드러내고 있다.
③ 반어적 표현을 통해 대상을 비판하고 있다.
④ 우화적 설정을 통해 대상을 인격화하고 있다.

**정답풀이** 반어적 표현이란 겉으로 드러난 언어적 표현과 속의 진짜 의도가 반대인 표현을 의미한다. 하지만 (가)와 (나) 모두 반어적 표현이 나타나지 않는다.

**오답풀이** ① (가) '호랑이의 웃음이여, 정말로 웃음거리가 되고 말았구나.'에서는 화자가 호랑이를 조소하고(=비웃고) 있다. (나)에서는 "세상에서 일을 피해 교묘하게 면하는 사람이여, 참으로 '박쥐의 일'이라 하겠구나."를 통해 화자가 박쥐를 조소하고(= 비웃고) 있다.
② (가)에서는 호랑이가 탁대사를 먹으려다 결국 놓친 일화, (나)에서는 봉황과 기린의 생일잔치에 가지 않은 박쥐가 변명하는 일화를 제시하여 호랑이와 박쥐의 성격을 각각 보여주고 있다.
④ '우화'란 인격화한 동식물이나 다른 사물에 비겨 풍자나 교훈의 뜻을 나타내는 이야기를 의미한다. (가)는 호랑이, (나)는 박쥐를 인격화하여 풍자와 교훈의 뜻을 나타내므로 옳다.

**23** ⊙과 ⓒ에 대한 진술 방식으로 적절하지 않은 것은?

> ⊙ 예술의 본질은 무엇인가를 표현하는 것이다. 이 말은 예술이 ⓒ 과학과 마찬가지로 일종의 설명적 기능을 하고 있다는 것이다. 예술가는 자신의 언어를 통해서 대상에 대한 자신의 생각이나 느낌을 전달한다. 특히 낭만적인 예술가들은 예술의 기능을 본질적으로 표현에 있다고 보고, 예술의 기능이 과학의 기능과 질적으로 다르지 않다고 하였다. 과학이나 예술은 다 같이 우리들이 경험하고 있는 사물 현상에 질서를 주는 방법이라는 것이다. 과학이나 예술의 목적이 진리를 밝히는 데 있으며, 그들의 언어가 갖는 의미는 그 언어가 가리키는 지시 대상에서 찾아진다는 것이다.
>
> 그러나 예술의 언어가 과학의 언어처럼 지시적 기능을 갖고 있다는 사실은 예술에 대한 오해에서 비롯된 것이다. 다빈치의 「모나리자」는 모나리자라는 여인을 모델로 했다고 하더라도, 그러한 인물을 지시하고 표현했기 때문에 예술이 되는 것은 아니다. 이 예술 작품은 실재 인물과 상관없이 표현의 결과물로서 존재한다. 이처럼 예술 작품은 의미를 갖는 언어 뭉치로서 존재하는 것이다. 예술이 '말할 수 없는 것을 말하는 것'이라는 견해도 여기에서 비롯된다.

① ⊙에 대한 예시를 들고 있다.
② ⊙에 대한 개념을 밝히고 있다.
③ ⊙과 ⓒ의 공통점을 기술하고 있다.
④ ⊙과 ⓒ을 인과적으로 분석하고 있다.

**24** 다음 글의 논지 전개 방식으로 적절한 것은?

2018 지방직 7급

> 군산이 일본으로 쌀을 이출하는 전형적인 식민 도시였다면, 금강과 만경강 하구 사이에서 군산을 에워싸고 있는 옥구는 그 쌀을 생산하는 대표적인 식민 농촌이었다. 1903년 미야자키 농장을 시작으로 1910년 강점 이전에 이미 10개의 일본인 농장이 세워졌으며, 1930년 무렵에는 15~16개로 늘어났다. 1908년 한국인 지주들도 조선 최초의 수리조합인 옥구서부수리조합을 세우긴 했지만 일본인의 기세를 꺾지 못했다. 1930년 무렵 일본인은 전라북도 경지의 대략 1/4을 차지하였으며, 평야 지역인 옥구는 절반 이상이 일본인 땅이었다. 쌀을 군산으로 보내기 편한 철도 부근의 지역에서는 일본인 지주의 비중이 더 높았을 것이다. '이리부터 군산에 이르는 철도 연선의 만경강 쪽 평야는 90%가 일본인이 경영한다.'는 말이 허풍만은 아닐 거다. 일본인이 좋은 땅 다 차지하고 조선인은 '산비탈 흙구덩이'에 몰려 사는 처지라는 푸념 또한 과언이 아닐 거다.

① 인과적 연결을 통해 대상을 논증하고 있다.
② 반어적 수사를 동원하여 대상을 비판하고 있다.
③ 풍자와 해학을 동원하여 대상을 희화화하고 있다.
④ 구체적인 사실과 정보를 중심으로 대상을 설명하고 있다.

**정답풀이** 제시문에서는 과학과 예술의 설명적 기능이라는 공통점을 제시하고 있다. 하지만 과학과 예술 사이의 원인과 결과를 분석하는 내용은 나오지 않는다.

**오답풀이** ① 2문단에서 ⊙의 예시로 '다빈치의 「모나리자」'를 들고 있다.
② 1문단에서 '예술의 본질은 무엇인가를 표현하는 것이다'라며 ⊙에 대한 개념을 밝히고 있다.
③ 1문단에서 '예술이 과학과 마찬가지로 일종의 설명적 기능을 하고 있다는 것이다.'라며 과학과 예술과의 공통점을 서술하고 있다.

**정답풀이** 1900년대 초의 식민지 시대에 우리나라에 세워진 일본인 농장에 대해 구체적 사실과 정보를 중심으로 설명하고 있다. 구체적인 연대 및 농장의 개수라는 구체적인 사실과 정보가 언급되고 있다. 또 일본인 땅에 대한 비중을 구체적인 수치로 제시하고 있다.

**오답풀이** ① 수탈의 내용을 각 연대(시간의 흐름)에 따라 나열하고는 있지만, 이것이 원인과 결과로서 연결된 것은 아니다. 또한 글쓴이의 주장에 대해 타당한 근거를 들어 논리적으로 증명하는 논설문도 아니다.

② 식민지 시대에 우리나라를 수탈한 일본에 대한 비판은 언급되고 있지만, 겉의 표현과 속의 의도가 반대인 반어는 보이지 않는다.

③ 풍자(諷刺)는 차가운 웃음과 함께 사회에 대해 우회적으로 비판하는 것인 반면, 해학(諧謔)은 따뜻한 웃음과 함께 어떤 대상을 익살스럽게(웃음을 유발하도록) 표현하는 것이다. 희화화(戲畫化)는 어떤 인물의 외모나 성격 따위를 우스꽝스럽게 묘사하는 것이다. 하지만 제시문에 풍자와 해학을 통해 대상을 희화화한 표현은 언급되지 않는다.

**25** 다음 글의 진술 방식에 대한 설명으로 적절하지 않은 것은?

2017 지방직 7급

> 언어도 인간처럼 생로병사의 과정을 겪는다. 언어가 새로 생겨나기도 하고 사멸 위기에 처하기도 하는 것이다. … (중략) … 하와이어도 사멸 위기를 겪었다. 하와이어의 포식 언어는 영어였다. 1778년 당시 80만 명에 달했던 하와이 원주민은 외부로부터 유입된 감기, 홍역 등의 질병과 정치 문화적 박해로 1900년에는 4만 명까지 감소했다. 당연히 하와이어 사용자도 급감했다. 1898년에 하와이가 미국에 합병되면서부터 인구가 증가하였으나, 하와이어의 위상은 영어 공용어 교육 정책 시행으로 인하여 크게 위축되었다. 1978년부터 몰입식 공교육을 통한 하와이어 복원이 시도되고 있으나, 하와이어 모국어를 구사할 수 있는 원주민 수는 현재 1,000명 정도에 불과하다. … (중략) …
>
> 언어의 사멸은 급속하게 진행된다. 어떤 조사에 따르면 평균 2주에 1개 정도의 언어가 사멸하고 있다. 우비크, 쿠페뇨, 맹크스, 쿤월, 음바바람, 메로에, 컴브리아어 등이 사라진 언어이다. 이러한 상태라면 금세기 말까지 지구에 존재하는 언어 가운데 90%가 사라지게 될 것이라는 추산도 가능하다.

① 통계 수치를 활용하여, 언어 사멸 현상을 설명하고 있다.

② 예상되는 반론을 제기하고, 언어가 사멸된다고 주장하였다.

③ 구체적인 예를 활용하여, 언어 사멸의 위기를 증명하였다.

④ 언어를 생명체에 비유하고, 수많은 언어가 사멸할 수 있다고 주장하였다.

**정답풀이** 제시된 글은 '언어의 사멸 가능성'을 '하와이어'를 예로 들어 설명하고 있다. 예상되는 반론을 제기한 부분은 찾을 수 없다.

**오답풀이** ①에서 '하와이어'를 구사하는 사람의 수가 점점 감소되고 있는 것과, 미래에 사라질 언어의 비중을 통계 수치로 활용하여 언어 사멸 현상을 설명하였다. "1778년 당시 80만 명, 1900년에는 4만 명, 현재 1,000명 정도"가 '하와이어'를 구사하고 90%의 언어가 사라진다고 한다.

③ '하와이어'라는 구체적인 예를 활용하여, 언어 사멸의 위기를 증명하였다.

④ 첫 문장에 "언어도 인간처럼 생로병사의 과정을 겪는다."라고 언급되어 있다. 생명체인 인간과 마찬가지로 언어도 생로병사의 과정을 겪는다고 말하며 사멸 위기에 처할 수 있다고 주장하였다.

**Answer**

23 ④  24 ④  25 ②

## 26 〈보기〉의 설명에 활용된 방식과 가장 가까운 것은?

2019 서울시 9급

─〈보기〉─

유학자들은 자신이 먼저 인격자가 될 것을 강조하지만 궁극적으로는 자신뿐 아니라 백성 또한 올바른 행동을 할 수 있도록 이끌어야 한다는 생각을 원칙으로 삼는다. 주희도 자신이 명덕(明德)을 밝힌 후에는 백성들도 그들이 지닌 명덕을 밝혀 새로운 사람이 될 수 있도록 가르쳐야 한다고 본다. 백성을 가르쳐 그들을 새롭게 만드는 것이 바로 신민(新民)이다. 주희는 대학을 새로 편찬하면서 고본(古本) 대학의 친민(親民)을 신민(新民)으로 고쳤다. '친(親)'보다는 '신(新)'이 백성을 새로운 사람으로 만든다는 취지를 더 잘 표현한다고 보았던 것이다. 반면 정약용은, 친민을 신민으로 고치는 것은 옳지 않다고 본다. 정약용은 친민을 백성들이 효(孝), 제(弟), 자(慈)의 덕목을 실천하도록 이끄는 것이라 해석한다. 즉 백성들로 하여금 자식이 어버이를 사랑하여 효도하고 어버이가 자식을 사랑하여 자애의 덕행을 실천하도록 이끄는 것이 친민이다. 백성들이 이전과 달리 효, 제, 자를 실천하게 되었다는 점에서 새롭다는 뜻은 있지만 본래 글자를 고쳐서는 안 된다고 보았다.

① 시는 서정시, 서사시, 극시로 나뉜다.
② 소는 식욕의 즐거움조차 냉대할 수 있는 지상 최대의 권태자다.
③ 언어는 사고를 반영한다는 말이 있는데, 그 예로 무지개 색깔을 가리키는 7가지 단어에 의지하여 무지개 색깔도 7가지라 판단한다는 것을 들 수 있다.
④ 곤충의 머리에는 겹눈과 홑눈, 더듬이 따위의 감각 기관과 입이 있고, 가슴에는 2쌍의 날개와 3쌍의 다리가 있으며, 배에는 끝에 생식기와 꼬리털이 있다.

**정답풀이** 〈보기〉에는 예시가 쓰였다. 〈보기〉는 첫 번째 문장을 뒷받침하기 위해 '주희'와 '정약용'의 '新民', '親民'의 사례를 들고 있다. 이와 가까운 것은 언어는 사고를 반영한다는 구체적인 예로 무지개를 든 ③이다.

**오답풀이** ① 구분이 쓰였다. 큰 범주(시)에서 작은 범주(서정시, 서사시, 극시)로 나뉘기 때문이다.
② 은유법과 의인법이 쓰였다.(소는 ~권태자이다.)
④ 분석이 쓰였다. 전체를 구성요소로 잘게 나누는 것을 의미한다. 곤충(전체)을 구성 요소로 나누고 있다.

## 27 〈보기〉에 대한 설명으로 가장 옳은 것은?

2018 서울시 9급 2회

─〈보기〉─

화랑도(花郎道)란, 신라 때의 청소년들이 자신의 마음과 몸을 닦고 목숨을 바쳐 나라를 지키려는 우리 고유의 정신적 흐름을 말한다. 그리고 이를 실천하기 위하여 조직된 단체를 화랑도(花郎徒)라 한다. 그 사회의 중심인물이 되기 위하여 마음과 몸을 단련하고, 올바른 사회생활의 규범을 익히며, 나라가 어려운 시기에 처할 때 싸움터에서 목숨을 바치려는 기풍은 고구려나 백제에도 있었지만, 특히 신라에서 가장 활발하였다.

 — 변태섭, 《화랑도》 중에서

① 용어 정의를 통해 독자의 이해를 돕고 있다.
② 자신의 체험담을 제시하여 독자의 이해를 돕고 있다.
③ 반론을 위한 전제를 제시하여 독자의 이해를 돕고 있다.
④ 통계적 사실이나 사례 제시를 통해 독자의 이해를 돕고 있다.

정답풀이 "화랑도(花郞道)란, ~우리 고유의 정신적 흐름을 말한다."에 '정의'가 쓰였다. 정의를 하면 독자들은 더 쉽게 이해할 수 있다.

오답풀이 ② 자신의 체험담은 언급되지 않았다.
③ 반론을 위한 전제도 언급되지 않았다.
④ 통계적 사실이 있으려면 구체적인 수치가 제시되어야 하는데 그런 내용이 존재하지 않으며 사례 또한 언급되지 않았다.

정답풀이 우리 음악에서 한배를 있게 한 실제적 기준은 호흡인 반면 서양인들은 맥박을 기준으로 함을 비교 대조하며 우리 음악의 특성을 제시하고 있다.

오답풀이 ① 이 글은 정보 전달이 목적인 설명문이므로 주장이 나오지 않으며 다양한 실례도 나오지 않는다.
② 이 글은 설명문이므로 견해 자체가 나오지 않는다.
④ 통념을 반박하는 부분과 해결책 모두 언급되지 않았다.

**28** 〈보기〉 글의 서술 방식으로 가장 옳은 것은?

2019 서울시 7급 3회

─( 보기 )─

　이러한 음악의 한배를 있게 한 실제적 기준은 호흡이었다. 즉, 숨을 들이쉬고 내쉼이 한배의 틀이 된 것이었다. 이를 기준으로 해서 이루어진 방법을 선인들은 양식척(量息尺)이라고 불렀다. '숨을 헤아리는 자(尺)'라는 의미로 명명된 이 방법은 우리 음악에서 한배와 이에 근거한 박절을 있게 한 이론적 근거가 되었다. 시계가 없었던 당시에 선인들은 건강한 사람의 맥박의 6회 뜀을 한 호흡(一息)으로 계산하여 1박은 그 반인 3맥박으로 하였다. 그러니까 한 호흡을 2박으로 하여 박자와 한배의 기준으로 삼았던 것이다. 반면 서양인들은 우리와 달리 음악적 시간을 심장의 고동에서 구하여 이를 기준으로 하였다. 즉, 맥박을 기준으로 하여 템포를 정하였다. 건강한 성인은 보통 1분에 70회 전후로 맥박이 뛴다고 한다. 이에 의해 그들은 맥박 1회를 1박의 기준으로 하였고, 1분간에 70박 정도 연주하는 속도를 그들 템포의 기본으로 하였다. 그래서 1분간 울리는 심장 박동에 해당하는 빠르기가 바로 '느린 걸음걸이의 빠르기'인 안단테로 이들의 기준적 빠르기 말이 되었다.

① 주장을 먼저 제시한 뒤 다양한 실례를 들어 타당성을 증명하고 있다.
② 서로 대립되는 두 견해를 제시하고 검토한 뒤 제3의 견해를 도출하고 있다.
③ 대상의 특성을 분석한 뒤 대조하여 대상의 특징을 제시하고 있다.
④ 구체적인 사례를 먼저 제시한 뒤 통념을 반박하여 해결책을 모색하고 있다.

Answer

26 ③　27 ①　28 ③

**Chapter**
# 02 접속어 넣기

## 대표 출사표 발문 체크

**01** (가)~(라)에 들어갈 말로 가장 적절한 것은? 2021 국가직 9급

**02** 다음 글의 ㉠~㉢에 들어갈 접속 부사로 가장 적절한 것은? 2017 국회직 9급

**03** ㉠과 ㉡에 가장 알맞은 접속어는? 2014 국회직 9급

## 출사표 이론  접속어의 역할

### 1. 그러나, 하지만, 그렇지만, 반면

앞 문장에서 서술한 사실과 상반되는 사태 또는 앞 문장과 일치하지 않는 사태가 뒤 문장에서 성립함을 나타내는 접속어

> **예** 과학은 인간의 이성으로 진리를 추구해 가는 가장 합리적인 방법이기에 그 결론은 우리가 얻을 수 있는, 가장 신뢰할 수 있는 결론이라고 해야 할 것이다. **그러나** 이것은 인간의 이성으로 얻은 결론이므로 인간이라는 한계를 뛰어넘을 수는 없다.

### 2. 그런데, 한편

다른 방향이나 상태로 초점이 바뀜을 나타내는 접속어

> **예** 이 작품을 잘 들여다보면 해골이 잠든 듯 살포시 눈을 감은 아래쪽 두상의 볼을 물어뜯고 있는데, 언뜻 보면 죽음이 삶을 잠식하는 듯하다. **그런데** 작가는 해골을 붉은색 계열의 빛깔로 표현하였다. 흔히 떠올리는 백골의 이미지와는 동떨어져 있다.

### 3. 그리고, 또한, 뿐만 아니라, 게다가

같은 힘을 가진 앞의 정보와 뒤의 정보를 죽 늘어 놓게 하는 접속어

> **예** 금속활자는 결코 대량 인쇄를 목적으로 한 것이 아니었다. 목판은 일단 새겨지기만 하면 수요가 많은 책을 복제하는 데 유리했지만, 새로운 수요에 재빨리 대응하기에는 속도가 너무나 더디었다. **또한** 책의 종 수만큼 별도의 목판을 제작해야 하는 번거로움이 있었다.

### 4. 그래서, 그러므로, 따라서, 그렇기 때문에

앞은 원인, 뒤는 결과가 올 때 쓰는 접속어

> **예** 음식은 매우 강력한 변칙범주이다. 왜냐하면 음식은 자연과 문화, 나와 타인, 내적 세계와 외적 세계라는 매우 중요한 영역의 경계를 지속적으로 넘나들기 때문이다. **따라서** 문화적으로 중요한 의미를 지닌 행사들은 늘 식사 대접을 통해 표현되었고, 날로 먹는 문화에서 익혀 먹는 문화로 변형되는 과정 역시 가장 중요한 문화적 과정 중의 하나였다.

**5. 예를 들어, 예컨대, 이를테면, 가령**

구체적인 예를 들 때 쓰는 접속어

> **예** 다른 고전들에 비추면, 「논어」라는 책 이름은 이상하다. 동양 고전들은 주로 그 주인공을 책 제목으로 삼는다. **예컨대** 「맹자」의 주인공은 맹자요, 「장자」의 주인공은 장자다. 한비자가 주인공인 책도 「한비자」요, 순자가 주인공인 책 제목은 「순자」다.

**6. 이처럼, 다시 말하면, 즉, 요컨대, 결국**

지금까지 한 내용을 요약하거나 앞의 내용을 더 쉽게 다른 말로 한 번 더 설명하는 접속어

> **예** '아낭케'는 고대 그리스 신화에서 피할 수 없는 운명이나 필연성 등을 상징하는 여신으로 등장한다. **이처럼** 신화적 상상력으로 세계의 현상들을 바라보는 관점이 지배적이었던 시기에 아낭케는 '운명으로서의 필연'이라는 의미를 가지고 있었다.

**7. 또는, 혹은**

앞뒤의 정보를 하나 선택할 때 쓰는 접속어

> **예** 네거티비즘은 결코 건축 행위를 하지 말자는 뜻이 아니다. 적극적으로 건축 행위를 하되 긍정적인 면과 밝은 면, **또는** 인간 중심적인 면이나 건축주의 요청만을 고려하기 때문에 건축 설계에서 제외되기 쉬운 중요한 측면들을 신중하게 고려하자는 것이 네거티비즘의 뜻이다.

**8. 만약~한다면**

**9. 물론 ~하지만**

**10. 아무리 ~도**

---

 **출사표 적용** 亦功 접속어 추론 방법

**'빈칸에 들어갈 접속어' 찾기**

1. 먼저 혜선 쌤과 함께 접속어의 의미 관계를 정확하게, 제대로 공부해야 한다.

2. 제시문 안에서 접속어를 기준으로 앞뒤 문장의 의미 관계를 파악한다. (여기에서 중요한 것은 절대로 아래에 선택지에 있는 접속어를 먼저 봐서는 안 된다는 것이다. 먼저 선지의 접속어를 보고 넣어보면 모두 말이 되기 때문이다!!)

3. 의미 관계를 확인한 후에는 빈칸에 들어갈 접속어를 스스로 생각해 본 후에 선지에서 접속어를 선택해야 한다. 두 문장의 내용이 반대인지, 인과 관계인지, 예시 관계인지, 나열 관계인지. 요약 관계인지에 따라 접속어를 넣으면 된다.

4. 보통 묻는 접속어가 3-4개 정도 되므로, 정말 들어가면 안 되는 접속어들을 소거해버리는 식으로 정답을 찾아낼 수 있다.

亦功 예상 적중문제

## 01 (가)~(라)에 들어갈 말로 가장 적절한 것은?

2021 국가직 9급

> 정철, 윤선도, 황진이, 이황, 이조년 그리고 무명씨. 우리말로 시조나 가사를 썼던 이들이다. 황진이는 말할 것도 없고 무명씨도 대부분 양반이 아니었겠지만 정철, 윤선도, 이황은 양반 중에 양반이었다. ___(가)___ 그들이 우리말로 작품을 썼던 걸 보면 양반들도 한글 쓰는 것을 즐겨 했다는 것을 부정할 수는 없다. ___(나)___ 허균이나 김만중은 한글로 소설까지 쓰지 않았던가. ___(다)___ 이들이 특별한 취향을 가진 소수의 양반이었다면 이야기는 달라진다. 우리말로 된 문학 작품을 만들겠다는 생각을 가진 특별한 양반들을 제외하고 대다수 양반들은 한문을 썼기 때문에 한글을 모를 수도 있었기 때문이다. 실학자 박지원이 당시 양반 사회를 풍자한 작품 「호질」은 한문으로 쓰여 있다. ___(라)___ 한 가지 분명한 것은 양반 대부분이 한글을 이해하지 못하는 상황이었다면 정철도 이황도 윤선도도 한글로 작품을 쓰지는 않았을 것이란 사실이다.

| | (가) | (나) | (다) | (라) |
|---|---|---|---|---|
| ① | 그런데 | 게다가 | 그렇지만 | 그러나 |
| ② | 그런데 | 그리고 | 그래서 | 또는 |
| ③ | 그리고 | 그러나 | 하지만 | 즉 |
| ④ | 그래서 | 더구나 | 따라서 | 하지만 |

**정답풀이** (가) 앞은 우리말로 시조나 가사를 쓴 사람들에 대해 언급하고 (가)는 초점을 바꾸어 양반들이 한글 쓰는 것을 즐겼다는 사실을 새로 언급하고 있다. 이렇게 내용의 초점을 바꿔 새로운 내용을 언급할 때 쓰는 접속 부사는 '그런데'이다.

(나)에는 정철, 윤선도, 이황에 더하여, 한글로 문학을 향유한 허균과 김만중에 대해 언급하고 있다. 즉, (나)의 앞뒤는 한글을 사용한 양반들이라는 점에서 대등한 정보를 나열하고 있으므로 '게다가 혹은 그리고 혹은 더구나(= 더군다나, 이뿐만 아니라)'가 와야 한다.

(다)의 앞은 많은 양반들이 한글 쓰기를 즐겼다는 내용이다. 하지만 (다) 뒤는 이들(= 한글로 문학을 향유한 양반들)이 특이한 경우로 한글을 쓴 것이라면 말이 달라진다고 하였으므로 앞의 내용을 뒤집는 내용이므로 역접의 접속 부사인 '그렇지만'이 와야 한다.

(라) 앞은 실학자 박지원이 한글이 아닌 한문으로 작품을 썼다는 내용이다. (라) 뒤는 박지원과 달리 양반들이 꽤 한글을 이해했을 것이라는 내용이므로 앞 뒤의 내용이 반대되는 내용이므로 역접의 접속 부사인 '그러나, 하지만'이 와야 한다.

모든 접속 부사를 알맞게 연결한 것은 ①이다.

**오답풀이** (가)에서 '그리고'는 대등한 정보의 나열을 의미하는데, (가) 앞 뒤의 정보가 대등하다고 보기 힘들다.

(가)에서 '그래서'는 앞은 원인, 뒤는 결과일 때 나오는 접속 부사이다. (가)의 앞 뒤는 원인과 결과라기보다는 초점이 변화되어 새로운 내용을 언급하고 있는 것이므로 적절하지 않다.

(나)에서 '그러나'는 주로 앞 뒤의 내용이 반대되거나, 앞의 내용을 뒤집는 내용일 때 사용되는 접속 부사이므로 적절하지 않다. (나)의 앞뒤는 한글을 사용한 양반들이라는 점에서 대등한 정보를 나열하고 있기 때문이다.

(다)에서 '또는'은 '그리고, 게다가, 더구나, 이뿐만 아니라'와 같이 대등한 정보를 죽 나열할 때 쓰이는 접속 부사이므로 (다)에는 적절하지 않다.

(다)에서 '즉'은 앞의 내용을 다시 쉽게 설명해줄 때 쓰는 접속 부사이므로 앞 뒤의 내용이 유사해야 하므로 (다)에는 적절하지 않다.

02 ⊙~ⓒ에 들어갈 적절한 접속어를 순서대로 나열한 것은?

2017 국가직 9급 추가

> 역사의 연구는 개별성을 추구하는 것이라고 할수가 있다. ( ⊙ ) 구체적인 과거의 사실 자체에 대해 구명(究明)을 꾀하는 것이 역사학인 것이다. ( ⓛ ) 고구려가 한족과 투쟁한 일을 고구려라든가 한족이라든가 하는 구체적인 요소들을 빼 버리고, 단지 "자주적 대제국이 침략자와 투쟁하였다."라고만 진술해 버리는 것은 한국사일 수가 없다. ( ⓒ ) 일정한 시대에 활약하던 특정한 인간 집단의 구체적인 활동을 서술하지 않는다면 그것을 역사라고 말할수 없는 것이다.

|   | ⊙ | ⓛ | ⓒ |
|---|---|---|---|
| ① | 즉 | 가령 | 요컨대 |
| ② | 가령 | 한편 | 역시 |
| ③ | 이를테면 | 역시 | 결국 |
| ④ | 다시 말해 | 만약 | 그런데 |

정답풀이 ⊙의 앞에서는 개별성을 추구하는 역사의 연구에 대해 설명하고 있다. ⊙의 뒤에는 역사학은 구체적인 사실을 구명한다고 하며 앞의 내용을 쉽게 풀어 쓰고 있다. 따라서 앞의 내용을 뒤에서 쉽게 다시 설명할 때 쓰는 '즉, 이처럼, 다시 말해' 등이 와야 한다. 이 접속어들은 앞뒤 내용이 같지만 표현이 다른 경우에 온다.

ⓛ의 뒤는 앞 문장의 구체적인 개념인 '고구려'를 사례로 들고 있으므로 '가령, 예컨대, 예를 들어, 이를 테면' 등이 와야 한다.

ⓒ의 뒤는 앞의 내용을 요약하고 있으므로 '요컨대'가 적절하다.

## 03 ⑦~ⓒ에 들어갈 말을 바르게 연결한 것은?

2017 지방직 9급 추가

> 많은 사람들에게 유일한 현실은 '타이타닉 호'라는 배뿐입니다. 타이타닉 호 속에는 판에 박은 일상사가 있습니다. ( ⑦ ) 선원은 엔진에 연료를 넣지 않으면 안 되고, 배가 전진하기 위해서는 온갖 기계를 확실히 관리하지 않으면 안 됩니다. 모두 각자 일상사를 가지고 있고 그것을 계속하는 사람이 현실주의자입니다.
>
> 누군가가 "엔진을 멈추어야 한다."라고 말하면, 그것은 비현실주의적입니다. 왜냐하면 타이타닉 호라는 배는 전진하도록 되어 있어서 전진하지 않으면 저마다의 일거리가 없어지기 때문입니다. 오늘날 세계 경제에 퍼져 있는 현실주의는 바로 그러한 현실주의라고 생각됩니다. 현실주의적인 경제학자가 타이타닉 호에 "전속력으로!"라는 명령을 하려고 합니다. 이것이 타이타닉 호의 논리입니다.
>
> 이 논리는 타이타닉 호가 전 세계라는 점을 전제로 성립합니다. 마찬가지로 경제학자의 논리도 세계 경제 시스템 이외에 아무런 현실이 없다고 한다면 합리적인 논리라고 할 수 있습니다. ( ⓒ ) 타이타닉 호의 바깥에는 바다가 있고 빙산이 있습니다. 세계 경제의 바깥에는 재난이 있습니다. 바로 이것이 문제입니다. 여기서 타이타닉 호의 비유가 갖는 한계를 알 수 있는데, 타이타닉 호의 경우는 하나의 빙산이 있고, 장래에 배가 거기에 부딪힌다는 것입니다.
>
> 그러나 우리들의 세계 경제 시스템은 장래에 빙산이 기다리고 있는 게 아닙니다. 재난은 이미 시작되었습니다. ( ⓒ ) 차례차례 빙산에 부딪히고 있는 중입니다.

|     | ⑦ | ⓒ | ⓒ |
|-----|------|--------|--------|
| ① | 그리고 | 그러면 | 만약 |
| ② | 그리고 | 그렇지만 | 만약 |
| ③ | 예를 들면 | 그러면 | 말하자면 |
| ④ | 예를 들면 | 그렇지만 | 말하자면 |

**정답풀이** ⑦: '타이타닉 호 속에는 판에 박은 일상사가 있습니다.'라고 하였다. 뒤에는 선원과 배를 구체적인 예시를 들어 앞의 문장을 뒷받침하고 있다. 따라서 적절한 접속어는 '예를 들면'이다. '그리고'는 대등한 힘의 정보를 단순하게 나열하는 것이므로 옳지 않다.

ⓒ: '경제학자의 논리도 세계 경제 시스템 이외에 아무런 현실이 없다고 한다면 합리적인 논리라고 할 수 있습니다.'라고 하였다. 하지만 뒤에서는 바다도 있고, 빙산도 있다. 여러 현실이 있는 것이므로 '그렇지만'이 옳다. '그러면(그렇다고 하면)'은 가정하는 의미가 있어야 하므로 옳지 않다.

ⓒ: '재난은 이미 시작되었습니다.'라고 하였다. 뒤에 이 재난을 '빙산'에 다시 비유하며 말하고 있으므로 '말하자면'이 옳다. '만약'은 가정하는 의미이므로 '~한다면'의 호응을 보여야 하는 부사이므로 옳지 않다.

## 04 ㉠~㉣에 들어갈 말로 가장 적절한 것은?

2015 국가직 7급

태평양전쟁이 격화되자 일제는 식민지 조선 내에서 황국 신민화정책을 강화함과 동시에 일본인으로서의 투철한 국가관과 '국민' 의식을 주입하는 데 주력하게 되었다. ( ㉠ ) '국민'이란 말이 일본 내에서 실체적인 함의를 지니게 된 것은 청일전쟁 이후였다. ( ㉡ ) 이 경우 천황 아래 모두가 평등한 신민, 즉 일본의 '국민'으로서 재탄생하여야 한다는 당위적 명제는 다른 면에서는 '비국민'으로 낙인찍힐지도 모른다는 불안감을 조장하는 일이기도 했다. ( ㉢ ) 이러한 사정은 식민지 조선 내에서도 마찬가지로 작용하였다. ( ㉣ ) '국민' 의식의 강조는 이때까지만 해도 여전히 민족적인 이질감을 유지하고 있었던 조선인들에게는 심리적인 포섭의 원리인 동시에 '비국민'으로서의 공포감을 동반한 강력한 배제의 원리로 작용하였던 셈이다.

|     | ㉠    | ㉡     | ㉢     | ㉣      |
| --- | ----- | ------ | ------ | ------- |
| ①   | 사실  | 그런데 | 그리고 | 요컨대  |
| ②   | 사실  | 게다가 | 또한   | 그러므로 |
| ③   | 실제로 | 또한   | 게다가 | 요컨대  |
| ④   | 실제로 | 그러나 | 그리고 | 그러므로 |

정답풀이 ) ㉠에 제시된 '사실'과 '실제로'는 문맥상 비슷한 의미이므로 모두 답이 될 수 있다.

㉡의 앞에는 '국민'의 의미가 탄생하게 된 시기에 대해 언급되어 있고 뒤에는 그 결과 나타나게 된 비국민이라는 낙인이 언급되었다. 초점이 변환되는 것이므로 적절한 것은 '그런데'이다. 대등 병렬의 '또한'이나 '게다가', 역접의 '그러나'는 문맥상 어색한 접속어이다.

㉢의 앞은 일본에서 비국민으로 낙인찍히는 것에 대한 내용인데 뒤는 조선에서도 마찬가지로 작용되었다고 하므로 대등 병렬의 접속 부사가 적절하다.

㉣ 뒤는 앞에서 나왔던 내용을 다시 정리하고 있으므로 요약의 '요컨대'가 적합하다.

## 05 다음 글의 ㉠~㉢에 들어갈 접속 부사로 가장 적절한 것은?

2017 국회직 9급

공장에서 식품을 생산하여 가능한 한 많은 먹을거리를 안정적으로 공급받기 위해 사람들이 기울여 온 노력은 지구촌에 자본주의 시대가 열린 이후 지속적으로 이어져 온 지상과제 중 하나이다. ( ㉠ ) 오늘날 사람들은 우주시대에 어떻게 먹을거리를 해결할 것인가라는 문제에 대해 더욱 많은 관심을 보이기도 한다. ( ㉡ ) 21세기는 먹을거리에 관한 한 '풍요의 시대'가 될 것이라는 낙관적 입장이 주류를 이루는 듯하다. ( ㉢ ) 오늘날 우리의 현실은 풍요의 시대가 '약속된 하느님의 뜻'인 것 같지 않다. 일부에서는 유전자 조작에 의해 생산된 콩이나 돼지고기를 먹은 우리가 과연 온전할 것인가에 대한 의구심이 유전자 조작 식품에 대한 반발로 이어지고 있다.

|     | ㉠      | ㉡     | ㉢      |
| --- | ------- | ------ | ------- |
| ①   | 그래서  | 그러나 | 그렇지만 |
| ②   | 그런데  | 그리고 | 심지어  |
| ③   | 그러나  | 심지어 | 그리고  |
| ④   | 심지어  | 그래서 | 하지만  |
| ⑤   | 하지만  | 그래서 | 그러나  |

정답풀이 ) ㉠: 먹을거리를 안정적으로 공급받기 위해 사람들은 노력을 기울이는 것이 지상 과제라고 한다. 그 뒤에서는 오늘날 사람들이 우주시대에 어떻게 먹을거리를 해결할 것인가에 더욱 많은 관심을 보인다고 언급하므로 이에 관련된 접속 부사는 '심지어'이다. '심지어'는 앞에 있는 내용을 더 강조하거나 더 정도가 심함을 의미하는 경우에 쓰이기 때문에 적절하다. '그런데, 그러나, 하지만'은 앞의 내용을 반대로 뒤집는 의미일 때 사용되므로 옳지 않다.

㉡: 앞 부분에서 먹을거리에 대한 관심과 노력이 많다고 했으므로 낙관적 입장이 주류를 이룬다는 내용은 앞 문장과 인과 관계를 이루므로 '그래서'가 적절하다.

㉢: 앞 부분에서 먹을거리에 대한 풍요시대라는 낙관적 입장이 주류하고 뒤에서는 풍요의 시대가 하느님의 뜻인 것 같지 않다고 하므로 역접의 '그러나, 하지만, 그렇지만' 등이 와야 한다.

Answer
03 ④  04 ①  05 ④

## 06 ⊙과 ⓒ에 가장 알맞은 접속어는?

2014 국회직 9급

언어의 기능은 의사소통이다. 즉, 우리가 일상생활을 할 때 주위의 사람들과 의사소통을 하게 하는 것이 언어의 주요 기능이며, 실상 언어 발생의 동기와 목적이 의사소통의 필요성에 있었다고 볼 수 있다. 인류문화가 아주 원시적이었던 선사 시대에는 단순한 의사소통만으로 언어가 그 기능을 다 발휘할 수 있었다. ( ⊙ ) 인간의 사회구조가 점점 더 복잡해지고 인류문화가 발달하면서, 눈앞에 보이는 청자와의 직접적인 의사소통뿐만 아니라, 화자의 음성이 미치지 못하는 거리나 시간에 처해 있는 보이지 않는 청자와 의사소통을 해야 할 필요성이 생기게 되었다. 부족국가가 형성되고, 정치체제가 성립되면서 지방행정관에게 명령을 전달할 필요성도 생겼고, 자기가 습득한 기술이나 지식을 후손에게 전해 주고 싶은 마음도 생겼고, 보이지 않는 독자를 위해 시나 소설을 짓고 싶은 마음도 생기기도 하였다. 전화도 녹음기도 비디오도 없었던 시절, 발성하자마자 한 리(里)도 못 가 자취 없이 사라져 버리는 음성은 간접적인 의사소통에는 전혀 부적당한 매개체였다. ( ⓒ ) 시간과 공간의 장애를 초월해서 의사를 전할 수 있는 언어의 매개체를 모색하였고, 그 결과 문자가 나오게 되었다.

|  | ⊙ | ⓒ |
|---|---|---|
| ① | 그런데 | 그리고 |
| ② | 그러나 | 그리하여 |
| ③ | 그런데 | 하지만 |
| ④ | 그리고 | 그래서 |
| ⑤ | 그러나 | 그리고 |

**정답풀이** ⊙: 앞 부분에서는 인류문화가 원시적이었던 선사 시대에는 단순하게 의사소통을 했다고 한다. 뒤 부분에서는 인간의 사회구조가 복잡해지고 인류문화가 발달하면서 보이지 않는 청자와 의사소통을 해야 하게 되었다고 한다. 따라서 역접의 '그런데, 그러나'가 알맞다.

ⓒ: 앞 부분에서는 전화도 녹음기도 비디오도 없었던 시절, 음성은 간접적인 의사소통에는 전혀 부적당한 매개체였다고 한다. 뒤 부분에서는 그래서 결국 문자가 나오게 되었다고 하므로 중간에는 원인과 결과를 이어주는 '그리하여, 그래서'가 옳다.

## 07 ㉠~㉣에 알맞은 접속어를 순서대로 나열한 것은?

2011 국회직 8급

사람은 왜 춤을 출 수 있는가? 살아 있기에 춤을 춘다. 살아 있을 뿐만 아니라 또 '제대로' 살아 있도록 하는 생명의 자기 충일의 욕구 때문에 춤추는 것이다. 춤만큼 살아 있음을 스스로 확인시켜 주는 문화나 예술이 있는지 생각해 보라.

( ㉠ ) 춤은 사람만이 추는 것은 아니다. 흔히 파도가 '춤춘다'는 말을 한다. 파도가 '물결친다'는 말과 파도가 '춤춘다'는 말은 '움직인다'는 공통성을 지니고 있지만, 질적 의미는 전혀 다른 것이다. '물결친다'는 말로는 담아낼 수 없는, 그 어떤 기운에 휩싸여 있을 때 우리는 '춤춘다'고 표현한다. 이런 표현은 사물이나 현상을 마치 인간의 것인 양 빗대어 의인화한 것이다. 사람의 마음이 사물이나 현상에 움직여 나타난 표현인데, 그것은 주객 분리에 따른 일방적인 접근이 아니라 사물이나 현상을 살아 있는 것으로 보고 대상 자체의 자기 생성 활동과 인식 주체의 생성 활동을 일치시켜 동시적인 상호 관계 속에서 바라보는 시각인 것이다.

( ㉡ ) 여기서는 '물결친다'와 '춤춘다' 사이를 가르고 또 이동시키는 에너지가 무엇인지 곰곰이 생각해 보고자 한다. 새가 '지저귄다'와 새가 '노래한다'는 말도 이와 유사하다. 노래하는 것도 실상은 지저귀는 것을 말하는 것이지만, '지저귐'과 '노래함'은 그 질적 의미가 다르지 않은가?

( ㉢ ) 춤추고 노래하는 원천 동기인 '살아 있다'는 것은 무엇일까? 이는 인간학적 철학이라든가 생태학적 철학의 한 질문일 수도 있다. 쿠르트 작스는, 춤춘다는 것은 '보다 한단계 고양된 삶'이라고 말하고 있다. 삶이 본래의 제자리를 잡는 것이 바로 춤이다. 춤은 존재의 자기 향유이고 자기 창출이기도 하다.

( ㉣ ) 쿠르트 작스는 그의 책 서문의 첫머리에 "춤추지 않고서야 어찌 인생을 알리요."라는 옛 잠언을 인용하고 있다. 춤추는 사람이어야만, 춤을 추어야만 인생의 맛과 멋 그리고 의미와 깊이를 얻게 된다는 것이다. 춤은 삶의 끝없는 도정이고 또 사람 살아가는 도리를 다하는 것이기도 하다.

① 물론 　　　 다만 　　　 그렇다면 　　　 또한
② 그러므로 　　 물론 　　　 한편 　　　 또한
③ 그러나 　　　 그렇다면 　　 한편 　　　 예컨대
④ 그러나 　　　 다만 　　　 그렇다면 　　 예컨대
⑤ 물론 　　　 그래서 　　　 한편 　　　 예컨대

정답풀이 ㉠: 앞은 춤을 추는 이유를 언급하면서 춤이 살아 있음을 스스로 확인시켜 주는 역할을 한다고 한다. 뒤는 춤을 추는 주체에 대해 이야기하고 있다. 문맥상 '말할 것도 없이'를 의미하는 '물론'이 오면 자연스럽다. 결과의 '그러므로'나 역접의 '그러나'는 올 수 없다. 그럼 답은 ① 혹은 ⑤가 된다.
㉡: 앞은 '파도가 춤춘다'는 의인화 기법에 대해 설명하고 있다. 뒤는 앞에 나오는 표현들에 대해서 곰곰이 생각해 보자는 필요성에 대해 이야기하고 있다. 따라서 '앞의 말을 받아 예외적인 사항이나 조건을 덧붙일 때 그 말머리에 쓰는 말'인 '다만'이 옳다. 원인과 결과를 의미하는 '그래서'는 문맥상 올 수 없다.
㉢: 앞은 '지저귐'과 '노래함'의 질적인 다름에 대해 언급하고 있다. 뒤는 '살아 있다'는 말에 대한 의문을 제기하고 있다. 이는 앞의 내용에서 의문을 제기할 때 쓰는 '그렇다면'이 옳다.
㉣: 앞은 쿠르트 작스가 말하는 춤의 의미를 언급하고 있다. 뒤는 쿠르트 작스의 책을 인용하고 있으므로 대등 병렬의 접속어 '또한'이 적절하다. 앞에도 쿠르트 작스의 말을 인용하고 있으므로 구체적인 예시를 언급할 때 쓰는 '예컨대'는 문맥상 옳지 않다.

Answer

06 ② 07 ①

## 08 괄호 안에 들어갈 알맞은 접속어를 순서대로 나열한 것은?

2012 지방직 9급

각 시대는 그 시대의 특징을 나타내는 문학이 있다고 한다. 우리나라도 무릇 사천 년이 넘는 생활의 역사를 가진 만큼 그 발전 시기마다 각각 특색을 가진 문학이 없을 수 없고, 문학이 있었다면 그 중추가 되는 것은 아무래도 시가문학이라고 볼 수밖에 없다. ( ㉠ ) 대개 어느 민족을 막론하고 인간 사회가 성립하는 동시에 벌써 각자의 감정과 의사를 표시하려는 욕망이 생겼을 것이며, 삼라만상의 대자연은 자연 그 자체가 율동적이고 음악적이라고 할 수 있기 때문이다. 다시 말하면 인간이 생활하는 곳에는 자연적으로 시가가 발생하였다고 할 수 있다. ( ㉡ ) 사람의 지혜가 트이고 비교적 언어의 사용이 능란해짐에 따라 종합 예술제의 한 부분으로 있었던 서정문학적 요소가 분화·독립되어 제요나 노동요 따위의 시가의 원형을 이루고 다시 이 집단적 가요는 개인적 서정시로 발전하여 갔으리라 추측된다. ( ㉢ ) 다른 나라도 마찬가지이겠지만 우리 문학사상 시가의 지위는 상당히 중요한 몫을 지니고 있다.

|  | ㉠ | ㉡ | ㉢ |
|---|---|---|---|
| ① | 왜냐하면 | 그리고 | 그러므로 |
| ② | 그리고 | 왜냐하면 | 그러므로 |
| ③ | 그러므로 | 그리고 | 왜냐하면 |
| ④ | 왜냐하면 | 그러나 | 그럼에도 불구하고 |

**정답풀이** ㉠: '때문이다'로 문장이 끝나므로 '왜냐하면'이 들어가서 호응해야 한다. ①, ④가 답이 될 수 있다.
㉡: 앞은 인간이 생활하는 곳에는 자연적으로 시가가 발생하였다고 한다. 뒤는 시가가 어떻게 발전되었는지에 대한 과정이 나오므로 역접의 '그러나'가 올 수 없다. 대등하게 이어지는 '그리고'가 적절하다.
㉢: 결론의 접속어 '그러므로'가 적절하다.

**Answer**
08 ①

MEMO

PART

# 02

‘내용’ 완전 격파 2단계

박혜선 亦功 국어
**콤단문** 독해

# Chapter 01

# 중심 화제, 주제, 제목 찾기

**01** 다음 글의 제목으로 가장 적절한 것은? 2019 지방직 9급

## 출사표 적용 중심 화제, 주제, 제목 찾기

### 1 중심 화제를 찾기

1. 가장 많이 _____.
2. _____를 내림
3. 따옴표 (____, ____)
4. _____

### 2 중심 화제의 중요 정보

1. 문단의 중심 문장을 찾아야 한다.
    ('_____, _____'의 역접 부사.
    '_____, _____'의 전환 부사,
    '_____, _____, _____, 즉, _____'의
    환언 부사
    '_____, _____, _____'의 결과 부사)
2. 짧은 제시문의 경우에는 앞부분에 중심 화제가 제시되는
    경우가 많다.

3. 2문단으로 된 긴 제시문의 경우에는 1, 2문단의 중심 내용
    을 모두 포괄하는 제목으로 골라야 한다.

4. 너무 구체적인 예시, 꾸미는 말보다는 일반적인 설명이
    더 중요하다.

### 3 출제자가 오답 선택지를 만드는 방법

1. 화제를 지나치게 넓게 _____하는 단어 넣기

2. 화제의 여러 측면 중에서 _____에 해당하는 단어 넣기
    화제보다 _____하거나 _____적인 단어를 넣기

3. 화제의 다른 _____의 단어 넣기

4. 제시문과 _____ 내용의 그럴듯한 단어 넣기

5. 1, 2문단 중에서 _____에만 나온 내용의 단어 넣기

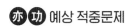
亦功 예상 적중문제

## 01 글의 제목으로 가장 적절한 것은? 2016 국가직 9급

평화로운 시대에 시인의 존재는 문화의 비싼 장식일 수 있다. 그러나 시인의 조국이 비운에 빠졌거나 통일을 잃었을 때 시인은 장식의 의미를 떠나 민족의 예언가가 될 수 있고, 민족혼을 불러일으키는 선구자적 지위에 놓일 수도 있다. 예를 들면 스스로 군대를 가지지 못한 채 제정 러시아의 가혹한 탄압 아래 있던 폴란드 사람들은 시인의 존재를 민족의 재생을 예언하고 굴욕스러운 현실을 탈피하도록 격려하는 예언자로 여겼다. 또한 통일된 국가를 가지지 못하고 이산되어 있던 이탈리아 사람들은 시성 단테를 유일한 '이탈리아'로 숭앙했고, 제1차 세계대전 때 독일군의 잔혹한 압제 하에 있었던 벨기에 사람들은 베르하렌을 조국을 상징하는 시인으로 추앙하였다.

① 시인의 생명(生命)  ② 시인의 운명(運命)
③ 시인의 사명(使命)  ④ 시인의 혁명(革命)

정답풀이 '사명(使命)'이란 '주어진 임무를 수행하려는 기개나 책임감'을 의미한다. 제시문에서 '그러나 ~ 민족의 예언가가 될 수 있고, 민족혼을 불러일으키는 선구자적 지위에 놓일 수도 있다.'를 통해 조국이 안 좋은 상황에 빠질 때 시인이 해야 할 책임에 대해 이야기함을 알 수 있다.

오답풀이 ② 운명은 미래가 이미 정해져 있다는 것이므로 제목으로 옳지 않다.

## 02 다음 글의 제목으로 가장 적절한 것은? 2016 지방직 9급

어느 대학의 심리학 교수가 그 학교에서 강의를 재미없게 하기로 정평이 나 있는, 한 인류학 교수의 수업을 대상으로 실험을 계획했다. 그 심리학 교수는 인류학 교수에게 이 사실을 철저히 비밀로 하고, 그 강의를 수강하는 학생들에게만 사전에 몇 가지 주의사항을 전달했다. 첫째, 그 교수의 말 한 마디 한 마디에 주의를 집중하면서 열심히 들을 것. 둘째, 얼굴에는 약간 미소를 띠면서 눈을 반짝이며 고개를 끄덕이기도 하고 간혹 질문도 하면서 강의가 매우 재미있다는 반응을 겉으로 나타내며 들을 것.

한 학기 동안 계속된 이 실험의 결과는 흥미로웠다. 우선 재미없게 강의하던 그 인류학 교수는 줄줄 읽어 나가던 강의 노트에서 드디어 눈을 떼고 학생들과 시선을 마주치기 시작했고 가끔씩은 한두 마디 유머 섞인 농담을 던지기도 하더니, 그 학기가 끝날 즈음엔 가장 열의 있게 강의하는 교수로 면모를 일신하게 되었다. 더욱 더 놀라운 것은 학생들의 변화였다. 처음에는 실험 차원에서 열심히 듣는 척하던 학생들이 이 과정을 통해 정말로 강의에 흥미롭게 참여하게 되었고, 나중에는 소수이긴 하지만 아예 전공을 인류학으로 바꾸기로 결심한 학생들도 나오게 되었다.

① 학생 간 의사소통의 중요성
② 교수 간 의사소통의 중요성
③ 언어적 메시지의 중요성
④ 공감하는 듣기의 중요성

정답풀이 강의를 재미있게 하는 것으로 정평이 난 인류학 교수가 자신의 수업에 흥미를 느껴 하는 학생들에게는 열의 있는 강의를 한다는 내용이다. 학생들이 적극적인 반응을 보이며 강의를 잘 듣자 교수의 강의도 긍정적으로 변하고 학생 또한 더 강의에 흥미롭게 참여하게 되었다. 강의에 공감하며 듣는 태도가 긍정적 변화를 이끌었으므로 답은 ④이다.

Answer
01 ③  02 ④

## 03 다음 중 아래 글의 제목으로 가장 옳은 것은?

2022 군무원 9급

방정식이라는 단어는 '정치권의 통합 방정식', '경영에서의성공 방정식', '영화의 흥행 방정식' 등 다양한 분야에서 애용된다. 수학의 방정식은 문자를 포함하는 등식에서 문자의 값에 따라 등식이 참이 되기도 하고 거짓이 되기도 하는 경우를 말한다. 통합 방정식의 경우, 통합을 하는 데 여러 변수가 있고 변수에 따라 통합이 성공하거나 실패할 수 있으므로 방정식이라는 표현은 대체로 적절하다.

그런데 방정식은 '변수가 많은 고차 방정식', '국내·국제·남북관계의 3차 방정식'이란 표현에서 보듯이 차수와 함께 거론되기도 한다. 엄밀하게 따지면 변수의 개수와 방정식의 차수는 무관하다. 변수가 1개라도 고차 방정식이 될 수 있고 변수가 많아도 1차 방정식이 될 수 있다. 따라서 상황에 영향을 미치는 변수의 개수에 따라 m원 방정식으로, 상황의 복잡도에 따라 n차방정식으로 구분할 필요가 있다. 또 4차 방정식까지는 근의 공식, 즉 일반해가 존재하므로 해를 구할 수 없을 정도의 난맥상이라면 5차 방정식 이상이라는 표현이 안전하다.

① 수학 용어의 올바른 활용
② 실생활에서의 수학 공식의 적용
③ 방정식의 정의와 구성 요소
④ 수학 용어의 추상성과 엄밀성

정답풀이〉제시문은 단순히 방정식의 개념을 설명하려는 글이 아니다. 방정식에 대한 소개를 하지만 경우에 따라 달라지는 방정식의 표현에 대해 다루고 있으므로 이 글의 제목은 '수학 용어의 올바른 활용'이 적절하다.

오답풀이〉② 실생활과 관련된 소재도 나오지 않으며 '수학 공식'은 방정식보다 지나치게 포괄적인 제목이다.
③ 1문단에서 '수학의 방정식'을 정의하지만 구성 요소에 대한 설명은 없다. 2문단은 다양한 예시를 든 것일 뿐이다.
④ '방정식'의 추상성은 언급되지 않았으며 '엄밀성'은 2문단에 잠깐 일부 나온 것일 뿐이다.

## 04 다음 글의 제목으로 가장 적절한 것은?

2022 군무원 7급

경제 주체들은 시장을 통해 필요한 재화를 얻거나 제공하며, 재화가 자신들에게 유리하게 배분되도록 노력한다. 그러나 시장을 통한 재화의 배분이 어렵거나 시장 자체가 존재하지 않는 경우도 있다. 이때, 시장 제도를 적절히 설계하면 경제 주체들의 이익을 최대한 충족시키면서 재화를 효율적으로 배분할 수 있는데, 이를 '시장 설계'라고 한다. 시장 설계의 방법은 양방향 매칭과 단방향 매칭이 있다. 양방향 매칭은 두 집합의 경제 주체들을 서로에 대해 갖고 있는 선호도를 최대한 배려하여 쌍으로 맺어주는 것이다. 그리고 단방향 매칭은 경제 주체들이 지니고 있는 재화를 재분배하여 더 선호하는 재화를 선택할 수 있는 방법을 찾는 것이다. 결국 양방향 매칭은 경제 주체들 간의 매칭을, 단방향 매칭은 경제 주체에게 재화를 배분하는 매칭을 찾는 것이라고 할 수 있다.

① 시장 설계와 방법
② 재화 배분과 방법
③ 매칭의 선택과 방법
④ 경제 주체와 매칭

정답풀이〉앞부분에서 '그러나'가 나오므로 무게 중심은 뒤로 쏠린다. 뒤에 심지어 따옴표가 나오면서 정의까지 내리므로 '시장 설계'가 중심 화제가 된다. 그리고 뒤에서 양방향 매칭과 단방향 매칭의 방법을 드러내므로 정답은 '시장 설계와 방법'이다.

오답풀이〉② 배분의 방법은 언급되지 않았다.
③ 매칭의 방법은 언급되지 않았다.
④ 경제 주체와 매칭은 언급이 되기는 하지만 시장 설계의 일부분의 내용일 뿐이다.

**05** 다음 글의 제목으로 가장 적절한 것은? 2022 군무원 7급

당시 영국의 곡물법은 식량 가격의 인상을 유발하지 않으면서도 자국의 농업 생산을 장려하고자 하는 목적에서 제정된 것으로, 이 법에 따라 영국 정부는 수입 곡물에 대해 탄력적인 관세율을 적용하여 곡가(穀價)를 적정하게 유지하고자 하였다. 그런데 나폴레옹 전쟁 이후 전시 수요는 크게 둔화된 반면, 대륙 봉쇄가 풀리면서 곡물 수입이 활발해짐에 따라 식량 가격은 하락하기 시작했다. 이에 농부들은 수입 곡물에 대해 관세를 더욱 높일 것을 요구하였다. 아울러 이러한 요구는 국력의 유지와 국방의 측면을 위해서도 국내 농업 생산 보호가 필요하다는 지주들의 주장에 의해 뒷받침되었다. 이와는 달리, 공장주들은 수입 곡물에 대한 관세 인상을 반대하였다. 관세가 인상되면 곡가가 오르고 임금도 오르게 되며, 그렇게 되면 이윤이 감소하고 제조품의 수출도 감소하여 마침내 제조업의 파멸을 초래하게 된다는 것이었다. 이에 공장주들은 영국의 미래는 농업이 아니라 공업의 확장에 달려 있다고 주장하면서 곡물법의 즉각적인 철폐를 요구하기에 이르렀다.

① 영국 곡물법의 개념
② 영국 곡물법의 철폐
③ 영국 곡물법에 대한 의견
④ 영국 곡물법의 제정과 변화

**정답풀이** 지문은 곡물법을 설명하고 나폴레옹 전쟁 이후 곡물법의 활용을 통한 수입 곡물 관세 인상을 주장하는 농부 및 지주의 의견과 곡물법의 철폐를 요구하는 공장주의 의견을 소개하고 있다. 따라서 글의 제목으로 '영국 곡물법에 대한 의견'이 가장 적절하다.

**오답풀이** ① 처음에 잠깐 곡물법의 개념이 일부 제시되었을 뿐이다.
② 지문의 마지막 부분에 '공장주들은 ~ 곡물법의 즉각적인 철폐를 요구'한 내용이 일부 제시되었을 뿐이다.
④ 영국 곡물법의 제정과 변화는 마지막 부분에만 일부 제시될 뿐이었다.

**06** 다음 글의 제목으로 가장 적절한 것은? 2021 군무원 7급

박목월 시인이 1959년에 쓴 작품이다. 그때 한국의 1인당 국민소득은 81달러였고 한국사회는 전반적으로 가난했다. 시인은 협소한 방에서 밤이 깊도록 글을 쓴다. 원고료를 벌기 위해 의무적으로 쓰는 글이다. 용변을 보려고 복도를 지나는데 단칸방에 옹기종기 모여 잠을 자고 있는 식구들이 보인다. 그들의 잠은 깊고 평화롭지만 어딘지 서글퍼 보인다. 난방이 제대로 안 된 방에서 잠자는 어린것들의 발이 "포름쪽쪽"하게 얼어 있다. 이 말에 아버지의 연민이 담겨 있다. 자신도 "눈과 얼음의 길을 걸어" 여기까지 왔다고 말한다. 가족들을 위해 생활에 몸을 굽히고 굴욕을 감내하는, 그러면서도 미소를 지을 수밖에 없는 아버지의 모습을 솔직하게 표현했다. 그러면서도 자신의 감정을 과장되게 드러내지 않았다. 자연이 시의 주제가 되는 것은 흔한 일이지만 가난이 시의 주제가 되는 것은 드문 일이다. 박목월은 가난을 인간적 훈기로 감싸 안으면서 연민의 어조를 통해 시인의 격조가 어떠해야 하는지를 보여주었다.

① 시인의 진심과 격조
② 자연의 시와 가난의 시
③ 가난이 주는 굴욕감
④ 연민과 평화의 정신

**정답풀이** '박목월은 가난을 인간적 훈기로 감싸 안으면서 연민의 어조를 통해 시인의 격조가 어떠해야 하는지를 보여주었다.'를 통해 이 글의 제목은 시인의 진심과 격조임을 알 수 있다.

**Answer**

03 ① 04 ① 05 ③ 06 ①

**07** 다음은 오늘날의 커뮤니케이션의 특수한 방식에 대하여 쓴 글이다. 해당 방식의 구체적인 내용이 분명하게 드러나는 제목을 붙이고자 할 때, 다음 중 가장 적절한 것은?

2017 기상직 9급

> 오늘날의 커뮤니케이션은 꽤 세련된 방식으로 이루어진다. 안부를 묻는 것도, 새해 인사도, 정치적 의견을 피력하는 것도, 물건을 사는 것도, 합격이나 불합격, 해고 통지도 모두 온라인으로 해결한다. 사람 얼굴이 보이지 않으니 행동이나 표정을 살필 일도 없고, 목소리도 들을 수 없으니 그 미묘한 마음의 디테일 역시 읽을 일이 없다. 그런 커뮤니케이션에서는 감정의 낭비가 없다. 이모티콘으로 최소한의 감정을 전달하지만 그런 문자 감정 기호는 지나치게 과장되거나 축소돼 진실성이 결여돼 있다. 그런 모든 감정 기호는 사실은 위안과 안심의 기호다. 문자 기호 커뮤니케이션에서는 격앙된 감정을 자제한다.
>
> 화를 내거나 우울한 기분을 전하는 기호조차 귀엽게 포장된다. 정말 화를 내고 싶으면 이모티콘이 아니라 욕을 써 버리면 되지만 온라인 커뮤니케이션에서 가장 금기시되는 것은 세련되지 못한 감정을 드러내는 것이므로 비난을 면하기 어렵다. 사실 진짜 욕, 진짜 화, 진짜 슬픔, 진짜 불안을 기호화한 이모티콘은 아직 보지 못했다. 따라서 조금씩 다른 그 모든 감정 기호는 사실 '좋아요'의 아류일 뿐이다. 온라인 커뮤니케이션의 두드러진 특징은 기억된다는 것이 아니라 기록된다는 것이다. 문자 기호의 커뮤니케이션은 소리 기호의 커뮤니케이션보다 더 큰 책임이 따르며, 따라서 절제와 세련됨을 요구한다.

① 오늘날의 커뮤니케이션
② 이모티콘의 의미와 기능
③ 위안과 안심의 감정 기호
④ 감정을 감추는 세련된 기호

**정답풀이** 1문단에서는 오늘날의 커뮤니케이션은 온라인으로 해결되므로 문자 기호 커뮤니케이션으로 진행된다고 하였다. 1문단에서는 모든 감정 기호는 위안과 안심의 기호로 문자 기호 커뮤니케이션에서는 격앙된 감정을 자제한다고 하였다. 2문단에서는 문자 기호 커뮤니케이션은 세련됨을 요구한다고 했다. 발문에 나온 '해당 방식의 구체적 내용이 분명하게 드러나는 제목'을 보았을 때 1문단과 2문단의 내용이 구체적으로 드러나려면 '감정을 감추는(→ 1문단 중심 내용) 세련된 기호(→ 2문단 중심 내용)'가 옳다.

**오답풀이** ①② 지나치게 포괄적인 제목이라 발문의 조건에 맞지 않는다.
③ '위안과 안심의 감정 기호'는 1문단에만 해당되는 내용일 뿐이다.

**08** 다음 글의 제목으로 가장 적절한 것은? 2013 국가직 7급

허균의 不羈奔放한 탈선적 생활은 마치 르네상스 시대의 여러 천재들을 연상케 한다. 안정복에 의하면, 허균은 심지어 남녀의 정열을 天이라 하고 分別倫紀를 聖人之敎라하여, 天이 성인보다 높은 것인 만큼 차라리 성인의 가르침을 어길지언정 천품의 본성은 감히 어길 수 없는 일이라고 하였다는 것이다. 그리하여 글깨나 하는 浮薄한 文士들이 그의 門徒가 되어 天學을 주장하였지만, 그것은 서양의 天主學과는 霄壤의 차이가 있는 것이요, 견주어 같이 논할 성질의 것이 못 된다고 하였다. 허균이 仙道, 특히 불교에 관한 서적을 탐독하였음은 사실이다. 그로 인하여 罷官까지 당한 일이 있었다. 또 일찍이 燕京에 왕래한 관계로 天主實義를 읽었으리라는 것도 추측된다. 그러나 그렇다고 하여 天이 성인보다 높다는 사상을 유독 西學의 영향이라고 봄은 하나의 속단이 아닐까.

성인보다 높은 天이라고 하여 그 天이 반드시 서학의 天主를 의미하는 것이라고 보아야 하는 이유가 분명치 않다. 그보다는 오히려 인간의 본연지성을 그의 존엄성에 있어서 강조하려는 것이라고 함이 타당할 것이다. 天命之謂性의 성 자체의 존엄성이 성인이 제정한 倫紀보다 우월하다는 뜻일 것이다. 삼강오륜이 절대 불가침의 도덕률로 되어 있었던 그 당시에 있어서 대담무쌍한 발언이라 하겠으나, 오히려 모든 도덕률의 근거가 다름 아닌 인간의 본연지성을 기반으로 하고 있음을 밝히려 한 것이라고 보아도 무방할 것이다. 공자도 五十而知天命하고 六十而耳順이라고 하지 않았던가.

물론 허균 자신의 貪淫縱慾을 從心所欲不踰矩의 경지와 혼동하였다면 그것은 용서가 안 될 것이다. 그러나 시대의 변천을 무시하고 그저 舊殼만을 墨守하려는 태도로부터 용감하게 탈피하여 보다 근원적인 天과의 관련에 있어서 인간성의 진면목을 드러내 보고 싶었던 것이 아닐까.

① 허균의 천(天)과 인간의 본연지성
② 허균의 자유분방한 생활을 통해 본 그의 천재성
③ 서학의 입장에서 본 허균의 천학
④ 조선 시대 사상계의 경직성

정답풀이 허균의 '天'과 '본연지성'이라는 단어가 많이 반복되고 있다. 1문단의 중심 문장 '그러나 그렇다고 하여 天이 성인보다 높다는 사상을 유독 西學의 영향이라고 봄은 하나의 속단이 아닐까.'를 보면 허균의 천 사상이 서학의 영향으로 보는 것에 대한 비판이 있음을 알 수 있다. 2문단에서는 '그보다는 오히려 인간의 본연지성을 그의 존엄성에 있어서 강조하려는 것이라고 함이 타당할 것이다.'에 중심이 있다. 3문단은 2문단을 부연하는 것으로 하고자 하는 말은 같다. 따라서 '허균의 천(天)과 인간의 본연지성'이 답이 되어야 한다.

오답풀이 ② '허균의 자유분방한 생활' '천재성'에 대해 언급한 것은 첫 부분뿐이다.

허균의 不羈奔放(불기분방: 자유분방)한 탈선적 생활은 마치 르네상스 시대의 여러 천재들을 연상케 한다. 안정복에 의하면, 허균은 심지어 남녀의 정열을 天(천)이라 하고 分別倫紀(분별윤기: 윤리와 기강을 분별함)를 聖人之敎(성인지교: 성인의 가르침)라 하여, 天(천)이 성인보다 높은 것인 만큼 차라리 성인의 가르침을 어길지언정 천품의 본성은 감히 어길 수 없는 일이라고 하였다는 것이다. 그리하여 글깨나 하는 浮薄(부박: 천박하고 경솔하다.)한 文士(문사: 문인)들이 그의 門徒(문도: 제자)가 되어 天學(천학: 천주교)을 주장하였지만, 그것은 서양의 天主學(천주학)과는 霄壤(소양: 천지)의 차이가 있는 것이요, 견주어 같이 논할 성질의 것이 못 된다고 하였다. 허균이 仙道(선도: 신선이 되기 위해 닦는 도.), 특히 불교에 관한 서적을 탐독하였음은 사실이다. 그로 인하여 罷官(파관)까지 당한 일이 있었다. 또 일찍이 燕京(연경: 베이징)에 왕래한 관계로 天主實義(천주실의: 천주교 교리서)를 읽었으리라는 것도 추측된다. 그러나 그렇다고 하여 天(천)이 성인보다 높다는 사상을 유독 西學(서학: 천주교)의 영향이라고 봄은 하나의 속단이 아닐까(설의법: 속단이다).

성인보다 높은 天(천)이라고 하여 그 天(천)이 반드시 서학의 天主(천주)를 의미하는 것이라고 보아야 하는 이유가 분명치 않다. 그보다는 오히려 인간의 본연지성을 그의 존엄성에 있어서 강조하려는 것이라고 함이 타당할 것이다. 天命之謂性(천명지위성: 인간 존재의 본질인 성(性)을 천명과 동일한 것)의 성 자체의 존엄성이 성인이 제정한 倫紀(윤기: 윤리와 기강)보다 우월하다는 뜻일 것이다. 삼강오륜이 절대 불가침의 도덕률로 되어 있었던 그 당시에 있어서 대담무쌍한 발언이라 하겠으나, 오히려 모든 도덕률의 근거가 다름 아닌 인간의 본연지성을 기반으로 하고 있음을 밝히려 한 것이라고 보아도 무방할 것이다. 공자도 五十而知天命(오십이지천명: 오십 살에는 하늘의 뜻을 안다.)하고 六十而耳順(육십이이순: 육십 살에는 들으면 이해가 된다.)이라고 하지 않았던가.

물론 허균 자신의 貪淫縱慾(탐음종욕: 음탕한 것을 탐하고 욕정을 따름)을 從心所欲不踰矩(종심소욕불유구: 하고 싶은 대로 하여도 법도를 어기지 않았다.)의 경지와 혼동하였다면 그것은 용서가 안 될 것이다. 그러나 시대의 변천을 무시하고 그저 舊殼(구각: 낡은 제도나 관습)만을 墨守(묵수: 고집)하려는 태도로부터 용감하게 탈피하여 보다 근원적인 天과의 관련에 있어서 인간성의 진면목을 드러내 보고 싶었던 것이 아닐까.

Answer
07 ④  08 ①

## 09 다음 글의 제목으로 적절한 것은?

2021 국회직 8급

철로 옆으로 이사를 가면 처음 며칠 밤은 기차가 지나갈 때마다 잠에서 깨지만 시간이 흘러 기차 소리에 친숙해지면 그러지 않는다. 왜 그럴까? 귀에서 포착한 소리 정보가 뇌에 전달되는 과정에서 물리학적인 음파의 속성은 서서히 의미를 가진 정보로 바뀐다. 이 과정에서 감정을 담당하는 변연계에도 정보가 전달되어 모든 소리는 의식적이든 무의식적이든 감정을 유발한다. 또 소리 정보 전달 과정은 기억중추에도 연결되어 있어서 현재 들리는 모든 소리는 기억된 소리와 비교된다. 친숙하며 해가 없는 것으로 기억되어 있는 소리는 우리의 의식에 거의 도달하지 않는다. 그래서 이미 익숙해진 기차 소음은 뇌에 전달은 되지만 의미없는 자극으로 무시된다. 동물들은 생존하려면 자기에게 중요한 소리를 들을 수 있어야 한다. 특히 즉각적인 반응을 보여야 하는 경우에는 더욱 그렇다. 그래서 동물들은 자신의 천적이나 먹이 또는 짝짓기 상대방이 내는 소리는 매우 잘 듣는다. 사람도 같은 방식으로 반응한다. 아무리 시끄러운 소리에도 잠에서 깨지 않는 사람이라도 자기 아기의 울음소리에는 금방 깬다. 이는 인간이 소리를 듣는다는 것은 외부의 소리가 귀에 전달되는 것을 그대로 듣는 수동적인 과정이 아니라 소리가 뇌에서 재해석되는 과정임을 의미한다. 자기 집을 청소할 때 들리는 청소기의 소음은 견디지만 옆집 청소기소음은 참기 어려운 것도 그 때문이다.

① 소리의 선택적 지각
② 소리 자극의 이동 경로
③ 소리의 감정 유발 기능
④ 인간의 뇌와 소리와의 관계
⑤ 동물과 인간의 소리 인식 과정 비교

**정답풀이** 첫 부분에서 문제를 제기하는 부분이 있다면 그것이 제목이 될 확률이 높다. 똑같은 기차 소리여도 나중에 듣는 기차 소리는 잠을 깨우지 않는 이유에 대해 문제를 제기하고 있다. 그리고 그렇게 되는 과정들에 대해 설명하고 있다. 또 뒤에서 여러 사례를 들어 동물은 중요한 소리만 선택적으로 들으며 인간이 소음을 받아들이는 것 또한 소리가 수동적으로 들리는 것이 아니라 뇌에서 재해석 된다고 하므로 이와 관련된 제목은 '소리의 선택적 지각'이다.

**오답풀이** ② 소리 자극의 구체적인 이동 경로는 언급되지 않았다.
③ 소리의 감정 유발 기능이 일부 언급되어 있지만 그것이 글의 중심 내용은 아니었다.
④ 인간의 뇌와 소리와의 관계가 일부 언급되어 있지만 그것이 글의 중심 내용은 아니었다.
⑤ 동물과 인간의 소리 인식 과정을 비교하는 내용은 언급되지 않았다.

## 10 주민들의 토의 주제로 가장 적절한 것은?

2016 지방직 7급

주민 1 : 도시 사람들이 가끔씩 들러 전원생활을 맛보고 휴식을 취할 수 있는 농촌 체험 마을로 키워 마을의 소득원을 늘린다면 젊은이들이 살기 좋은 마을이 될 것입니다.

주민 2 : 도시로 나갔던 젊은이들이 다시 찾을 수 있는 마을이 되기 위해서는 어린이들을 위한 교육 환경을 마련하는 일이 우선입니다. 요즘 젊은 부부들의 교육열이 얼마나 높습니까?

주민 3 : 우리 마을은 젊은 귀촌자들이 원주민들과 쉽게 어울리지 못해 어려움을 겪는 일이 많습니다. 사람들이 우리 마을을 많이 찾는 방안을 마련하는 것도 중요하지만, 마을 사람들 모두가 서로 잘 교류하고 화목하게 지내는 것이 더 중요합니다.

① 마을의 소득 향상 방안
② 마을의 관광객 유치 방안
③ 어린이를 위한 교육 환경의 개선 방안
④ 젊은이들이 살기 좋은 마을 조성 방안

**정답풀이** 주민 1은 자신의 마을을 농촌 체험 마을로 키워 "젊은이들이 살기 좋은 마을"로 만들자고 한다. 주민 2는 어린이들을 위한 교육 환경을 만들어 "젊은이들이 다시 찾을 수 있는 마을"을 만들자고 한다. 주민 3은 마을 사람들 모두가 서로 교류해야 "젊은 귀촌자들이 잘 지낼 수 있다"고 한다. 이 발언들을 모두 종합하면, "젊은이들이 살기 좋은 마을 조성 방안"이 토의 주제였음을 추론할 수 있다.

**11** 다음 글의 주장에 어울리는 것은?    2016 지방직 7급

> 과학이 높이 평가받는 이유는 객관성, 그리고 그에 따르는 정확성과 엄밀성 때문이다. 연구자가 연구 대상으로부터 자신을 분리하고 거리를 둠으로써 주관적 요소를 배제하고 사태 자체를 객관적으로 파악하는 것이 과학적 태도라고 우리는 생각한다. 하지만 물리화학, 경제학, 철학 등 다방면에서 학문적 업적을 이룬 마이클 폴라니는 이런 생각에 동의하지 않는다. 그는 암묵적 지식이 늘 지식의 조건으로 전제되며, 통합하는 인격적 행위 없이 지식이 성립하지 않는다는 사실을 보여줌으로써 과학적 지식의 객관성과 가치중립성에 의문을 제기한다. 암묵적 지식이란 한 인격체가 성취한 지식으로, 개인적이고 인격적인 성격을 띤다. 암묵적 지식의 한 측면을 우리는 못질하는 행동에서 파악할 수 있다. 우리 눈은 못대가리에 의식적으로 초점을 두어야 하지만 망치를 든 손과 공간에 대한 보조 의식이 없다면 못질은 실패할 것이다. 이런 보조 의식이 암묵적 지식이다. 암묵적 지식은 검증되지 않는다. 그러므로 완전한 검증을 거친 지식 체계가 가능하다는 객관주의의 지식 이념은 환상에 지나지 않는다고 할 수 있다.

① 드러나지 않은 다양한 지식의 가치
② 암묵적 지식이 갖는 한계와 비과학성
③ 과학의 객관성이 높이 평가받는 또 다른 이유
④ 완전한 검증을 거친 지식 체계가 갖는 주요한 의의

**정답풀이** 다음 글은 과학의 객관적이고 정확하며 엄격한 성격에 의문을 제기한다. 이를 위해 '마이클 폴라니'의 주장을 가지고 온다. 마이클 폴라니는 암묵적 지식이 늘 지식의 조건으로 전제된다고 하였다. 암묵적 지식이란 객관적인 과학 지식과는 다르게 개인적(=주관적)이고 인격적인 성격을 띤다고 한다. '못질하는 행동'은 보조 의식이 있어야 가능하다고 하며 이 보조 의식이 곧 암묵적 지식이라고 하였다. 마지막 문장 "그러므로 완전한 검증을 거친 지식 체계가 가능하다는 객관주의의 지식 이념은 환상에 지나지 않는다고 할 수 있다."를 통해 이 글은 완전한 객관적인 과학 지식을 환상으로 보고 있고 암묵적 지식의 가치를 인정하고 있음을 알 수 있다. 드러나지 않은 지식이 곧 암묵적 지식이므로 정답은 ① '드러나지 않은 다양한 지식의 가치'이다.

**오답풀이** ② 이 글은 '암묵적 지식이 갖는 한계와 비과학성'이 아니라 오히려 암묵적 지식의 가치에 대한 글이다.
③ 마지막 문장을 보면 과학적 지식은 환상으로 보고 있다. 따라서 이 글은 과학의 객관성이 높이 평가받는다는 내용의 글이 아니며 그 이유를 다루고 있지도 않고 있음을 알 수 있다.
④ '완전한 검증을 거친 지식 체계가 갖는 주요한 의의'를 다루는 것이 아니다. 반대로 '암묵적 지식 체계의 가치'에 대한 내용이다.

**Answer**
09 ① 10 ④ 11 ①

## 12 다음 글의 주제로 가장 적절한 것은? 2017 서울시 7급

합리성이 인간의 본래적인 특성이기는 하지만, 더 나아가 이러한 합리성을 표현할 줄 알아야 한다. 인간은 사회적인 동물이기 때문에 나와 다른 관점을 지닌 무수한 사람들과 부딪히며 어울려 살아야 하기 때문이다. 합리적인 공동체의 합리적인 시민이 되고자 한다면, 단순히 합리적으로 사고하는 것을 넘어 다른 사람들이 자신의 견해를 수용할 수 있을 만큼 타당한 논리를 제시할 줄 알아야 한다. 그러한 주장에 사람들이 동의하지 않는다 하더라도 최소한 존중해 줄 수 있을 정도는 되어야 한다. 합리적으로 보이는 근거를 제시하고 진정으로 사려 깊게 논증한다면 상대방은 입장을 바꿔서 생각해 볼 것이고, 이로써 당신의 생각을 인정할 수도 있다. 어떤 사람의 논증이 일관되고 견고해 보일 때 사람들은 그 사람을 생각이 깊은 올바른 사람이라고 기억할 것이다.

① 합리적인 공동체의 미래
② 합리적 사고의 의미
③ 인간의 사회적 특성
④ 합리적 논증의 필요성

**정답풀이** 글이 짧은 경우에는 첫 부분이 화제가 되는 경우가 많다. 첫 문장에서 '합리성'보다 '합리성을 표현'하는 것이 더 중요하다는 식으로 언급하고 있다. 그리고 그 뒤의 내용도 모두 합리성을 잘 표현해야 하는 중요성이나 그로 인한 효과를 서술하고 있으므로 '합리적 논증의 필요성'이 주제라고 볼 수 있다.

**오답풀이** ① '합리적인 공동체'라는 표현이 글에 언급되어 있지만 일부에만 언급되어 있으므로 중심 내용이 아니다.
② '합리적인 사고'의 뜻을 설명하는 글이 아니다.
③ 합리성을 표현하려면 인간의 사회적 특성이 전제되어야 하는 것이지만, '인간의 사회적 특성' 자체가 주제는 아니다.

# Chapter 02 중심 내용 찾기

## 대표 출사표 발문 체크

**01** 다음 글의 결론으로 가장 적절한 것은? 2021 지방직 9급

**02** 다음 글에서 결론적으로 주장하는 바로 가장 적절한 것은? 2019 지방직 7급

**03** 〈보기〉에서 말하고자 하는 바로 가장 적절한 것은? 2022 서울시 9급

**04** 다음 발화에 나타난 주장으로 가장 적절한 것은? 2020 지방직 7급

## 출사표 적용 중심 내용 찾기

1. (가)~(라)의 중심 내용을 찾는 문제가 나오는 경우에는 (가)를 읽고 선택지 ①을 판단하고 (나)를 읽고 ②를 판단하는 순서로 문제를 풀어야 한다.

2. 중심 화제가 중심 내용 안에 그대로 포함되거나, 다른 말로 바뀌어 표현될 수 있다. 중심 화제는 주로 정의를 내리는 대상이거나 따옴표가 찍혀 있거나 많이 등장하는 말이다.

3. 제시문에서 의문을 제기하는 경우에는 그에 대한 답변이 중심 내용이 될 수 있다.

4. 2문단일 경우 두 번째 문단에 '그러나, 하지만'이 나오면 두 번째 문단에 중심 내용이 나올 확률이 크다.

5. 지엽적이거나 세부적인 내용이 아니라 글 전체를 포괄하는 내용이 중심 내용이 된다.

**亦功 예상 적중문제**

**01** 다음 글에서 결론적으로 주장하는 바로 가장 적절한 것은?
2019 지방직 7급

> 사회 관계망 서비스(SNS)는 개인의 알 권리를 충족하거나 사회적 정의 실현을 위해 생각과 정보를 공유할 수 있도록 돕는다는 면에서 긍정적인 가치를 인정받는다. 그러나 도덕적 응징이라는 미명 하에 개인의 신상 정보를 무차별적으로 공개하는 범법 행위가 확산되면서 심각한 사회 문제가 일고 있는 것이 사실이다. 법적 처벌이 어렵다면 도덕적으로 응징해서라도 죄를 물어야 한다는 누리꾼들의 요구가, '모욕죄'나 '사이버 명예 훼손죄' 등으로 처벌될 수 있는 범죄 행위 수준의 과도한 행동으로 이어지는 경우를 우려해야 하는 상황인 것이다.
> 특히 사회적 비난이 집중된 사건의 경우, 공익을 위한다는 생각으로 사건의 사실 여부를 제대로 확인하지도 않은 채 개인 신상 정보부터 무분별하게 유출하는 행위가 끊이지 않고 있어 문제의 심각성이 커지고 있다. 그로 인해 개인의 사생활 침해와 인격 훼손은 물론, 개인 정보가 범죄에 악용되는 부작용이 발생하고 있다. 따라서 사회 관계망 서비스를 이용하여 정보를 공유할 때에는, 개인의 사생활을 침해하거나 인격을 훼손하는 정보를 유출하는 것은 아닌지 각별한 주의를 기울일 필요가 있다.

① 정보 공유를 통해 사회 정의를 실현할 수 있다.
② 정보 유출로 공공의 이익이 훼손되는 경우는 없다.
③ 공유된 정보는 사실 관계를 확인할 수 있어야 한다.
④ 정보 공유 과정에서 개인의 인권이 침해당해서는 안 된다.

**정답풀이** 1문단에서는 '사회 관계망 서비스(SNS)'의 장점에 대해 언급하면서 동시에 개인의 신상 정보를 무차별적으로 공개하는 범법 행위가 확산되고 있는 문제를 제기하고 있다. 그리고 2문단에서 "따라서 사회 관계망 서비스를 이용하여 정보를 공유할 때에는, 개인의 사생활을 침해하거나 인격을 훼손하는 정보를 유출하는 것은 아닌지 각별한 주의를 기울일 필요가 있다."라고 언급되어 있다. 즉, SNS를 하는, 정보 공유 과정에서 개인의 인권이 침해당해서는 안 된다라는 의미이므로 답은 ④이다.

**오답풀이** ① 제시문에서 SNS는 사회적 정의 실현을 위해 생각과 정보를 공유할 수 있도록 돕는 기능이 있다고 언급을 하고는 있지만, 이것은 일부의 내용일 뿐이다. 뒤의 부분에서는 그 과정에서 개인의 인권이 침해될 수 있으므로 주의를 기울이라고 하는 주장을 더 강하게 하고 있으므로 ①은 제시문의 결론으로 볼 수 없다.
② '공공의 이익이 훼손되는 경우가 없다'는 내용은 아예 언급되지 않고 있으므로 결론으로 적절하지 않다.
③ 제시문에서는 사건의 사실 여부를 제대로 확인하지도 않은 채 개인 신상 정보부터 무분별하게 유출하는 것은 옳지 않다며 비판하고 있기는 하다. 하지만 이것은 일부의 내용이지 결론적으로 주장하는 내용은 아니므로 옳지 않다.

**02 다음 글의 결론으로 가장 적절한 것은?** 2021 지방직 9급

인공지능(AI)은 비즈니스 패러다임을 획기적으로 바꾸고 있다. 인공지능은 생물학 분야에도 광범위하게 영향을 미칠 것이며, 애완동물이 인공지능(AI)으로 대체될 수도 있을 것이다. 인공지능(AI)은 스스로 수학도 풀고 글도 쓰고 바둑을 두며 사람을 이길 수도 있다. 어느 영화에서처럼 실제로 인간관계를 대신할 수도 있다. 인공지능(AI)은 배우면서 성장할 수도 있다. 인공지능(AI)이 사람보다 똑똑해질 수 있을지도 모른다.

인공지능(AI)이 사람보다 똑똑해질 수 있는지는 차치하고, 인공지능(AI)이 사람을 게으르게 만들 수도 있지 않을까? 이 게으름은 우리의 건강과 행복, 그리고 일상생활의 패턴을 바꿔 놓을 수도 있다.

인공지능(AI)이 앱을 통해 좀 더 편리한 삶을 제공하여 사람의 뇌를 어떻게 바꾸는지를 일상에서 보여 주는 대표적 사례가 바로 GPS다. 불과 몇 년 전만 해도 지도를 보고 스스로 거리를 가늠하고 도착 시간을 계산했던 운전자들은 이 내비게이션의 등장으로 어디에서 어떻게 가라는 기계 속 음성에 전적으로 의존하기 시작했다. 예전의 방식으로도 충분히 잘 찾아가던 길에서조차 습관적으로 내비게이션을 켠다. 이것이 없으면 자주 다니던 길도 제대로 찾지 못하고 멀쩡한 어른도 길을 잃는다.

이와 같이 기계에 의존해서 인간이 살아가는 사례는 오늘날 우리의 두뇌가 게을러진 것을 보여 주는 여러 사례 가운데 하나일 뿐이다. 삶을 더 편하게 해 준다며 지름길을 제시하는 도구들이 도리어 우리의 기억력과 창조력을 퇴보시키고 있다. 인간을 태만하고 나태하게 만들어 뇌의 가장 뛰어난 영역인 상상력을 활용하지 않도록 만드는 것이다.

① 인간의 인공지능(AI)에 대한 독립성은 지속적으로 증가하게 될 것이다.
② 인공지능(AI)으로 인해 인간의 두뇌가 게을러지는 부작용이 발생하게 될 것이다.
③ 인공지능(AI)은 인간을 능가하는 사고력을 가질 것이다.
④ 인공지능(AI)은 궁극적으로 상상력을 가지게 될 것이다.

**정답풀이** 결론을 찾는 유형은 각 문단의 글의 흐름을 찾아 읽되, 마지막까지 읽어 주어야 한다. 이 글의 중심 화제는 '인공지능'인데, 인공지능으로 인해 무뎌지는 인간의 두뇌에 대해 서술하고 있다. 1문단에서는 인공지능의 특성을 설명하고 2문단에서는 인공지능이 사람을 게으르게 만들 수 있다는 문제 제기를 하고 있다. 3문단에서는 인공지능으로 인해 두뇌를 적게 쓰는 인간의 모습이 나온 후 마지막 문단에서 결론이 나온다. "이와 같이 기계에 의존해서 인간이 살아가는 사례는 오늘날 우리의 두뇌가 게을러진 것을 보여 주는 여러 사례 가운데 하나일 뿐이다."를 통해 인공지능(AI)으로 인해 인간의 두뇌가 게을러지는 부작용이 발생하게 될 것이라는 결론을 도출할 수 있다.

**오답풀이** ① 인공지능이 발달되면서 인간의 인공지능(AI)에 대한 의존성이 증가하게 되는 것이므로 독립성은 지속적으로 증가하게 될 것이라는 ①은 결론으로서 옳지 않다.
③ 1문단에서 "인공지능(AI)이 사람보다 똑똑해질 수 있을지도 모른다."라고 언급되어 있기는 하나, 이것이 결론이 되기는 어렵다.
④ 맨 마지막 문장에서 "인간을 태만하고 나태하게 만들어 뇌의 가장 뛰어난 영역인 상상력을 활용하지 않도록 만드는 것이다."라고 언급되어 있으므로 인공지능(AI)은 궁극적으로 상상력을 가지게 될 것이라는 ②는 결론으로서 옳지 않다.

**Answer**
01 ④  02 ②

## 03 〈보기〉에서 말하고자 하는 바로 가장 적절한 것은?

2022 서울시 9급

─〈보기〉─

기존의 대부분의 일제 시기 근대화 문제에 관한 연구는 다양한 입장 차이에도 불구하고 대단히 대립적인 두 가지 주장으로 정리될 수 있다. 즉 일제가 조선을 지배하지 않았다면 조선에서는 근대적 변혁이 제대로 이루어지지 않았을 것이라는 주장과, 일제의 조선 지배는 한국 근대화를 압살하였기 때문에 결국 근대는 해방 이후부터 시작될 수밖에 없었다는 주장이 그것이다. 두 주장 모두 일제의 조선 지배에도 불구하고 조선인들이 주체적으로 대응했던 역사가 탈락되어 있다. 일제 시기의 역사가 한국 역사의 일부가 되기 위해서는 민족 해방 운동 같은 적극적인 항일 운동뿐만 아니라, 지배의 억압 속에서도 치열하게 삶을 영위해 가면서 자기 발전을 도모해 나간 조선인의 역사도 정당하게 평가되지 않으면 안 된다.

① 일제의 조선 지배는 한국에게서 근대화의 기회를 빼앗았다.
② 일제의 지배에 주체적으로 대응한 조선인의 역사도 정당하게 평가되어야 한다.
③ 일제가 조선을 지배하지 않았다면 조선에서는 근대화가 이루어지지 않았을 것이다.
④ 조선인들은 일제하에서도 적극적인 항일 운동으로 역사에 주체적으로 대응해 나갔다.

**정답풀이** 제시문 끝에 글쓴이의 주장이 들어 있는 미괄식 구성의 글이다. "일제 시기의 역사가 한국 역사의 일부가 되기 위해서는 ～ 정당하게 평가되지 않으면 안 된다."에 해당하는 선택지를 고르면 "일제의 지배에 주체적으로 대응한 조선인의 역사도 정당하게 평가되어야 한다."가 답이다.

**오답풀이** ① '일제의 조선 지배는 한국에게서 근대화의 기회를 빼앗았다.'는 〈보기〉의 주장이라기보다는 〈보기〉가 비판한 대립적인 2가지 주장 중 하나에 해당한다.
③ '일제가 조선을 지배하지 않았다면 조선에서는 근대화가 이루어지지 않았을 것이다.'는 〈보기〉의 주장이라기보다는 〈보기〉가 비판한 대립적인 2가지 주장 중 하나에 해당한다.
④ 이 선택지에는 '자기 발전을 도모해 나간 조선인의 역사도 정당하게 평가되지 않으면 안 된다.'는 내용이 빠져 있어 ②에 비해 타당성이 떨어진다.

## 04 다음 글의 주제로 가장 적절한 것은?

2019 경찰 1차

옛 학자는 반드시 스승이 있었으니, 스승이라 하는 것은 도(道)를 전하고 학업(學業)을 주고 의혹을 풀어 주기 위한 것이다. 사람이 나면서부터 아는 것이 아닐진대 누가 능히 의혹이 없을 수 있으리오. 의혹하면서 스승을 따르지 않는다면 그 의혹된 것은 끝내 풀리지 않는다. 나보다 먼저 나서 그 도(道)를 듣기를 진실로 나보다 먼저라면 내 좇아서 이를 스승으로 할 것이요, 나보다 뒤에 났다 하더라도 그 도(道)를 듣기를 또한 나보다 먼저라고 하면 내 좇아서 이를 스승으로 할 것이다. 나는 도(道)를 스승으로 하거니, 어찌 그 나이의 나보다 먼저 나고 뒤에 남을 개의(介意)하랴! 이렇기 때문에 귀한 것도 없고 천한 것도 없으며, 나이 많은 것도 없고 적은 것도 없는 것이요, 도(道)가 있는 곳이 스승이 있는 곳이다.

① 스승은 도(道)를 전하고 의혹을 풀어 주는 사람이다.
② 도(道)가 있는 사람이면 나이에 관계없이 스승으로 삼을 수 있다.
③ 의혹되는 바가 있으면 스승을 좇아서 그 의혹된 것을 풀어야 한다.
④ 나보다 먼저 난 이가 도(道)를 듣지 못했다면 그는 생이지지자(生而知之者)가 아니다.

**정답풀이** 제시문의 끝에 주제가 있는 미괄식의 글이다. "나는 도(道)를 스승으로 하거니, 어찌 그 나이의 나보다 먼저 나고 뒤에 남을 개의(介意)하랴! ～도(道)가 있는 곳이 스승이 있는 곳이다."와 비슷한 의미를 갖는 것은 ②이다.

**오답풀이** ①③ 제시문에 언급되어 있기는 하지만 일부일 뿐이다.
④ 제시문에 언급되지 않았다.

## 05 다음 발화에 나타난 주장으로 가장 적절한 것은?

2020 지방직 7급

> 신어(新語)에 대해 말할 때, 보통 유행어나 비속어, 은어와 같은 한정된 대상을 떠올리는 경우가 많습니다. 그런데 신어 연구의 대상은 특정한 범주의 언어, 소수 집단의 언어에 한정되지 않습니다. 어려운 전문 용어는 의사소통의 효율성이나 교육적 목적을 위해 순화된 신어로 대체할 필요가 있는데, 특히, 상당수의 전문 용어는 신어에 대한 정책적인 고려가 필요해 보입니다. 예를 들어 '좌창(痤瘡)'이라는 의학 용어를 대체한 '여드름'은 일상생활뿐만 아니라 전문 분야에서도 신어로 자리를 잡았습니다. 이와 같은 신어는 전문 용어의 순화에도 일정한 역할을 하고 있습니다. 이는 신어 연구가 단지 새로운 어휘와 몇 가지 주제를 나열하는 연구를 넘어서 한국어 조어론 전반에 대한 연구로 확장되어야 하는 이유이기도 합니다. 이러한 신어의 영역은 대중이 생산하는 '자연 발생적 신어'의 영역과 더불어 '인위적인 신어'의 영역으로 논의되어야 합니다.

① 신어에서 비속어나 은어가 빠져야 한다.
② 신어는 연구 대상과 영역을 확장해야 한다.
③ 자연 발생적인 신어에 대한 정책적 고려가 필요하다.
④ 신어는 의사소통의 효율성을 위해 그 범주를 특정해야 한다.

정답풀이 "그런데 신어 연구의 대상은 특정한 범주의 언어, 소수 집단의 언어에 한정되지 않습니다."와 "이는 신어 연구가 단지 새로운 어휘와 몇 가지 주제를 나열하는 연구를 넘어서 한국어 조어론 전반에 대한 연구로 확장되어야 하는 이유이기도 합니다."를 통해 신어는 연구 대상과 영역을 확장해야 함을 알 수 있다.

오답풀이 ① 신어에서 비속어나 은어가 빠져야 한다는 내용은 언급되어 있지 않다. 제시문은 신어의 영역을 오히려 확장해야 한다는 입장이기 때문에 비속어나 은어가 빠져야 한다는 이 선택지에 어색함을 느껴야 한다.
③ 제시문에서는 어려운 전문 용어를 어떤 목적(의사소통의 효율성이나 교육적 목적)을 위해 '인위적인 신어'로 바꾸는 것에 대한 정책적 고려가 필요하다고는 했다. 하지만 '자연 발생적인 신어'에 대한 정책적 고려가 필요하다고 하지 않았다.
④ 제시문의 중심 내용은 신어의 연구 대상과 영역을 확장해야 한다는 것이다. 그런데 신어는 의사소통의 효율성을 위해 그 범주를 특정해야 한다는 것은 범위를 한정하라는 의미이므로 제시문의 내용에 어긋난다.

Answer
03 ② 04 ② 05 ②

**06 다음 글의 중심 내용으로 가장 옳은 것은?**

2021 군무원 9급

이제 우리는 세계의 변방이 아니다. 세계화는 점점 더, 과거와는 분명 다르게 우리가 주목과 관심의 대상이 되는 방향으로 진행되고 있다. 이제 한국은 더 이상 '작은 나라'라고만 생각하지 않게 되었다. 한국인의 예술성을 세계에서 인정하고 있는 지금 이 시기에 가장 중요한 것은 무엇일까? 그 무엇보다 시급한 것이 바로 '전략'이다. 지금이야말로 세계 시장에 우리의 예술을 알릴 수 있는 기회가 왔고, 우리만의 전략이 필요한 시기가 왔다.

한국인의 끼는 각별하다. 신바람, 신명풀이가 문화 유전자로 등록되어 있는 민족이다. 게다가 신이 나면 어깨춤 덩실덩실 추던 그 어깨 너머로 쓱 보고도 뚝딱 뭔가 만들어낼 줄 아는 재주와 감각도 있고, 문화선진국의 전문가들도 감탄하는 섬세한 재능과 디테일한 예술적 취향도 있다. 문화예술의 시대를 맞은 오늘날, 우리가 먹거리로 삼을 수 있고 상품화할 수 있는 바탕들이 다 갖추어진 유전자들이다. 선진이 선진이고 후진이 후진이면 역사는 바뀌지 않는다. 선진이 후진 되고 후진이 선진 될 때 시대가 바뀌고 새로운 역사가 시작되는 법이다. 우리 앞에 그런 전환점이 놓여 있다.

① 주어진 현실에 안주하는 실리감각
② 다가오는 미래에 대한 희망찬 포부
③ 냉엄한 국제질서에 따른 각박한 삶
④ 사라져 가는 미풍양속에 대한 아쉬움

**정답풀이** 1문단에서는 한국인의 예술성이 세계에 인정받고 있으므로 우리의 예술을 알릴 수 있는 전략이 필요하다고 했다. 2문단에서는 한국인의 끼를 제시하며 새로운 역사의 전환점이 놓여 있다고 한다. 이를 모두 아우른 제목은 '다가오는 미래에 대한 희망찬 포부'이다.

**오답풀이** ① 안주한다기보다는 역사를 새롭게 바꾸는 것을 주장하고 있으므로 옳지 않다.
③, ④ 아예 초점 자체가 옳지 않다.

**07 다음 글의 필자가 말하고자 하는 바로 가장 적절한 것은?**

2016 기상직 9급

언어 기호는 과연 의미를 제대로 전달하는 수단일까? 이런 의문을 처음 제기한 사람은 프랑스의 구조언어학자인 소쉬르다. 그는 기호를 의미하는 것(기표, signifiant)과 의미되는 것(기의, sifinfiè)으로 구분하고, 양자의 관계가 생각하는 것처럼 그렇게 필연적이지 않다고 주장한다. 언어 기호가 지시 대상을 가리킨다고 보는 전통적인 관점을 뒤집은 것이다. 나무라는 말이 나무를 가리키고 바위라는 말이 바위를 가리키는 것은 당연한데, 대체 소쉬르는 무슨 말을 하는 걸까? 그는 스피노자의 말을 빌려 "개는 짖어도 개라는 낱말은 짖지 않는다."고 말한다. 그의 말은 마당에서 뛰노는 실제의 개(기의)를 개라는 이름(기표)으로 불러야 할 필연적인 이유가 없다는 뜻이다. 개를 소나 닭으로 바꿔 불러도 아무런 상관이 없다.

그렇다면 개를 개라고 부르게 된 이유는 무엇일까? 사실 그런 이유는 없다. 그것은 순전한 우연이다. 개를 개라고 부르는 것은 개라는 낱말이 지시하는 대상, 즉 실제 개와 관계가 있는 게 아니라 단지 언어 체계에서 정해진 약속일 따름이다. 여기서 소쉬르는 '차이'라는 중요한 개념을 끄집어낸다. 개는 소나 닭이 아니기 때문에 개인 것이다. 차이란 실체가 아니라 관계를 나타내는 용어다. 따라서 중요한 것은 실체적 사고가 아니라 관계적 사고이다. 기호의 의미를 결정하는 것은 실체가 아니라 다른 기호들과의 관계(차이)다. 그런데 관계는 실체에 가려 눈에 잘 띄지 않는다. 우리는 실체적 사고에 익숙하기 때문에 실체의 배후에 숨은 관계를 포착하지 못한다. 기호를 실체로 간주하면 기호와 지시 대상을 무의식적으로 일체화하기 때문에 그 기호의 본래 의미를 알려주는 맥락을 놓치게 되며, 이른바 '행간의 의미'를 이해하지 못하게 된다.

① 기호를 해석할 때에는 기호 자체보다는 기호를 둘러싼 맥락을 파악해야 한다.
② 어떤 단어가 기의는 같지만 기표가 다른 경우는 언어학적으로 있을 수 없다.
③ 기의와 기표가 자의적인 관계에 있다는 전통적 주장은 수정되어야 한다.
④ 행간의 의미를 이해하기 위해서는 무의식적으로 실체적 사고가 작동되어야 한다.

## 08 다음 글의 중심 내용으로 가장 적절한 것은?

2016 지방직 9급

> 영어에서 위기를 뜻하는 단어 'crisis'의 어원은 '분리하다'라는 뜻의 그리스어 '크리네인(Krinein)'이다. 크리네인은 본래 회복과 죽음의 분기점이 되는 병세의 변화를 가리키는 의학 용어로 사용되었는데, 서양인들은 위기에 어떻게 대응하느냐에 따라 결과가 달라진다고 보았다. 상황에 위축되지 않고 침착하게 위기의 원인을 분석하여 사리에 맞는 해결 방안을 찾을 수 있다면 긍정적 결과가 나올 수 있다는 것이다. 한편, 동양에서는 위기(危機)를 '위험(危險)'과 '기회(機會)'가 합쳐진 것으로 해석하여, 위기를 통해 새로운 기회를 모색하라고 한다. 동양인들 또한 상황을 바라보는 관점에 따라 위기가 기회로 변모될 수도 있다고 본 것이다.

① 위기가 아예 다가오지 못하게 미리 대처해야 한다.
② 위기 상황을 냉정하게 판단하고 긍정적으로 받아들인다.
③ 위기가 지나갔다고 해서 반드시 기회가 오는 것은 아니다.
④ 욕심에서 비롯된 위기를 통해 자신의 상황을 되돌아봐야 한다.

정답풀이 자문자답이 이루어지는 2문단에서 중심 문장이 나온다. "따라서 중요한 것은 실체적 사고가 아니라 ~ 기호의 의미를 결정하는 것은 실체가 아니라 다른 기호들과의 관계(차이)다." 다시 말해 기호는 다른 기호들의 관계에 따라 의미가 결정되므로 기호를 둘러싼 맥락을 파악해야 한다는 것이다.

오답풀이 ③ 기의와 기표가 자의적인 관계에 있다는 것은 2문단의 소쉬르의 주장이다. 1문단의 언급된 전통적인 주장에 따르면 언어 기호는 지시 대상을 가리킨다고 본다.
④ 2문단에서 글쓴이는 "우리는 실체적 사고에 익숙하기 때문에 실체의 배후에 숨은 관계를 포착하지 못한다."라고 했으므로 이 선택지는 옳지 않다.

정답풀이 서양에서 위기는 원인을 분석하고 해결 방안을 찾을 수 있다면 긍정적 결과가 나올 수 있다고 보았다. 동양에서도 마찬가지로 위기가 기회로 변모될 수 있다고 한다. 따라서 이 글의 중심 내용은 위기 상황을 냉정하게 판단하고 긍정적으로 받아들인다는 것이 옳다.

Answer

06 ② 07 ① 08 ②

## 09 〈보기〉에 표현된 글쓴이의 생각과 가장 가까운 것은?

2015 기상직 9급

─〈보기〉─

　처음 공부할 때에는 먼저 들뜬 생각을 제거해야 한다. 그러나 들뜬 생각을 억지로 배제할 수는 없다. 억지로 배제하려고 하면 이로 인해 도리어 한 가지 생각을 더 첨가시켜 마침내 정신적인 교란만을 더하게 된다. 어깨와 등을 꼿꼿이 세우고, 뜻을 높여 한 글자 한 구절에 마음과 입이 상응하게 되면, 뜬생각이 자신도 모르는 사이에 없어지게 된다.

　뜬생각이란, 하루아침에 깨끗이 없어질 수는 없다. 오직 수시로 정신을 맑게 하는 방법을 잊어버리지 않는 것이 중요하다. 혹 심기가 불편하여 꽉 얽매여 없어지지 않으면, 묵묵히 앉아서 눈을 감고 마음을 배꼽 근처에 집중시킬 때 신명이 제자리로 돌아오고, 뜬생각은 사라지게 된다. 과연 이러한 방법을 잘 실행한다면, 얼마 안가서 공부하는 것이 점점 익숙해지고 효험이 점차 늘어나 오직 학식만이 날로 진척될 뿐 아니라, 마음이 편안하고 기운이 화평하여 일을 함에 있어서 오로지 하나에만 힘쓰고 정밀하게 된다. 위로 이치에 통달하는 학문도 이에서 벗어나지 않는다.

　　　　　　　　　　　　　－ 홍대용, 〈매헌에게 주는 글〉

① 세상살이의 기본 원리는 지극히 단순한 것이다.
② 진리를 깨우치는 과정은 언어를 통해 설명하기 어렵다.
③ 일정한 형식을 갖춘 후에야 일정한 내용이 형성되는 법이다.
④ 다양한 지식이 논리적인 판단에는 오히려 방해가 될 수 있다.

정답풀이 　처음 공부할 때에는 먼저 들뜬 생각을 제거해야 한다면서 그 뒤에는 들뜬 생각을 없애는 자세를 알려주고 있다. 일정한 형식이 자세와 대응하고 들뜬 생각이 제거되는 것을 일정한 내용이라고 볼 수 있으므로 ③이 글쓴이의 생각과 비슷함을 알 수 있다.

오답풀이 　① 너무 포괄적인 주제문이다.
② 이 글이 '언어'에 초점이 있지 않다.
④ 이 글이 '다양한 지식'과 '논리적 판단'에 초점이 있지 않다.

Answer

09 ③

# Chapter 03

# 내용 일치, 불일치

## 대표 출사표 발문 체크

**01** 다음 글에 대한 이해(＝견해)로 적절하지 않은 것은? 2022 지방직 9급

**02** 다음 글에 대한 이해(＝견해)로 적절한 것은? 2021 지방직 9급

## 출사표 적용  내용 일치, 불일치

1. 이 유형은 눈을 크게 뜨고 읽으면 지문에 답이 있다!
   절대 틀리면 안 되는 유형이므로 긴장하지 말고 단서를
   찾아서 빠르게 소거해야 한다.

2. 긍정 발문의 경우에는 적절한 선지가 1개, 적절하지 않은
   선지가 3개이므로 바로 제시문을 읽어준 후 선택지를 보
   는 것이 낫다. 자칫 선택지를 미리 읽은 것이 편견으로 작
   용될 수 있기 때문이다.

3. 부정 발문의 경우에는 적절한 선지가 3개, 적절하지 않은
   선지가 1개이므로 선택지 먼저 본다.
   선택지에 힌트가 많기 때문이다. 선택지를 먼저 볼 때에는
   분석적으로 선지를 2부분으로 나누는 것이 좋다.
   제시문에서 특히 눈에 띄는 숫자, 고유 명사, 사람 이름이
   나오면 미리 체크해 놓으면 좋다.

4. 보통 제시문을 꼼꼼히 읽고 선택지를 고르면 바로 답이
   나오거나 2개 정도가 헷갈린다.
   답이 헷갈리는 경우에는 그 선지를 언급한 부분 정도는
   기억이 나므로 눈으로 확인하고 참과 거짓을 판별하면
   된다.

## 5. 출제자가 내용 불일치 선택지를 만드는 방법

(1) 주체 혼동의 오류 (대조 구문 多)
   − A이론의 설명인데 B이론의 설명인 것처럼 함.
   예 A는 b했다. (X) (사실은 'B는 b했다'가 옳음)

(2) 비교 구문의 오류
   예 A보다는 B (X) (사실은 'B보다는 A'가 옳음)
   예 아예 비교 자체를 한 적이 없는 경우

(3) 제시문과 반대되는 내용
   예 크다 (사실은 '작다'가 옳음)
   예 남쪽 (사실은 '북쪽'이 옳음)
   예 많다 (사실은 '적다'가 옳음)

(4) 아예 언급되지 않은 내용

(5) '항상', '모두', '오직', '뿐', '만'과 같이 극단적인 내용
   예 고급 포도주는 모두 너무 덥지도 춥지도 않은 곳에서
      재배된 포도로 만들어졌다.

## 6. 출제자가 내용 일치 선택지를 만드는 방법

(1) 제시문의 내용을 단어를 많이 바꾸지 않고 그대로 선택지
   로 만듦

(2) 제시문의 특정 단어나 구절을 다른 표현으로 바꿔 선택지
   로 만듦

**亦 功 예상 적중문제**

## 01 다음 글에 대한 이해로 적절하지 않은 것은?

2022 지방직 9급

> 연출자가 자신의 저작권을 침해당했다고 주장하기 위해서는 우선 그가 유효한 저작권을 소유하고 있어야 한다. 즉 저작권 보호 가능성이 있는 창작물이 필요하다. 다음으로 창작적인 표현을 도용당했는지 밝혀야 하는데, 이것이 쉽지 않다. 왜냐하면 연출자가 주관적으로 창작성이 있다고 느끼는 부분일지라도 객관적인 시각에서는 이미 공연 예술 무대에서 흔히 사용되는 표현 기법일 수 있고, 저작권법상 보호 대상이 아닌 아이디어의 요소와 보호 가능한 요소인 표현이 얽혀 있는 경우가 있기 때문이다. 쉬운 예로 셰익스피어를 보자. 그의 명작 중에 선대에 있었던 작품에 의거하지 않고 탄생한 작품이 있는가. 대부분의 연출자는 선행 예술가로부터 영향을 받아 창작에 임하는 것이 너무도 당연하고 자연스럽다. 따라서 무대연출 작업 중에서 독보적인 창작을 걸러내서 배타적인 권한인 저작권을 부여하는 것은 매우 흔치 않은 경우이고, 후발 창작을 방해하는 요소로 작용할 수도 있다. 저작권법은 창작자에게 개인적인 인센티브를 제공하여 창작을 장려함과 동시에 일반 공중이 저작물을 원활하게 이용할 수 있도록 해야 하는 두 가지 가치의 균형을 이루는 것이 목표다.

① 무대연출의 창작적인 표현의 도용 여부를 밝히기는 쉽지 않다.

② 저작권 침해를 당했다고 주장하려면 유효한 저작권을 소유하고 있어야 한다.

③ 독보적인 무대연출 작업에 저작권을 부여한다고 해서 후발 창작에 방해가 되지는 않는다.

④ 저작권법의 목표는 창작자의 창작을 장려하고 일반 공중의 저작물 이용을 원활하게 하는 것이다.

**정답풀이** '따라서 무대연출 작업 중에서 독보적인 창작을 걸러내서 배타적인 권한인 저작권을 부여하는 것은 ~, 후발 창작을 방해하는 요소로 작용할 수도 있다.'와 일치하지 않는다.

**오답풀이** ① '창작적인 표현을 도용당했는지 밝혀야 하는데, 이것이 쉽지 않다.'에 서술되어 있다.

② '연출자가 자신의 저작권을 침해당했다고 주장하기 위해서는 우선 그가 유효한 저작권을 소유하고 있어야 한다.'에 서술되어 있다.

④ '저작권법은 창작자에게 개인적인 인센티브를 제공하여 ~ 두 가지 가치의 균형을 이루는 것이 목표다.'에 서술되어 있다.

## 02 다음 글에 대한 이해로 적절하지 않은 것은?

2022 국가직 9급

> △△시 시장님께
>
> 안녕하십니까? 저는 △△시에서 농장을 운영하는 □□□입니다. 이렇게 글을 쓰게 된 것은 우리 농장 근처에 신축된 골프장의 빛 공해 문제에 대해 말씀드리기 위함입니다. 빛이 공해가 될 수 있다는 말이 다소 생소하실 수도 있습니다. 하지만 지나친 야간 조명이 식물의 성장에 부정적인 영향을 끼쳐 작물 수확량을 감소시킬 수 있음은 이미 여러 연구를 통해 입증된 바 있습니다. 좀 늦었지만 △△시에서도 이 문제에 대해 경각심을 가질 필요가 있습니다. 실제로 골프장이 야간 운영을 시작했을 때를 기점으로 우리 농장의 수확률이 현저히 낮아졌음을 제가 확인했습니다. 물론, 이윤을 추구하는 골프장의 야간 운영을 무조건 막는다면 골프장 측에서 반발할 것입니다. 그래서 계절에 따라 야간 운영 시간을 조정하거나 운영 제한에 따른 손실금을 보전해 주는 등의 보완책도 필요합니다. 또한 ○○군에서도 빛 공해 문제를 해결하기 위해 야간 조명의 조도를 조정하는 프로젝트를 진행한 바 있으니 참고해 보시기 바랍니다. 모쪼록 시장님께서 이 문제에 관심을 가지고 농장과 골프장이 상생할 수 있는 정책을 펼쳐 주시기를 부탁드립니다.

① 시장에게 빛 공해로 농장이 겪는 어려움에 대해 관심을 촉구하고 있다.
② 건의에 대한 신뢰성을 높이기 위해 인용한 자료의 출처를 밝히고 있다.
③ 다른 지역에서 야간 조명으로 인한 폐해를 해결하기 위해 노력한 사례를 언급하고 있다.
④ 골프장의 야간 운영을 제한할 때 예상되는 문제점과 그 해결 방안에 대해 제시하고 있다.

정답풀이 '이미 여러 연구를 통해 입증된 바 있습니다'라고는 하지만 실제로 자료를 인용한 출처를 밝히고 있지는 않다.

오답풀이 ① '이렇게 글을 쓰게 된 것은 우리 농장 근처에 신축된 골프장의 빛 공해 문제에 대해 말씀드리기 위함입니다.'를 통해 알 수 있는 선지이다.
③ '또한 ○○군에서도 빛 공해 문제를 해결하기 위해 야간 조명의 조도를 조정하는 프로젝트를 진행한 바 있으니 참고해 보시기 바랍니다.'를 통해 알 수 있는 선지이다.
④ '실제로 골프장이 야간 운영을 시작했을 때를 기점으로 우리 농장의 수확률이 현저히 낮아졌음을 제가 확인했습니다.'에는 문제점이 '그래서 계절에 따라 야간 운영 시간을 조정하거나 운영 제한에 따른 손실금을 보전해 주는 등의 보완책도 필요합니다.'에 해결 방안이 제시되고 있다.

Answer
01 ③  02 ②

## 03 다음 글에 대한 이해로 적절하지 않은 것은?

2022 국가직 9급

아동이 부모의 소유물 또는 종족의 유지나 국가의 방위를 위한 수단으로 간주되었던 전근대사회에서는 아동의 권리에 대한 인식이 존재하지 않았다. 산업혁명으로 봉건제도가 붕괴되고 자본주의가 탄생한 근대사회에 이르러 구빈법에 따른 국가 개입과 민간단체의 자발적인 참여로 아동보호가 시작되었다.

1922년 잽 여사는 아동권리사상을 담아 아동권리에 대한 내용을 성문화하였다. 이를 기초로 1924년 국제연맹에서는 전문과 5개의 조항으로 된 「아동권리에 관한 제네바 선언」을 채택하였다. 여기에는 "아동은 물질적으로나 정신적으로 정상적인 발달을 위해 필요한 조건이 충족되어야 한다."라든지 "아동의 재능은 인류를 위해 쓰인다는 자각 속에서 양육되어야 한다." 등의 내용이 포함되었다.

그러나 여기에서도 아동은 보호의 객체로만 인식되었을 뿐 생존, 보호, 발달을 위한 적극적인 권리의 주체로 인식되지는 않았다. 최근에 와서야 국제사회의 노력에 힘입어 아동은 보호되어야 할 수동적인 존재에서 자신의 권리를 주장할 수 있는 능동적인 존재로 자리매김할 수 있게 되었다. 1989년 유엔총회에서 채택된 「아동권리협약」이 그것이다.

우리나라는 이를 토대로 2016년 「아동권리헌장」 9개 항을 만들었다. 이 헌장은 '생존과 발달의 권리', '아동이 최선의 이익을 보장 받을 권리', '차별 받지 않을 권리', '자신의 의견이 존중될 권리' 등 유엔의 「아동권리협약」의 네 가지 기본 원칙을 포함하고 있다. 또한 전문에는 아동의 권리와 더불어 "부모와 사회, 국가와 지방자치단체는 아동의 이익을 최우선으로 고려해야 하며, 다음과 같은 아동의 권리를 확인하고 실현할 책임이 있다."라고 명시하여 아동을 둘러싼 사회적 주체들의 책임을 명확히 하였다.

① 아동의 권리에 대한 인식은 근대 이후에 형성되었다.
② 「아동권리헌장」은 「아동권리협약」을 토대로 만들어졌다.
③ 「아동권리에 관한 제네바 선언」, 「아동권리협약」, 「아동권리헌장」에는 모두 아동의 발달에 대한 내용이 들어가 있다.
④ 「아동권리에 관한 제네바 선언」은 아동을 적극적인 권리의 주체로 인식함으로써 아동의 권리에 대한 진전된 성과를 이루었다.

**정답풀이** 3문단을 보면 「아동권리에 관한 제네바 선언」에서 아동은 보호의 객체로만 인식되고 적극적인 권리의 주체로 인식되지는 않았다는 것을 알 수 있으므로 이 선택지는 옳지 않다. 아동을 적극적인 권리의 주체로 인식함으로써 아동의 권리에 대한 진전된 성과를 이룬 것은 그 이후에 나온 「아동권리협약」이다. 이는 출제자들이 좋아하는 '주체 혼동의 오류'이다.

**오답풀이** ① 1문단에서는 전근대사회에서는 아동의 권리에 대한 인식이 존재하지 않았다고 한다. 하지만 근대사회에 이르러 아동보호가 시작되었다고 하므로 아동의 권리에 대한 인식이 근대 이후에 형성되었음을 추론할 수 있다.

② 4문단에서 「아동권리협약」을 토대로 2016년 「아동권리헌장」 9개 항을 만들었다고 나온다. 처음 나오는 지시어 '이'는 「아동권리협약」을 가리킨다.

③ 2문단에서 「아동권리에 관한 제네바 선언」에는 "아동은 물질적으로나 정신적으로 정상적인 발달을 위해 필요한 조건이 충족되어야 한다."는 내용이 들어가 있다. 또한 4문단에서 「아동권리협약」과 「아동권리헌장」은 '생존과 발달의 권리'의 기본 원칙이 들어가 있으므로 옳다.

## 04 글쓴이의 견해에 부합하는 것은?

2022 국가직 9급

문화란 공동체의 구성원들이 공유하는 생각과 행동 양식의 총체라고 할 수 있다. 문화를 연구하는 사람들의 주된 관심사는 특정 생각과 행동 양식이 하나의 공동체 안에서 전파되는 기제이다.

이에 대한 견해 중 하나는 문화를 생각의 전염이라는 각도에서 바라보는 것이다. 예컨대, 리처드 도킨스는 '밈(meme)'이라는 개념을 통해 생각의 전염 과정을 설명하고자 했다. 그에 따르면 문화는 복수의 밈으로 이루어져 있는데, 유전자에 저장된 생명체의 주요 정보가 번식을 통해 복제되어 개체군 내에서 확산되듯이, 밈 역시 유전자와 마찬가지로 공동체 내에서 복제를 통해 확산된다.

그러나 문화 전파의 기제를 설명하는 이론으로는 밈 이론보다 의사소통 이론이 더 적절해 보인다. 일례로, 요크셔 지역에 내려오는 독특한 푸딩 요리법은 누군가가 푸딩 만드는 것을 지켜본 후 그것을 그대로 따라 하는 방식으로 전파되었다기보다는 요크셔 푸딩 요리법에 대한 부모와 친척, 친구들의 설명을 통해 입에서 입으로 전파되고 공유되었을 가능성이 크다.

생명체의 경우와 달리 문화는 완벽하게 동일한 형태로 전파되지 않는다. 전파된 문화와 그것을 수용한 결과는 큰 틀에서는 비슷하더라도 세부적으로는 다를 수밖에 없다. 다시 말해 요크셔 지방의 푸딩 요리법은 다른 지방의 푸딩 요리법과 변별되는 특색을 지니는 동시에 요크셔 지방 내부에서도 가정이나 개인에 따라 약간씩의 차이를 보인다. 이는 푸딩 요리법의 수신자가 발신자가 전해 준 정보에다 자신의 생각을 덧붙였기 때문인데, 복제의 관점에서 문화의 전파를 설명하는 이론으로는 이와 같은 현상을 설명하기 어렵다. 반면, 의사소통 이론으로는 설명 가능하다. 이에 따르면 사람들은 자신이 들은 이야기를 남에게 전달할 때 들은 이야기에다 자신의 생각을 더해서 그 이야기를 전달하기 때문이다.

① 문화의 전파 기제는 밈 이론보다는 의사소통 이론으로 설명하는 것이 적절하다.

② 의사소통 이론에 따르면 문화의 수용 과정에는 수용 주체의 주관이 개입하지 않는다.

③ 의사소통 이론에 따르면 특정 공동체의 문화는 다른 공동체로 복제를 통해 전파될 수 있다.

④ 요크셔 푸딩 요리법이 요크셔 지방의 가정이나 개인에 따라 세부적인 차이를 보이는 현상은 밈 이론에 의해 설명할 수 있다.

---

정답풀이 3문단에서 '그러나 문화 전파의 기제를 설명하는 이론으로는 밈 이론보다 의사소통 이론이 더 적절해 보인다.'는 내용이 나오므로 이 선지가 옳다.

오답풀이 ② 3문단에서 의사소통 이론을 설명할 때에 푸딩 요리법이 약간씩 차이를 보이는 이유는 수용 과정에서 수신자가 발신자가 전해 준 정보에다 자신의 생각을 덧붙였기 때문이라고 하고 있다. 따라서 의사소통 이론에 따르면 수용 주체의 주관이 개입되지 않는다는 설명은 옳지 않다.

③ '복제'를 통해 특정 공동체의 문화가 전파된다는 것은 의사소통 이론에 따른 것이 아니라 '밈(meme)'에 따른 것이므로 이 선지는 옳지 않다. 2문단 마지막 줄에 '밈 역시 유전자와 마찬가지로 공동체 내에서 복제를 통해 확산된다.'라는 부분을 통해 알 수 있다.

④ 요크셔 푸딩 요리법이 요크셔 지방의 가정이나 개인에 따라 세부적인 차이를 보이는 현상은 '밈(meme)'이 아니라 의사소통 이론에 의해 설명할 수 있는 것이므로 이 선지는 옳지 않다.

Answer

03 ④  04 ①

## 05 다음 글에 대한 이해로 적절하지 않은 것은?

2021 국가직 9급

언어마다 고유의 표기 체계가 있는데, 이는 읽기 과정에 영향을 미친다. 알파벳 언어는 표기 체계에 따라 철자 읽기의 명료성 수준이 달라진다. 철자 읽기가 명료하다는 것은 한 글자에 대응되는 소리가 규칙적이어서 글자와 소리의 대응이 거의 일대일이라는 것을 의미한다. 그 예로 이탈리아어와 스페인어가 있다. 이 두 언어의 사용자는 의미를 전혀 모르는 새로운 단어를 발견하더라도 보자마자 정확한 발음을 할 수 있다. 이에 비해 영어는 철자 읽기의 명료성이 낮은 언어이다. 영어는 발음이 아예 나지 않는 묵음과 같은 예외도 많은 편이고 글자에 대응하는 소리도 매우 다양하다.

한편 알파벳 언어를 읽을 때 사용하는 뇌의 부위는 유사하지만 뇌의 부위에 의존하는 방식에는 차이가 있다. 영어와 이탈리아어를 읽는 사람은 동일하게 좌반구의 읽기 네트워크를 사용한다. 하지만 무의미한 단어를 읽을 때 영어를 읽는 사람은 암기된 단어의 인출과 연관된 뇌 부위에 더 의존하는 반면 이탈리아어를 읽는 사람은 음운 처리에 연관된 뇌 부위에 더 의존한다. 왜냐하면 무의미한 단어를 읽을 때 이탈리아어를 읽는 사람은 규칙적인 음운 처리 규칙을 적용하는 반면에, 영어를 읽는 사람은 암기해 둔 수많은 예외들을 떠올리기 때문이다.

① 알파벳 언어의 철자 읽기는 소리와 표기의 대응과 관련되는데, 각 소리가 지닌 특성은 철자 읽기의 명료성을 판단하는 기준이 된다.

② 영어 사용자는 무의미한 단어를 읽을 때 좌반구의 읽기 네트워크를 활용하면서 암기된 단어의 인출과 연관된 뇌 부위에 더욱 의존한다.

③ 이탈리아어는 소리와 글자의 대응이 규칙적이어서 낯선 단어를 발음할 때 영어에 비해 철자 읽기의 명료성이 높다.

④ 영어는 음운 처리 규칙에 적용되지 않는 예외들이 많아서 스페인어에 비해 소리와 글자의 대응이 덜 규칙적이다.

정답풀이 ①에서 알파벳 언어의 철자 읽기는 "각 소리가 지닌 특성"이 철자 읽기의 명료성을 판단하는 기준이 된다고 한다. 이 말을 쉽게 풀어보면, "각 소리가 지닌 특성"에 따라 철자 읽기의 명료성 수준을 판단할 수 있다는 말이다. 그런데 제시문의 1문단의 2번째 문장을 보면 알파벳 언어는 "표기 체계"에 따라 철자 읽기의 명료성 수준이 달라진다고 한다. 즉, 철자 읽기의 명료성 수준을 판단하는 것은 "각 소리가 지닌 특성"이 아니라 "표기 체계"이므로 이 선택지는 옳지 않다. 알파벳 언어는 이탈리아어와 스페인어와 달리 표기와 소리의 대응이 1:1로 대응되지도 않는다. 즉, 알파벳 언어의 경우는 철자 읽기의 명료성이 낮은 언어이므로 "각 소리가 지닌 특성"으로 명료성을 판단하기 어렵다.

오답풀이 ② 2문단에 "영어와 이탈리아어를 읽는 사람은 동일하게 좌반구의 읽기 네트워크를 사용한다. 하지만 무의미한 단어를 읽을 때 영어를 읽는 사람은 암기된 단어의 인출과 연관된 뇌 부위에 더 의존하는 반면"으로 언급되어 있다.

③ 1문단에서 이탈리아어는 소리와 글자의 대응이 1:1로 규칙적이어서 이 언어의 사용자는 새로운 단어를 발견하더라도 정확한 발음을 할 수 있다고 나와 있다. 여기에서 정확한 발음이라는 것은 철자 읽기의 명료성이 높다는 말과 같기 때문에 ③은 옳다.

④ 1문단 끝 문장을 보면 영어는 발음이 아예 나지 않는 묵음과 같은 예외도 많은 편이고 글자에 대응하는 소리도 매우 다양하다고 한다. 즉, 영어는 음운 처리 규칙에 적용되지 않는 예외들이 많은 것이다. 그래서 영어를 읽는 사람은 발음을 암기해 둔, 수많은 단어를 떠올려야 한다고 한다. 이를 통해 스페인어에 비해 영어는 소리와 글자의 대응이 덜 규칙적임을 알 수 있다.

**06** 다음 글의 내용을 이해한 것으로 가장 적절한 것은?

2022 군무원 7급

> 1950년 아인슈타인의 특수 상대성 이론이 발표되기 전까지 물리학자들은 시간과 공간을 별개의 독립적인 물리량으로 보았다. 공간은 상대적인 물리량인 데 비해, 시간은 절대적인 물리량으로서 공간이나 다른 어떤 것의 변화에 의해 변하지 않는다는 것이다. 하지만 아인슈타인은 시간도 상대적인 물리량으로 보고, 시간과 공간을 합쳐서 4차원 공간, 즉 시공간(spacetime)이라고 하였다. 이 시공간은 시간과 공간으로 서로 구별되지 않는다. 다만 이 시공간은 시간에 해당하는 차원이 한 방향으로만 진행한다는 한계가 있기 때문에 제한적인 4차원 공간이라는 특징이 있다.

① 아인슈타인의 시공간은 시간과 공간으로 구별되어 존재했다.

② 아인슈타인 등장 전까지 시간과 공간은 독립적인 물리량이 아니었다.

③ 아인슈타인 등장 전까지 시간은 상대적인 물리량으로 변화 가능한 것이었다.

④ 아인슈타인의 시공간은 시간에 해당하는 차원이 한 방향으로만 진행되었다.

**정답풀이** "다만 이 시공간은 시간에 해당하는 차원이 한 방향으로만 진행한다는 한계가 있기 때문에 제한적인 4차원 공간이라는 특징이 있다."를 보면 적절함을 알 수 있다.

**오답풀이** ① '이 시공간은 시간과 공간으로 서로 구별되지 않는다'와 일치되지 않는다.

②③ '1950년 아인슈타인의 특수 상대성 이론이 발표되기 전까지 물리학자들은 시간과 공간을 별개의 독립적인 물리량으로 보았다.'와 일치되지 않는다.

**Answer**

05 ① 06 ④

**07 다음 중 버크의 견해로 가장 적절한 것은?**

2022 군무원 7급

> 18세기 영국의 사상가 버크는 프랑스 혁명의 과정을 지켜보면서, 국민 대중에 대하여 회의를 갖게 되었다. 일반 국민이란 무지하고 교육을 받지 못한 다수를 의미하기 때문에 그다지 신뢰할 만하지 않다는 이유에서이다. 그래서 그는 계약에 의해 선출된 능력 있는 대표자가 국민을 대신하여 지도자로서 국가를 운영케 하는 방식의 대의제를 생각해냈다. 재산이 풍족하여 교육을 충분히 받아 사리에 밝은 사람들이 그렇지 못한 다수 사람들의 이익을 위해 행동하는 편이 훨씬 효율적이라고 생각한 것이다. 그가 말하는 대의제란 지도자가 성숙한 판단과 계몽된 의식을 가지고 국민을 대신하여 일하는 것을 요체로 한다. 여기서 대의제의 본질은 국민을 대표하기보다 국민을 대신한다는 의미에 가깝다. 즉 버크는 대중이 그들 자신을 위한 유·불리의 이해관계를 알지 못한다는 가정을 전제로, 분별력 있는 지도자가 독립적 판단을 통해 국가를 이끌어가야 한다고 했던 것이다. 버크에 따르면 국민은 지도자와 상호 '신의 계약'을 체결했다기보다는 '신탁 계약'을 했다는 것이다. 그러므로 지도자에게는 개별 국민들의 요구와 입장을 성실하게 경청해야 할 의무 대신에, 국민 전체의 이익이 무엇인가를 스스로 판단해서 대신할 의무가 있다. 그는 만약 지도자가 국민의 의견을 좇아 자신의 판단을 단념한다면 그것은 국민에게 봉사하는 것이 아니라 국민을 배신하는 것이라고 했다.

① 지도자는 국민 다수의 의견을 따라야 한다.
② 국민은 지도자에게 자신의 모든 권리를 위임한다.
③ 성공적인 대의제를 위해서는 탁월한 지도자를 선택하는 국민의 자질이 중요하다.
④ 국민은 지도자를 선택한 이후에도 다수결을 통해 지도자의 결정에 대한 수용과 비판의 지속적인 태도를 보여 주어야 한다.

**정답풀이** '그가 말하는 대의제란 지도자가 성숙한 판단과 계몽된 의식을 가지고 국민을 대신하여 일하는 것을 요체로 한다.'를 통해 버크는 국민은 지도자에게 자신의 모든 권리를 위임해야 한다고 봤음을 알 수 있다.

**오답풀이** ① 마지막 줄 '그는 만약 지도자가 국민의 의견을 좇아 자신의 판단을 단념한다면 그것은 국민에게 봉사하는 것이 아니라 국민을 배신하는 것이라고 했다.'와 일치되지 않는다.
③ '즉 버크는 대중이 그들 자신을 위한 유·불리의 이해관계를 알지 못한다는 가정을 전제로,'를 통해 버크는 대중의 자질을 낮게 보았다.
④ 아예 언급되지 않은 내용이다. 버크는 기본적으로 국민의 자질을 낮게 평가하므로 국민이 비판이라는 태도를 보이는 것에 우호적이지 않았을 것이다.

**08** 다음 글에 대한 이해로 적절한 것은?   2021 지방직 9급

> 국제기구인 유엔은 영어, 중국어, 러시아어, 프랑스어, 스페인어, 아랍어 등이 공용어로 사용되나 그곳에 근무하는 모든 외교관들이 이 공용어들을 전부 다 잘해야 하는 것은 아니다. 유럽연합에서의 공용어 개념도 유엔에서의 경우와 마찬가지로 여러 공용어 중 하나만 알아도 공식 업무상 불편이 없게끔 한다는 것이지 모든 유럽연합인들이 열 개가 넘는 공용어를 전부 다 배워야 하는 것은 아니다.
> 마찬가지 논리로 우리가 만일 한국어와 영어를 공용어로 지정한다면 이는 한국에서는 한국어와 영어 중 어느 하나를 알기만 하면 공식 업무상 불편이 없게끔 국가에서 보장한다는 뜻이지 모든 한국인들이 영어를 할 줄 알아야 된다는 뜻은 아니다. 따라서 우리가 영어를 한국어와 함께 공용어로 지정하기만 하면 모든 한국인이 영어를 잘할 수 있게 되리라는 믿음은 공용어의 개념을 제대로 이해하지 못한 데서 오는 망상에 불과하다.

① 유엔에서 근무하는 외교관들은 유엔의 공용어를 다 구사하지 않으면 안 된다.
② 유럽연합은 복수의 공용어를 지정하여 공무상 편의를 도모하였다.
③ 한국에서 영어를 공용어로 지정하면 한국인들은 영어를 다 잘할 수 있을 것이다.
④ 한국에서 머지않아 영어가 공용어로 지정될 것이다.

정답풀이 "마찬가지 논리로 우리가 만일 한국어와 영어를 공용어로 지정한다면 이는 한국에서는 한국어와 영어 중 어느 하나를 알기만 하면 공식 업무상 불편이 없게끔 국가에서 보장한다는 뜻이지 모든 한국인들이 영어를 할 줄 알아야 된다는 뜻은 아니다."를 보면, 복수 공용어는 공식 업무상 불편이 없게끔 국가에서 보장하는 것이라는 것을 알 수 있다. 따라서 유럽연합은 복수의 공용어를 지정하여 공무상 편의를 도모하였다는 ②가 글에 대한 이해로 적절하다.

오답풀이 ① 첫 번째 문장의 "국제기구인 유엔은 영어, 중국어, 러시아어, 프랑스어, 스페인어, 아랍어 등이 공용어로 사용되나 그곳에 근무하는 모든 외교관들이 이 공용어들을 전부 다 잘해야 하는 것은 아니다."를 통해 유엔에서 근무하는 외교관들은 유엔의 공용어를 다 구사하지 않아도 됨을 알 수 있다.
③ 맨 마지막 문장의 "따라서 우리가 영어를 한국어와 함께 공용어로 지정하기만 하면 모든 한국인이 영어를 잘할 수 있게 되리라는 믿음은 공용어의 개념을 제대로 이해하지 못한 데서 오는 망상에 불과하다."를 통해 한국에서 영어를 공용어로 지정한다고 해도 한국인들이 영어를 다 잘할 수 있게 되지는 못함을 알 수 있다.
④ 한국에서 머지않아 영어가 공용어로 지정될 것이라는 언급은 제시문에 아예 나오지 않는다.

Answer

07 ②    08 ②

## 09 글쓴이의 견해에 부합하지 않는 것은? 2020 국가직 9급

사물 인터넷(IoT, Internet of Things)의 정의로 '수십 억 개의 사물이 서로 연결되는 것'이라고 설명하는 것은 그리 유용하지 않다. 사물 인터넷이 무엇인지 이해하기 위해서는 '사물'에서 출발하기보다는 '인터넷'에서 출발하는 것이 좋다. 인터넷이 전 세계의 컴퓨터를 서로 소통하도록 만든다는 생각이 실현된 것이라면, 사물 인터넷은 이제 전 세계의 사물들을 '컴퓨터로 만들어' 서로 소통하도록 만든다는 생각을 실현하는 것이다. 컴퓨터는 본래 전원이 있고 칩이 있고, 이것이 통신 장치와 프로토콜을 갖게 되어 연결된 것이다. 그렇다면 이제는 전원이 있었던 전자 기기나 기계 등은 그 자체로, 전원이 없었던 일반 사물들은 새롭게 센서와 배터리, 통신 모듈이 부착되면서 컴퓨터가 되고 이렇게 컴퓨터가 된 사물들이 그들 간에 또는 인간의 스마트 기기와 네트워크로 연결되는 것이다.

현재의 인터넷과 사물 인터넷의 차이를, 혹자는 사람이 개입되는 것은 사물 인터넷이 아니라고 이야기하면서 엄격한 M2M(Machine to Machine)이라는 개념에 근거해 설명한다. 또 혹자는 사물 인터넷이 실현되려면 사람만큼 사물이 판단할 수 있어야 한다고 주장하면서 사물의 지능성을 중요시하는 경우도 있는데, 두 가지 모두 그릇된 것이다. 사물 인터넷을 제대로 이해하려면 기존 인터넷과의 차이점에 주목하기보다는 오히려 공통점을 인식하는 것이 더 중요하다. 컴퓨터를 서로 연결하는 수준에서 출발한 것이 기존의 인터넷이라면, 이제는 사물 각각이 컴퓨터가 되고, 그 사물들이 사람과 손쉽게 닿는 스마트폰, 스마트 워치 등과 서로 소통하는 것이다.

① 사물 인터넷의 개념을 파악하기 위해서는 기존 인터넷과의 공통점을 이해하는 것이 필요하다.

② 센서와 배터리, 통신 모듈 등을 갖춘 사물들이 네트워크로 연결되어 사물 인터넷으로 기능한다.

③ 사물 인터넷은 사람 수준의 지능을 가진 사물들이 네트워크상에서 인간의 개입 없이 서로 소통하는 것으로 정의된다.

④ 사물 인터넷은 컴퓨터가 아니었던 사물도 네트워크로 연결될 수 있다는 점에서 기존의 인터넷과 다르다.

정답풀이 2문단에서 첫 부분에서 '사람이 개입되는 것은 사물 인터넷이 아니라고 보는 엄격한 M2M'의 개념과 '사물 인터넷은 사람만큼의 지능성이 있어야 한다'는 주장이 나오는데 2가지 모두 그릇된다고 나와 있다. 따라서 '사물 인터넷은 사람 수준의 지능을 가진 사물들이 네트워크상에서 인간의 개입 없이 서로 소통하는 것으로 정의된다'는 ③은 완벽하게 글쓴이의 견해에 부합하지 않는다.

오답풀이 ① 2문단 중간에서 "사물 인터넷을 제대로 이해하려면 기존 인터넷과의 차이점에 주목하기보다는 오히려 공통점을 인식하는 것이 더 중요하다."라고 언급되어 있다.

② 1문단 끝에서 "전원이 없었던 일반 사물들은 새롭게 센서와 배터리, 통신 모듈이 부착되면서 컴퓨터가 되고 이렇게 컴퓨터가 된 사물들이 그들 간에 또는 인간의 스마트 기기와 네트워크로 연결되는 것이다."라고 언급되어 있다.

④ 1문단 끝에서 컴퓨터가 아니었던 사물도 센서와 배터리, 통신 모듈이 부착되면서 네트워크로 연결되어 있다고 언급되어 있다.

**10** 다음 글의 내용과 부합하지 않는 것은? 2018 국가직 9급

> 세잔이, 사라졌다고 느낀 것은 균형과 질서의 감
> 각이다. 인상주의자들은 순간순간의 감각에만 너무
> 사로잡힌 나머지 자연의 굳건하고 지속적인 형태
> 는 소홀히했다고 느꼈던 것이다. 반 고흐는 인상주
> 의가 시각적 인상에만 집착하여 빛과 색의 광학적
> 성질만을 탐구한 나머지 미술의 강렬한 정열을 상
> 실하게 될 위험에 처했다고 느꼈다. 마지막으로 고
> 갱은 그가 본 인생과 예술 전부에 대해 철저하게
> 불만을 느꼈다. 그는 더 단순하고 더 솔직한 어떤
> 것을 열망했고 그것을 원시인들 속에서 발견할 수
> 있으리라고 기대했다. 이 세 사람의 화가가 모색했
> 던 제각각의 해법은 세 가지 현대 미술 운동의 이
> 념적 바탕이 되었다. 세잔의 해결 방법은 프랑스에
> 기원을 둔 입체주의(cubism)를 일으켰고, 반 고흐
> 의 방법은 독일 중심의 표현주의(expressionism)를
> 일으켰다. 고갱의 해결 방법은 다양한 형태의 프리
> 미티비즘(primitivism)을 이끌어 냈다.

① 세잔은 인상주의가 균형과 질서의 감각을 잃었다고
   생각했다.
② 고흐는 인상주의가 강렬한 정열을 상실할 위험에
   처했다고 생각했다.
③ 고갱은 인상주의가 충분히 솔직하고 단순했다고 생
   각했다.
④ 세잔, 고흐, 고갱은 인상주의의 문제를 극복하고자
   각자 새로운 해결 방법을 모색했다.

정답풀이 '고갱은 그가 본 인생과 예술 전부에 대해 철저하게 불
만을 느꼈다. 그는 더 단순하고 더 솔직한 어떤 것을 열망했고
그것을 원시인들 속에서 발견할 수 있으리라고 기대했다.'라는
부분을 통해 고갱은 '더 단순하고 솔직한 것'을 원했음을 알 수
있다. 인상주의가 솔직하고 단순하지 못했기 때문에 저런 '더 단
순하고 솔직한 것'을 열망한 것이므로 ③이 적절하지 않은 선택
지이다.

## 11 필자의 견해로 볼 수 없는 것은?

우리는 우리가 생각한 것을 말로 나타낸다. 또 다른 사람의 말을 듣고, 그 사람이 무슨 생각을 가지고 있는가를 짐작한다. 그러므로 생각과 말은 서로 떨어질 수 없는 깊은 관계를 가지고 있다.

그러면 말과 생각이 얼마만큼 깊은 관계를 가지고 있을까? 이 문제를 놓고 사람들은 오랫동안 여러 가지 생각을 하였다. 그 가운데 가장 두드러진 것이 두 가지 있다. 그 하나는 말과 생각이 서로 꼭 달라붙은 쌍둥이인데 한 놈은 생각이 되어 속에 감추어져 있고 다른 한 놈은 말이 되어 사람 귀에 들리는 것이라는 생각이다. 다른 하나는 생각이 큰 그릇이고 말은 생각 속에 들어가는 작은 그릇이어서 생각에는 말 이외에도 다른 것이 더 있다는 생각이다.

이 두 가지 생각 가운데서 앞의 것은 조금만 깊이 생각해 보면 틀렸다는 것을 즉시 깨달을 수 있다. 우리가 생각한 것은 거의 대부분 말로 나타낼 수 있지만, 누구든지 가슴속에 응어리진 어떤 생각이 분명히 있기는 한데 그것을 어떻게 말로 표현해야 할지 애태운 경험을 가지고 있을 것이다. 이것 한 가지만 보더라도 말과 생각이 서로 안팎을 이루는 쌍둥이가 아님은 쉽게 판명된다.

인간의 생각이라는 것은 매우 넓고 큰 것이며 말이란 결국 생각의 일부분을 주워 담는 작은 그릇에 지나지 않는다. 그러나 아무리 인간의 생각이 말보다 범위가 넓고 큰 것이라고 하여도 그것을 가능한 한 말로 바꾸어 놓지 않으면 그 생각의 위대함이나 오묘함이 다른 사람에게 전달되지 않기 때문에 생각이 형님이요, 말이 동생이라고 할지라도 생각은 동생의 신세를 지지 않을 수가 없게 되어 있다. 그러니 말을 통하지 않고는 생각을 전달할 수가 없는 것이다.

① 말은 생각보다 범위가 좁다.
② 말은 생각을 나타내는 매개체이다.
③ 말과 생각은 불가분의 관계에 놓여 있다.
④ 말을 통하지 않고도 얼마든지 생각을 전달할 수 있다.

---

**정답풀이** 3문단의 마지막 문장에서 '말을 통하지 않고는 생각을 전달할 수가 없는 것이다.'라고 나와 있기 때문에 말을 통하지 않고도 얼마든지 생각을 전달할 수 있다는 ④는 틀렸다.

**오답풀이** ① 3문단에서 '인간의 생각이라는 것은 매우 넓고 큰 것이며 말이란 결국 생각의 일부분을 주워 담는 작은 그릇에 지나지 않는다.'를 보면 말은 생각보다 범위가 좁다는 ①은 옳다.

② '말을 통하지 않고는 생각을 전달할 수가 없'다고 나오므로 말은 생각을 나타내는 매개체라는 ②은 옳다.

③ 1문단의 마지막 문장 '생각과 말은 서로 떨어질 수 없는 깊은 관계를 가지고 있다.' 부분에서 알 수 있다. 또 아무리 생각이 위대하더라도 말로 전달되지 못하면 안되므로 형인 생각은 동생인 말이 필요하다. 따라서 불가분의 관계가 맞다.

**12** 다음 글에 나타난 필자의 견해로 볼 수 없는 것은?

2017 국가직 9급 추가

서양에서 주인공을 '히어로(hero)', 즉 '영웅'이라고 부른 것은 고대 서사시나 희곡의 소재가 되던 주인공들이 초인간적인 능력을 가진 인물들이었기 때문이다. 신화적 세계관 속에서 영웅들은 신과 밀접한 관계를 맺거나 신의 후손이기도 하였다.

신화와 달리 문학 작품은 인물의 행위를 단일한 것으로 통일시킨다. 영웅들의 초인간적이고 신적인 행위는 차차 문학 작품의 구조에 제한되어 훨씬 인간화되었다. 문학 작품의 통일된 구조에 적합하지 않은 것은 대폭 수정되거나 제거되는 수밖에 없었다.

아리스토텔레스는 비극이 '보통보다 우수한 인물'을 모방한다고 하였는데, 이는 문학의 인물이 신화의 영웅이 아닌 보통의 인간임을 지적한 것이다. 극의 주인공은 작품의 통일성을 기하는 데 기여하는 중심적인 인물이면 된다고 한 것으로 볼 수 있다.

낭만주의 및 역사주의 비평가들은 작중 인물을 실제 인물인 양 따로 떼어 내어, 그의 개인적인 역사를 재구성해 보려고도 하였다. 그들은 영웅이라는 표현 대신 '성격(인물, character)'이라는 개념을 즐겨 썼는데, 이 용어는 지금도 비평계에서 애용되고 있다.

① 영웅이라는 말은 고대의 예술적 조건과 자연스럽게 관련된다.
② 신화의 영웅은 문학 작품에 와서 점차 인간화되었다.
③ 아리스토텔레스가 말한 '보통보다 우수한 인물'은 신화적 영웅과 다르다.
④ 역사주의 비평가들은 작중 인물을 역사적 영웅으로 재평가하려고 했다.

정답풀이 ) 3문단을 보면 역사주의 비평가들은 작중 인물을 실제 인물처럼 떼어 놓고는 영웅을 '성격'이라고 표현하고 있다. 따라서 역사주의 비평가들은 작중 인물을 역사적 영웅이 아니라 '성격'으로 표현했음을 알 수 있다.

오답풀이 ) ① 1문단의 "서양에서 주인공을 '히어로(hero)', 즉 '영웅'이라고 부른 것은 고대 서사시나 희곡의 소재가 되던 주인공들이 초인간적인 능력을 가진 인물들이었기 때문이다."와 일치한다.
② 2문단의 "영웅들의 초인간적이고 신적인 행위는 차차 문학 작품의 구조에 제한되어 훨씬 인간화되었다."와 일치한다.
③ 3문단의 "아리스토텔레스는 비극이 '보통보다 우수한 인물'을 모방한다고 하였는데, 이는 문학의 인물이 신화의 영웅이 아닌 보통의 인간임을 지적한 것이다."와 일치한다.

Answer
**11** ④ **12** ④

**13** 다음 글의 내용과 부합하지 않는 것은? 2015 국가직 9급

글의 기본 단위가 문장이라면 구어를 통한 의사 소통의 기본 단위는 발화이다. 담화에서 화자는 발화를 통해 '명령', '요청', '질문', '제안', '약속', '경고', '축하', '위로', '협박', '칭찬', '비난' 등의 의도를 전달한다. 이때 화자의 의도가 직접적으로 표현된 발화를 직접 발화, 암시적으로 혹은 간접적으로 표현된 발화를 간접 발화라고 한다.

일상 대화에서도 간접 발화는 많이 사용되는데, 그 의미는 맥락에 의존하여 파악된다. '아, 덥다.'라는 발화가 '창문을 열어라.'라는 의미로 파악되는 것이 대표적인 예이다. 방 안이 시원하지 않다는 상황을 고려하여 청자는 창문을 열게 되는 것이다. 이처럼 화자는 상대방이 충분히 그 의미를 파악할 수 있다고 판단될 때 간접 발화를 전략적으로 사용함으로써 의사소통을 원활하게 하기도 한다.

공손하게 표현하고자 할 때도 간접 발화는 유용하다. 남에게 무언가를 요구하려는 경우 직접 발화보다 청유 형식이나 의문 형식의 간접 발화를 사용하면 공손함이 잘 드러나기도 한다.

① 발화는 구어를 통한 의사소통의 기본 단위이다.
② 간접 발화의 의미는 언어 사용 맥락에 기대어 파악된다.
③ 간접 발화가 직접 발화보다 화자의 의도를 더 잘 전달한다.
④ 요청할 때 청유문이나 의문문을 사용하면 더 공손해 보이기도 한다.

정답풀이 '간접 발화가 직접 발화보다 화자의 의도를 더 잘 전달한다.'는 것은 이 글에서 언급이 되고 있지 않다.

오답풀이 ① 처음 문장 "글의 기본 단위가 문장이라면 구어를 통한 의사소통의 기본 단위는 발화이다."와 일치한다.
② 2문단의 처음 문장 "일상 대화에서도 간접 발화는 많이 사용되는데, 그 의미는 맥락에 의존하여 파악된다."와 일치한다.
④ 마지막 문장 "직접 발화보다 청유 형식이나 의문 형식의 간접 발화를 사용하면 공손함이 잘 드러나기도 한다."와 일치한다.

Answer
**13** ③

# Chapter 04 | 내용 추론 일치, 불일치

## 대표 출사표 발문 체크

**01** 다음 글에서 추론할 수 있는 것은? 2021 지방직 9급

**02** 다음 글의 시사점으로 적절하지 않은 것은? 2020 국가직 9급

**03** 다음 글에서 알 수 있는 것은? 2014 국가직 9급

## 출사표 적용 | 내용 추론하는 방법

1. 단순한 내용 일치, 불일치 문제와는 달리 표면적인 정보로 이면적인, 글에 나와 있지 않은 정보를 추론해야 한다.

2. 긍정 발문의 경우에는 적절한 선지가 1개, 적절하지 않은 선지가 3개이므로 바로 제시문을 읽어준 후 선택지를 보는 것이 낫다. 제시문을 읽으면서 어떤 내용이 선택지로 구성될지 추론하면서 읽어야 한다. 선택지에 나올 확률이 높은 키워드가 나오면 체크하면서 집중하며 읽는다. ('다만', 'A가 아니라 B', 'A보다 B')

3. 부정 발문의 경우에는 적절한 선지가 3개, 적절하지 않은 선지가 1개이므로 선택지를 먼저 본다. 다만 추론 문제이므로 각 선택지의 특별한 키워드 정도만 표시해 둔다. 선택지를 먼저 볼 때에는 분석적으로 선지를 2부분으로 나누는 것이 좋다. 제시문에서 특히 눈에 띄는 숫자, 고유 명사, 사람 이름이 나오면 미리 체크해 놓으면 좋다.

4. 보통 제시문을 꼼꼼히 읽고 선택지를 고르면 바로 답이 나오거나 2개 정도가 헷갈린다. 답이 헷갈리는 경우에는 그 선지를 언급한 부분 정도는 기억이 나므로 눈으로 확인하고 참과 거짓을 판별하면 된다.

### 5. 출제자가 내용 불일치 선택지를 만드는 방법

(1) 주체 혼동의 오류 (대조 구문 多)
- A이론의 설명인데 B이론의 설명인 것처럼 함.
- 예 A는 b했다. (X) (사실은 'B는 b했다'가 옳음)

(2) 비교 구문의 오류
- 예 A보다는 B (X) (사실은 'B보다는 A'가 옳음)
- 예 아예 비교 자체를 한 적이 없는 경우

(3) 제시문과 반대되는 내용
- 예 크다 (사실은 '작다'가 옳음)
- 예 남쪽 (사실은 '북쪽'이 옳음)
- 예 많다 (사실은 '적다'가 옳음)

(4) 아예 언급되지 않은 내용

(5) '항상', '모두', '오직', '뿐', '만'과 같이 극단적인 내용
- 예 고급 포도주는 모두 너무 덥지도 춥지도 않은 곳에서 재배된 포도로 만들어졌다.

### 6. 출제자가 내용 일치 선택지를 만드는 방법

(1) 제시문의 내용을 단어를 많이 바꾸지 않고 그대로 선택지로 만듦

(2) 제시문의 특정 단어나 구절을 다른 표현으로 바꿔 선택지로 만듦

## 亦功 예상 적중문제

**01  다음 글에서 추론할 수 있는 것은?**   2021 지방직 9급

포도주는 유럽 문명을 대표하는 술이자 동시에 음료수다. 우리는 대개 포도주를 취하기 위해 마시는 술로만 생각하기 쉬우나 유럽에서는 물 대신 마시는 '음료수'로서의 역할이 크다. 유럽의 많은 지역에서는 물이 워낙 안 좋아서 맨 물을 그냥 마시면 위험하기 때문에 제조 과정에서 안전성이 보장된 포도주나 맥주를 마시는 것이다. 이런 용도로 일상적으로 마시는 식사용 포도주로는 당연히 고급 포도주와는 다른 저렴한 포도주가 쓰이며, 술이 약한 사람들은 여기에 물을 섞어서 마시기도 한다.

소비의 확대와 함께, 포도주의 생산을 다른 지역으로 확산시키려는 노력도 계속되어 왔다. 포도주 생산의 확산에서 가장 큰 문제는 포도 재배가 추운 북쪽 지역으로 확대되기 힘들다는 점이다. 자연 상태에서는 포도가 자라는 북방 한계가 이탈리아 정도에서 멈춰야 했지만, 중세 유럽에서 수도원마다 온갖 노력을 기울인 결과 포도 재배가 상당히 북쪽까지 올라갔다. 대체로 대서양의 루아르강 하구로부터 크림반도와 조지아를 잇는 선이 상업적으로 포도를 재배할 수 있는 북방한계선이다.

적정한 기온은 포도주 생산 가능 여부뿐 아니라 생산된 포도주의 질을 결정하는 중요한 요인이다. 너무 추운 지역이나 너무 더운 지역에서는 포도주의 품질이 떨어질 수밖에 없다. 추운 지역에서는 포도에 당분이 너무 적어서 그것으로 포도주를 담그면 신맛이 강하게 된다. 반면 너무 더운 지역에서는 섬세한 맛이 부족해서 '흐물거리는' 포도주가 생산된다(그 대신 이를 잘 활용하면 포르토나 셰리처럼 도수를 높인 고급 포도주를 만들 수 있다). 그러므로 고급 포도주 주요 생산지는 보르도나 부르고뉴처럼 너무 덥지도 않고 너무 춥지도 않은 곳이다. 다만 달콤한 백포도주의 경우는 샤토 디켐(Château d'Yquem)처럼 뜨거운 여름 날씨가 지속하는 곳에서 명품이 만들어진다.

포도주의 수요는 전 유럽적인 데 비해 생산은 이처럼 지리적으로 제한됐기 때문에 포도주는 일찍부터 원거리 무역 품목이 됐고, 언제나 고가품 취급을 받았다. 그런데 한 가지 기억해야 할 점은 이렇게 수출되는 고급 포도주는 오래된 포도주가 아니라 바로 그해에 만든 술이라는 점이다. 우리는 포도주는 오래될수록 좋아진다고 믿는 경향이 있지만, 대부분의 백포도주 혹은 중급 이하 적포도주는 시간이 지날수록 오히려 품질이 떨어진다. 시간이 흐를수록 품질이 개선되는 것은 일부 고급 적포도주에만 한정된 이야기이며, 그나마 포도주를 병에 담아 코르크 마개를 끼워 보관한 이후의 일이다.

① 고급 포도주는 모두 너무 덥지도 춥지도 않은 곳에서 재배된 포도로 만들어졌다.

② 루아르강 하구로부터 크림반도와 조지아를 잇는 선은 이탈리아보다 남쪽에 있을 것이다.

③ 유럽에서 일상적으로 마시는 식사용 포도주는 저렴한 포도주거나 고급 포도주에 물을 섞은 것이다.

④ 병에 담겨 코르크 마개를 끼운 고급 백포도주는 보관 기간에 비례하여 품질이 개선되지는 않을 것이다.

**정답풀이** 추론적 독해의 유형은 매년 2문제 정도는 꼭 나오고 있는 유형이다. 추론적 독해 문제는 내용을 정확하게 읽어내는 사실적인 독해가 잘 이루어졌다면 생각보다 쉽게 풀린다. 맨 마지막 문단에서 "우리는 포도주는 오래될수록 좋아진다고 믿는 경향이 있지만, 대부분의 백포도주 혹은 중급 이하 적포도주는 시간이 지날수록 오히려 품질이 떨어진다."라고 언급하고 있다. 이는 고급 백포도주에 코르크를 끼우든 끼우지 않든 시간이 지나면 품질이 떨어지게 된다는 것을 의미한다. 따라서 병에 담겨 코르크 마개를 끼운 고급 백포도주는 보관 기간에 비례하여 품질이 개선되지는 않을 것이라는 ④의 추론이 가장 옳다.

**오답풀이** ① 가장 매력적인 오답이었다. 많은 수험생들이 조급한 마음에 나머지 선택지는 보지 않은 채 ①을 찍고 다른 과목 시험을 치른 경우가 많았다.

하지만 ①은 옳지 않다. 고급 포도주는 "모두" 너무 덥지도 춥지도 않은 곳에서 재배된 포도로 만들어졌다는 것은 성급한 일반화이기 때문이다. 3문단을 보면 "그러므로 고급 포도주 주요 생산지는 보르도나 부르고뉴처럼 너무 덥지도 너무 춥지도 않은 곳이다. 다만 달콤한 백포도주의 경우는 샤토 디켐(Château d'Yquem)처럼 뜨거운 여름 날씨가 지속하는 곳에서 명품이 만들어진다."라고 나온다. 즉, 고급 포도주는 너무 덥지도 않고 너무 춥지도 않은 곳에서 만들어지기는 하지만, 고급 백포도주의 경우에는 뜨거운 여름 날씨에 명품이 만들어진다고 하고 있다. 따라서 예외가 있기 때문에 모든 고급 포도주가 모두 너무 덥지도 춥지도 않은 곳에서 재배된 포도로 만들어졌다는 것은 옳지 않다.

② 2문단의 맨 끝 문장에서 "대체로 대서양의 루아르강 하구로부터 크림반도와 조지아를 잇는 선이 상업적으로 포도를 재배할 수 있는 북방한계선이다."라고 언급되어 있으므로 루아르강 하구로부터 크림반도와 조지아를 잇는 선은 이탈리아보다 남쪽에 있을 것이라고 장담할 수 없다. 중세 유럽에서 수도원마다 온갖 노력을 기울인 결과 포도 재배가 이탈리아보다 더 북쪽까지 올라갔다고 언급이 되어 있기도 하다.

③ 1문단에서 "이런 용도로 일상적으로 마시는 식사용 포도주로는 당연히 고급 포도주와는 다른 저렴한 포도주가 쓰이며, 술이 약한 사람들은 여기에 물을 섞어서 마시기도 한다."라고 언급되어 있다. 유럽에서 일상적으로 마시는 식사용 포도주는 고급 포도주와는 다른 저렴한 포도주가 쓰이므로 이 선택지는 옳지 않다.

## 02 〈보기〉를 읽고 조선후기 방각본 소설에 대해 추론한 것으로 가장 적절하지 않은 것은?
2018 서울시 7급 1회

─〈 보기 〉─
　　방각본 소설은 작품을 나무판에 새긴 뒤 그것을 종이로 찍어낸 소설책을 말한다. 주로 민간인이 돈을 벌기 위해 만들었다. 방각본 소설은 종이와 나무의 공급이 비교적 원활하고, 인구가 많아 독자의 수요가 많은 서울과 전주 지역에서 주로 간행되었다. 그중 서울에서 간행된 것을 경판본, 전주에서 간행된 것을 완판본이라고 부른다. 안성에서 간행된 것도 있으나 그 대부분은 경판을 안성에서 찍어낸 것이다.

① 한 작품 당 여러 판본이 만들어졌을 것이다.
② 방각본 소설책은 제작된 지역에서만 유통되었을 것이다.
③ 이익 산출이 중요하기 때문에 제작 비용에 민감했을 것이다.
④ 분량이 긴 작품은 품과 제작 비용이 많이 들어 새기기 어려웠을 것이다.

**정답풀이** "안성에서 간행된 것도 있으나 그 대부분은 경판을 안성에서 찍어낸 것이다."를 통해 방각본 소설책은 제작된 지역이 아닌 곳에도 유통되었을 것이라 추론할 수 있다.

**오답풀이** ① "그중 서울에서 간행된 것을 경판본, 전주에서 간행된 것을 완판본이라고 부른다." "안성에서 간행된 것도 있으나 그 대부분은 경판을 안성에서 찍어낸 것이다."를 통해 알 수 있다.
③④ "방각본 소설은 작품을 나무판에 새긴 뒤 그것을 종이로 찍어낸 소설책을 말한다. 주로 민간인이 돈을 벌기 위해 만들었다."를 통해 알 수 있다.

**Answer**
01 ④　02 ②

## 03 다음 글의 시사점으로 적절하지 않은 것은?

2020 국가직 9급

기존의 의학적 연구는 건장한 성인 남성의 몸을 표준으로 삼아 이루어지는 경우가 많았다. 예를 들어 농약과 같은 화학 물질이 몸에 들어와 어떠한 변화를 일으키는지 검토한 연구에서 생리 주기에 따라 변화하는 여성 호르몬이 그 물질과 어떤 상호작용을 일으킬 수 있는지는 고려되지 않았다. 자동차 충돌 사고를 인체 공학적으로 시뮬레이션할 때도 특정 연령대 남성의 몸이 연구 대상으로 사용되었고, 여성의 신체 특성이나 다양한 연령대 남성의 신체적 특성은 고려되지 않았다.

특정 연령대 성인 남성의 몸을 표준화된 인체로 여겼던 사고방식은 여러 문제점을 낳고 있다. 예를 들어 대사율, 피부와 조직 두께 등을 감안한, 사람이 가장 효과적으로 일할 수 있는 사무실 온도는 21℃로 알려져 있다. 그런데 한 연구에서 남성과 여성 직장인에게 각각 선호하는 사무실 온도를 조사한 결과는 남성은 평균 22℃, 여성은 평균 25℃였다. 남성은 기존의 적정 실내 온도에 가까운 답을 했고, 여성은 더 따뜻한 사무실에서 일하기를 원했다.

이러한 차이의 이유는 무엇일까? 현재 적정 사무실 온도로 알려진 21℃는 1960년대 측정된 자료를 바탕으로 하는데, 당시 몸무게 70kg인 40세 성인 남성을 기준으로 측정된 것이다. 이러한 '표준화된 신체'를 가진 남성의 대사율은 여성이나 다른 연령대 남성들의 대사율과 다르고, 당연히 체내 열 생산의 양도 차이가 있다.

① 표준으로 삼은 대상이 나머지 대상의 특성까지 대표하지 못하므로 앞으로 의학적 연구를 하려면 하나의 표준을 정하기보다 가능한 한 다양한 대상을 선정해서 하는 것이 바람직하다.

② 현재 우리가 알고 있는 의학 지식 중에는 특정 표준 대상만을 연구한 결과인 것이 있으므로 앞으로 이런 의학 지식을 활용하려면 연구한 대상을 살펴봐서 그대로 활용할지를 결정하는 것이 바람직하다.

③ 성별이나 연령대 등에 따라 신체 조건이 같지 않으므로 근무 환경을 조성할 때 근무자들의 성별이나 연령대를 고려하는 것이 바람직하다.

④ 기존의 사무실 적정 실내 온도가 조사된 것보다 낮게 설정되어 있으므로 향후에 모든 공공 기관의 사무실 온도를 조정할 때 현재보다 설정 온도를 일률적으로 높이는 것이 바람직하다.

**정답풀이** '시사점'이란 '미리 일러 주는 암시로서, 이 문제는 추론적 독해를 묻는 유형이다. 그런데 ④에서 "모든 공공 기관의 사무실 온도"를 높여야 한다는 것은 잘못된 추론이다. 제시문의 핵심은 '표준화된 신체'를 가진 남성에 의학적 연구의 초점이 맞춰져 있으므로 여성이나 그 이외의 신체를 가진 남성에게는 적용이 되지 않을 수 있다는 것이다. 만약 공공 기관의 사무실 온도에 표준화된 신체를 가진 남성이 있다면, 설정 온도를 일률적으로 높이는 것은 바람직하지 않으므로 이 선택지는 옳지 않다.

**오답풀이** ① 표준으로 삼은 대상은 일부의 남성일 뿐이므로 전체를 대표하지 못한다. 따라서 다양한 대상을 선정해야 한다는 추론은 적절하다.

② 우리가 아는 대상이 대표성을 띠지 않은 대상일 수 있으므로 연구 대상을 보고 의학 지식을 활용할지 따져야 한다는 추론은 적절하다.

③ 표준으로 삼은 대상은 일부의 남성으로 신체 조건의 범위가 제한적이다. 따라서 실제로 근무하는 사람들의 성별과 연령대를 고려하는 것이 바람직하다고 볼 수 있다.

**04** 다음 글에서 추론할 수 있는 내용으로 적절하지 않은 것은?

2018 국가직 9급

　'포스트휴먼'은 그 기본적인 능력이 근본적으로 현재의 인간을 넘어서기 때문에 현재의 기준으로는 더 이상 인간이라 부를 수 없는 존재를 가리키는 표현이다. 스웨덴 출신의 철학자 보스트롬은 건강 수명, 인지, 감정이라는, 인간의 세 가지 주요 능력 중 최소한 하나 이상의 능력에서 현재의 인간이 도달할 수 있는 최대한의 한계를 엄청나게 넘어설 경우 이를 '포스트휴먼'으로 부르자고 제안하였다.

　현재 가장 뛰어난 인간이 가질 수 있는 지능보다 훨씬 더 뛰어난 지능을 가지며, 더 이상 질병에 시달리지 않고, 노화가 완전히 제거되어서 젊음과 활력을 계속 유지하는 어떤 존재를 생각해 볼 수 있다. 이 존재는 스스로의 심리 상태에 대한 조절도 자유롭게 할 수 있어서 피곤함이나 지루함을 거의 느끼지 않으며, 미움과 같은 감정을 피하고, 즐거움, 사랑, 미적 감수성, 평정 등의 태도를 유지한다. 이러한 존재가 어떤 존재일지 지금은 정확하게 상상하기 어렵지만 현재 인간의 상태로 접근할 수 없는 새로운 신체나 의식 상태에 놓여 있을 것임은 분명하다.

　이러한 포스트휴먼은 완전히 인위적으로 만들어진 인공지능일 수도 있고, 신체를 버리고 슈퍼컴퓨터 안의 정보 패턴으로 살기를 선택한 업로드의 형태일 수도 있으며, 또는 생물학적 인간에 대한 개선들이 축적된 결과일 수도 있다. 만약 생물학적 인간이 포스트휴먼이 되고자 한다면 유전공학, 신경약리학, 항노화술, 컴퓨터-신경 인터페이스, 기억 향상 약물, 웨어러블 컴퓨터, 인지 기술과 같은 다양한 과학 기술을 이용해 우리의 두뇌나 신체에 근본적인 기술적 변형을 가해야만 할 것이다. '포스트휴먼'은 '내가 이런 능력을 가지고 있었으면 얼마나 좋을까' 하고 누구나 한 번쯤 상상해 보았을 법한 슈퍼 인간의 모습을 기술한 용어이다.

① 포스트휴먼 개념에 따라 제시되는 미래의 존재는 과학 기술의 발전 양상에 따른 영향을 현재의 인간에 비해 더 크게 받을 것이다.

② 포스트휴먼 개념은 인간의 신체적 결함을 다양한 과학 기술을 이용해 보완하여 기술적 한계를 극복한 새로운 인간형의 탄생에 귀결될 것이다.

③ 포스트휴먼은 인간의 현재 상태를 뛰어넘는 능력을 가진 새로운 존재일 것으로 예측되지만 그 형태가 어떠할지 여하는 다양한 가능성에 열려 있다.

④ 포스트휴먼은 건강 수명, 인지 능력, 감정 등의 측면에서 현재의 인간보다 뛰어나기 때문에 포스트휴먼 사회에서는 인간에 대한 개념이 새로 구성될 것이다.

정답풀이 ②의 선택지가 틀린 이유는 아직 정확한 개념이 확립되지 않은 '포스트휴먼'의 개념을 '귀결된다'고 표현했기 때문이다. '귀결歸結되다'는 '어떤 결말이나 결과에 이르게 되다'라는 의미이다. 하지만 '포스트 휴먼'은 1문단에 제시된 것처럼, '기본적인 능력이 근본적으로 현재의 인간을 넘어서기 때문에 현재의 기준으로는 더 이상 인간이라 부를 수 없는 존재'이다. 또 3문단에 제시된 것처럼 완전히 인위적으로 만들어진 인공지능일 수도 있고, 신체를 버리고 슈퍼컴퓨터 안의 정보 패턴으로 살기를 선택한 업로드의 형태일 수도 있으며, 또는 생물학적 인간에 대한 개선들이 축적된 결과일 수도 있다. 포스트 휴먼이 '인간의 신체적 결함을 다양한 과학 기술을 이용해 보완하여 기술적 한계를 극복한 새로운 인간형의 탄생에 귀결될 것'이라는 내용은 어디에도 나오지 않는다.

오답풀이 ① 3문단에서 "생물학적 인간이 포스트휴먼이 되고자 한다면 유전공학, 신경약리학, 항노화술, 컴퓨터-신경 인터페이스, 기억 향상 약물, 웨어러블 컴퓨터, 인지 기술과 같은 다양한 과학 기술을 이용해 우리의 두뇌나 신체에 근본적인 기술적 변형을 가해야만 할 것이다."라는 부분을 통해서, 미래의 존재는 현재의 인간에 비해 과학 기술의 발전 양상에 따른 영향을 더 크게 받을 것임을 짐작할 수 있다.

③ 2문단의 마지막 부분에서 "이러한 존재(포스트휴먼)가 어떤 존재일지 지금은 정확하게 상상하기 어렵"다고 하는 부분을 통해서 다양한 가능성에 열려 있음을 추론할 수 있다.

④ 1문단에서 '포스트휴먼'을 "현재의 기준으로는 더 이상 인간이라 부를 수 없는 존재"라고 하였기 때문에 그에 맞는 인간의 개념이 새로 구성될 것임을 추론할 수 있다.

Answer

03 ④　04 ②

## 05 다음 글을 통해 추론한 것으로 적절하지 않은 것은?

2020 국가직 7급

로컬푸드(local food)는 일차적으로 일정한 지역을 기준으로 해당 지역에서 생산되는 농식품을 의미한다. 로컬푸드를 물리적 거리로써 구체적으로 규정하는 경우 좁게는 반경 50 km, 넓게는 반경 100 km의 농촌 지역 내에서 생산되는 농식품을 지칭하곤 한다. 그렇다고 해서 로컬푸드가 이 정도의 물리적 거리나 농촌을 중심으로 한 지역사회의 농식품에 국한되는 것은 아니다. 일본은 행정구역을 중심으로 로컬푸드를 규정하는 경향이 있고, 미국의 경우 넓게는 반경 160 km 정도 내에서 생산되는 농식품으로까지 확대하기도 한다. 이는 생산·유통·소비에 있어서 건강성, 신뢰성, 친환경성 등이 유지될 수 있는 거리를 고려한 것이다.

로컬푸드가 일정한 거리 이내에서 생산된 농식품을 의미하는 것이라면, 로컬푸드 운동은 친환경적이고 자립적이며 지속 가능한 먹거리를 생산·유통·소비하고자 하는 공동체적 노력을 일컫는다. 농업의 해체와 식품 안전성의 위기가 만나는 접점은 로컬푸드 운동이 발아하는 배경이 된다. 전통적인 농업은 관련 인구 감소, 농촌 경제 영세화, '종자에서 식탁까지' 지배하는 거대 자본의 위협을 받고 있다. 농약의 과다 사용으로 인해 식품은 물론 자연환경이 위기에 처하게 되었다. 이러한 문제점에 대응하기 위해 친환경 먹거리 생산과 건강한 소비를 연결하고, 나아가 지역 정체성을 강화하는 등 대안적 공동체 운동으로 선순환시키려는 노력이 로컬푸드 운동으로 나타났다.

① 로컬푸드의 범위는 경제적 요소를 고려해서 규정될 수 있다.

② 식품 안전성에 주목하는 로컬푸드 운동은 환경보호 운동과도 밀접한 관련을 지닌다고 볼 수 있다.

③ 지역적 정체성을 드러내는 하나의 전략으로 해당 지역에서 산출되는 로컬푸드를 활용할 수 있다.

④ 지역 농가가 거대 자본에 의존하여 생산과 소비를 연결하려는 시도는 로컬푸드 운동의 일환일 수 있다.

**정답풀이** 2번째 문단에서 "전통적인 농업은 관련 인구 감소, 농촌 경제 영세화, '종자에서 식탁까지' 지배하는 거대 자본의 위협을 받고 있다."라고 언급되어 있다. 이러한 문제를 해결하기 위한 운동이 로컬푸드 운동이라고 했다. 따라서 지역 농가가 거대자본에 의존하여 생산과 소비를 연결하려는 것이 로컬푸드 운동이라는 이 선택지는 옳지 않다.

**오답풀이** ① 1문단 마지막 문장인 "이는 생산·유통·소비에 있어서 건강성, 신뢰성, 친환경성 등이 유지될 수 있는 거리를 고려한 것이다."에서 '생산, 유통, 소비'는 경제적인 요소이므로 로컬푸드의 범위는 경제적 요소를 고려해서 규정될 수 있다는 이 선택지는 옳다.

② 2문단에서 "농약의 과다 사용으로 인해 식품은 물론 자연환경이 위기에 처하게 되었다. 이러한 문제점에 대응하기 위해"라는 부분을 통해 로컬푸드 운동은 환경 보호 운동과도 밀접한 관련을 지닌다고 볼 수 있다.

③ 맨 마지막 문장인 "이러한 문제점에 대응하기 위해 친환경 먹거리 생산과 건강한 소비를 연결하고, 나아가 지역 정체성을 강화하는 등 대안적 공동체 운동으로 선순환시키려는 노력이 로컬푸드 운동으로 나타났다."에 언급되어 있다.

## 06 다음 글에서 추론한 내용으로 가장 적절한 것은?

2019 국가직 7급

애리조나주 북부의 나바호 인디언과 유럽계 미국인은 오랜 세월에 걸쳐 서로의 시간 개념을 적응시키고자 노력해 왔다. 나바호인에게 시간은 공간과 같다. 즉 지금 여기만이 실재하며 미래라는 것은 현실감을 거의 주지 못한다. 나바호 마을에서 성장한 나의 옛 친구는 그 점을 다음과 같이 표현했다.

"자네도 알다시피 나바호인은 말[馬]을 사랑하고 경마로 내기하기를 즐기지. 그런데 만약 나바호인에게 '자네 지난 독립기념일에 플래그스태프에서 경주를 온통 휩쓸었던 내 말을 기억하지?' 하고 물었을 때, '그럼, 기억하고말고.' 하면서 그 말을 아주 잘 알고 있다는 듯이 끄덕인다 해도 그에게 다시, '그 말을 다음 가을에 자네에게 주겠네.' 하고 말하면 그는 낙담한 표정으로 돌아서서 가 버릴 것이네. 그러나 만약 '내가 방금 타고 온 저 비루먹은 말 알지? 영양실조에다 안짱다리인 저 늙은 말을 해진 안장과 함께 자네에게 줄게. 저놈을 타고 가게나.' 하고 말하면, 그 나바호인은 희색이 만면하여 악수를 청한 다음 자신의 새 말에 올라타서 사라질 것이네. 나바호인은 눈앞에 보이는 선물만을 실감할 뿐, 장래의 이익에 대한 약속은 고려할 가치조차 느끼지 못하는 것이지."

① 나바호인은 기억력이 좋아서 기념일에 선물을 잘 챙긴다.
② 나바호인은 지금 여기만이 실재한다는 인식으로 약속을 잘 지키지 않는다.
③ 나바호인은 앞으로 투자 가치가 있는 마을 구획정리 사업에는 긍정적이지 않다.
④ 나바호인은 기마민족으로 말에 대한 애착이 강하고 말을 최상의 선물로 간주한다.

정답풀이 나바호인은 장래의 이익에 대한 약속은 고려할 가치조차 느끼지 못한다는 맨 마지막 문장을 보면, 미래의 일인 마을 구획정리 사업에는 긍정적이지 않은 반응을 보일 것이다.

오답풀이 ① 제시문에서 나바호인의 기억력에 대한 내용은 언급되어 있지 않다.
② "나바호인은 눈앞에 보이는 선물만을 실감할 뿐, 장래의 이익에 대한 약속은 고려할 가치조차 느끼지 못하는 것이지." 라는 문장 때문에 ②를 골랐을 수 있다. 매력적인 오답이다. 하지만 여기에서의 약속은 상대방이 "무엇 무엇을 해주겠다"는 약속에 대해 고려하지 않는다는 것이지, 본인이 "무엇 무엇을 해주겠다"는 약속을 지키지 않겠다라는 것이 아니다. ②는 논리의 비약이므로 올바른 추론이 아니다.
④ 둘째 문단 첫 번째 문장에 "자네도 알다시피 나바호인은 말[馬]을 사랑하고 경마로 내기하기를 즐기지."라는 내용이 나오기는 하지만, 이것으로 나바호인이 기마민족이거나 말을 최상의 선물로 간주할지는 알 수 없다.

Answer

05 ④ 06 ③

**07** 다음은 선조 28년 7월에 사헌부에서 올린 보고문이다. 이를 통해 추론할 수 있는 사헌부의 견해로 적절하지 않은 것은?
2018 국가직 7급

> 우리나라는 여러 대 태평을 누리는 동안 문물은 융성하고 교화의 도구는 남김없이 모두 갖추어졌습니다. 선비들은 예법으로 자신을 단속했고, 백성들은 충과 효에 스스로 힘썼습니다. 관혼상제의 법도는 옛날보다 못하지 않았고, 임금을 버리고 어버이를 무시하는 말은 세상에 용납되지 않았습니다. 그러므로 효도로 다스리는 세상에서 윤리에 죄를 얻는 사람이 거의 없었습니다.
> 난리[임진왜란]를 겪은 뒤로는 금방(禁防)이 크게 무너져 불온한 마음을 품는가 하면, 법도에 벗어나는 말을 외치기도 합니다. 오직 제 몸의 우환만 알고, 부모의 기른 은혜를 까맣게 잊은 나머지 저 들판과 진펄에 매장되지 못한 시신이 버려져 있는가 하면, 상복을 입은 자가 고깃국을 먹는 것을 가리지 않았습니다. 식견이 있는 사람도 이렇게 하거늘, 무지한 이들이야 어떠하겠습니까? 효자의 집안에서 충신을 찾을 수 있는 법인데, 그 어버이를 이처럼 박대한다면 의리를 따라 나라를 위해 죽는 사람은 눈을 씻고 보아도 찾을 수 없을 것입니다.

① 효를 실천하지 않는 이가 나라를 위해 희생할 리 없다.
② 시신을 매장하지 않는 장례 방식이 임진왜란 이후 생겨났다.
③ 전란 이후에 사람들 사이에서 중요한 법도가 무시되고 있다.
④ 무지한 이들은 식견 있는 이들에 비해 윤리적 과오에 더 취약하다.

**정답풀이** 시신을 매장하지 않는 장례 방식이 임진왜란 이후 생겨난 것이 아니라 사람들이 부모의 기른 은혜를 잊게 되어 시신을 방치해 두는 것이므로 ②는 옳지 않다.

**오답풀이** ① 맨 마지막 문장 "효자의 집안에서 충신을 찾을 수 있는 법인데, 그 어버이를 이처럼 박대한다면 의리를 따라 나라를 위해 죽는 사람은 눈을 씻고 보아도 찾을 수 없을 것입니다."에서 확인할 수 있다.
③ 2문단의 첫 문장 "난리[임진왜란]를 겪은 뒤로는 금방(禁防)이 크게 무너져 불온한 마음을 품는가 하면, 법도에 벗어나는 말을 외치기도 합니다."에서 확인할 수 있다.
④ 아래에서 2번째 문장 "식견이 있는 사람도 이렇게 하거늘, 무지한 이들이야 어떠하겠습니까?"에서 무지한 이들은 식견 있는 이들에 비해 윤리적 과오에 더 취약하다는 것을 확인할 수 있다.

**08** 다음 글에서 추론한 내용으로 적절하지 않은 것은?

2021 지방직 7급

고대 로마에서 사람들의 평균 수명은 불과 21세였다. 아동기를 넘긴 성인은 보통 70~80세 정도 살았지만 출생아의 1/3이 1세 전에, 그 이후 살아남은 아이의 절반이 10세 전에 사망했다. 이렇게 아동 사망률이 높았던 것은 미생물로 인한 질병 때문이었는데, 이를 밝혀 치료의 길을 연 사람은 파스퇴르였다.

파스퇴르는 1861년 미생물이 활동한 결과로 발효가 일어난다는 것을 밝히고, 이후 음식물의 발효나 부패가 공기 중의 미생물 때문에 일어남을 증명했다. 이는 음식물에서 저절로 새로운 생명체가 생겨나 음식물을 발효·부패시킨다는 자연발생설을 반박하고 미생물의 존재를 명확히 한 것이었다. 1863년에는 음식물의 맛과 질감을 변화시키지 않으면서 살균하는 방법인 '파스퇴르제이션(pasteurization)'을 발견했다. 이것은 끓는점보다 낮은 온도에서 장시간 가열하는 방식으로, 우유의 경우 밀폐한 채로 63~65℃에서 30분 정도 가열하는 살균법이다.

이러한 연구에 이어 파스퇴르는 사람과 가축에게 생기는 질병의 원인이 미생물임을 밝혔다. 나아가 이를 예방할 수 있는 백신을 처음으로 만들어 사용하고 치료법도 제시하였다. 광견병, 탄저병 등에 대한 연구는 그의 큰 업적으로 남아 있다.

① 고대 로마인의 평균 수명이 낮았던 것은 아이들이 질병으로 많이 죽었던 것이 한 원인이었다.
② 파스퇴르는 음식물의 발효와 부패에 대해 자연발생설을 부인하였다.
③ 끓는점 이하로 가열하는 파스퇴르제이션 살균법은 음식물의 맛과 질감을 높인다.
④ 파스퇴르의 미생물 연구는 질병으로 인한 아이들의 사망률을 줄이는 데에 기여했다.

정답풀이 2문단에서 "1863년에는 음식물의 맛과 질감을 변화시키지 않으면서 살균하는 방법인 '파스퇴르제이션(pasteurization)'을 발견했다."를 보면 음식물의 맛과 질감을 변화시키지는 않으므로 이 선택지는 옳지 않다.

오답풀이 ①④ 1문단에 언급되어 있다.
② 자연발생설이란 생물이 무생물로부터 자연적으로 생겨날 수 있다는 학설이다. 2문단에서 파스퇴르는 음식물의 발효나 부패가 미생물이 원인이 되어 일어남을 증명했으므로 이는 자연발생설을 부인한 것이 된다.

## 09 다음 글에 대한 추론으로 적절하지 않은 것은?

2019 지방직 7급

인류 역사는 끊임없이 변화를 거듭해 왔다. 그 변화의 굽이들 속에서 사람들의 세계관이나 가치관 또한 다양하게 바뀌었다. 어느 세기에는 종교적 믿음이 모든 것을 지배하기도 했고, 어느 때는 이성이 가장 중요한 위치를 차지했으며, 또 어느 시점에서는 전 인류가 기계 문명을 근간으로 한 산업화를 지향하기도 했다. 그리고 21세기가 되었다. 이 세기는 첨단 과학과 정보 통신 기술의 비약적인 발달로 과거 그 어느 때보다 변화의 진폭이 클 것으로 예상되었으며 변화된 모습이 실로 드러나고 있다. 이러한 지속적인 변화의 배경에는 늘 인간의 열망과 상상력이 가로놓여 있었다.

과학 기술의 진보와 이에 발맞춘 눈부신 문명의 진전 과정에서 인간의 열망과 상상력이 우선하였다. 과연 인간이 욕망하지 않고 상상하지 않았다면 이 문명 세계의 많은 것들을 창조하고 혁신할 수 있었을까? 하늘을 날고 싶어 하는 욕망이 없었다면 비행기는 발명되지 못했을 것이며, 좀 더 빠른 이동 수단을 원하지 않았다면 자동차는 나오지 않았을 것이다. 이제껏 상상력은 인류 문명을 가동시켜 온 원동력이었으며 현재 또한 그러하다.

그런 가운데 21세기 디지털 테크놀로지와 신과학들은 이러한 상상력의 위상을 다시 생각하게 한다. 사람들이 실현이 불가능하다고 여겨 공상 수준에 그쳤던 일들이 실로 구현되는 상황이 펼쳐지곤 한다. 3D, 아바타, 사이보그, 가상현실, 인공 생명, 유전 공학, 나노 공학 등 21세기 최첨단 과학 기술에 힘입어 상상력의 지평이 넓어졌다. 과거 시대들이 무엇인가를 상상하고 그것을 만들어 가는 기술을 개발하는 시간들이었다면, 21세기는 상상하는 것을 곧 이루어 낼 수 있는 시대가 된 것이다.

① 현재의 인간이 추구하는 가치를 불변의 절대적 가치로 인정할 수는 없다.

② 인류 역사의 변화 과정에서 인간의 열망과 상상력이 끼친 영향이 크다.

③ 인류 역사의 변화 중에도 인간의 상상력을 바탕으로 실현된 세계의 모습은 변함이 없었다.

④ 21세기에 접어들어 과학 기술과 상상력의 위상 관계에 변화가 일고 있다.

정답풀이) 이 문제는 제시문에 나오지 않은 정보를 추론하는 문제이다.

2문단에 "하늘을 날고 싶어 하는 욕망이 없었다면 비행기는 발명되지 못했을 것이며, 좀 더 빠른 이동 수단을 원하지 않았다면 자동차는 나오지 않았을 것이다. 이제껏 상상력은 인류 문명을 가동시켜 온 원동력이었으며 현재 또한 그러하다."라고 언급되어 있다. 즉 인간의 상상력을 바탕으로 진보되는 변화가 있었으므로 인간의 상상력을 바탕으로 실현된 세계의 모습은 변함이 없었다는 ③은 옳지 않다.

오답풀이) ① 1문단의 처음에서 "인류 역사는 끊임없이 변화를 거듭해 왔다. 그 변화의 굽이들 속에서 사람들의 세계관이나 가치관 또한 다양하게 바뀌었다."라고 언급되어 있다. 인류 역사는 끊임없이 변하기 때문에 현재의 인간이 추구하는 가치를 절대적 가치로 인정할 수는 없다고 추론할 수 있다.

② 2문단 마지막 문장에서 "이제껏 상상력은 인류 문명을 가동시켜 온 원동력이었으며 현재 또한 그러하다."라고 언급되어 있다. 이를 통해 인류 역사의 변화 과정에서 인간의 열망과 상상력이 끼친 영향이 큼을 알 수 있다.

④ 3문단 마지막에 "과거 시대들이 무엇인가를 상상하고 그것을 만들어 가는 기술을 개발하는 시간들이었다면, 21세기는 상상하는 것을 곧 이루어 낼 수 있는 시대가 된 것이다."라고 언급되어 있다. 과거에는 상상을 하더라도 과학 기술로 구현을 하지 못하면 소용이 없어 상상의 위상이 낮았지만, 21세기에 접어들어서는 상상하는 것을 곧 이룰 수 있기 때문에 상상력의 위상이 높아졌다. 따라서 과학 기술과 상상력의 위상 관계에 변화가 일고 있다고 볼 수 있다.

**10** 다음 글을 통해 알 수 있는 내용으로 적절하지 않은 것은?

2014 국가직 9급

우리나라를 찾는 외국인들이 가장 즐겨 찾는 곳은 이태원이다. 여기서 '원(院)'이란 이곳이 과거에 여행자들을 위한 휴게소였다는 것을 말해 준다. 사리원, 조치원 등의 '원'도 마찬가지이다. 조선 전기에는 여행자가 먹고 자고 쉴 수 있는 휴게소를 '원'이라고 불렀다. 1530년에 발간된 『신증동국여지승람』에 따르면 원은 당시 전국에 무려 1,210개나 있었다고 한다.

조선 전기에도 여행자를 위한 편의 시설은 잘 갖추어져 있었다. 주요 도로에는 이정표와 역(驛), 원(院)이 일정한 원칙에 따라 세워졌다. 10리마다 지명과 거리를 새긴 작은 장승을 세우고, 30리마다 큰 장승을 세워 길을 표시했다. 그리고 큰 장승이 있는 곳에는 역과 원을 설치했다. 주요 도로마다 30리에 하나씩 원이 설치되다 보니, 전국적으로 1,210개나 될 정도로 많아진 것이다.

역이 국가의 명령이나 공문서, 중요한 군사 정보의 전달, 사신 왕래에 따른 영송(迎送)과 접대 등을 위해 마련된 교통 통신 기관이었다면, 원은 그런 일과 관련된 사람들을 위해 마련된 일종의 공공 여관이었다. 원은 주로 공공 업무를 위한 여관이었지만 민간인들에게 숙식을 제공하기도 했다.

원은 정부에서 운영했기 때문에 재원도 정부에서 마련했는데, 주요 도로인 대로와 중로, 소로 등에 설치된 원에는 각각 원위전(院位田)이라는 땅을 주어 운영 경비를 마련하도록 했다. 그렇다면 누가 원을 운영했을까? 역에는 종육품 관리인 찰방(察訪)이 파견되어 여러 개의 역을 관리하며 역리와 역노비를 감독했지만, 원에는 정부가 일일이 관리를 파견할 수 없었다. 그래서 대로변에 위치한 원에는 다섯 가구, 중로에는 세 가구, 소로에는 두 가구를 원주(院主)로 임명했다. 원주는 승려, 향리, 지방 관리 등이었는데 원을 운영하는 대신 각종 잡역에서 제외시켜 주었다.

조선 전기에는 원 이외에 여행자를 위한 휴게 시설이 따로 없었으므로 원을 이용하지 못하는 민간인 여행자들은 여염집 대문 앞에서 "지나가는 나그네인데, 하룻밤 묵어 갈 수 있겠습니까?"라고 물어 숙식을 해결할 수밖에 없었다. 그러나 임진왜란과 병자호란을 거치면서 점사(店舍)라는 민간 주막이나 여관이 생기고, 관리들도 지방 관리의 대접을 받아 원의 이용이 줄어들게 되면서 원의 역할은 점차 사라지고 지명에 그 흔적만 남게 되었다.

① 여행자는 작은 장승 두 개를 지나 10리만 더 가면 '역(驛)'이 나온다는 것을 알았을 것이다.
② '원(院)'을 운영하는 승려는 나라에서 요구하는 각종 잡역에서 빠졌을 것이다.
③ 외국에서 사신이 오면 관리들은 '역(驛)'에서 그들을 맞이하거나 보냈을 것이다.
④ 민간인 여행자들도 자유롭게 '원(院)'에서 숙식을 해결했을 것이다.

정답풀이 3문단에 원은 민간인들에게 숙식을 제공하기도 했다고 나오기는 한다. 하지만 마지막 문단의 처음 문장을 보면 "원을 이용하지 못하는 민간인 여행자들"로 언급되어 있으므로 민간인 여행자들이 '자유롭게' 원을 이용했다는 것은 적절하지 않다.

오답풀이 ① 2문단에서 10리마다 작은 정승이 세워져 있으며 원은 도로마다 30리에 하나씩 설치되었다고 하므로 작은 정승 두 개(10리×2)를 지나 10리만 더 가면 역(驛)이 나옴을 알 수 있다.
② 4문단에서 '원주는 승려, 향리, 지방 관리 등이었는데 원을 운영하는 대신 각종 잡역에서 제외시켜 주었다.'로 알 수 있다.
③ 3문단에서 '역은 사신 왕래에 따른 영송과 접대를 위한 통신 기관이고, 원은 그런 일과 관련된 사람들을 위한 공공 여관이었다.'로 알 수 있다.

Answer

09 ③　10 ④

## 11 다음 글을 읽고 추론한 내용으로 적절한 것은?

2020 국회직 9급

천연두는 공기로도 전염되어 전염력이 강하고, 치사율이 매우 높아 오랫동안 공포의 대상이었다. 고대 중국과 인도의 의사들은 한 번 천연두에 걸렸던 사람은 이 병에 다시 걸리지 않는다는 사실을 발견했고, 약하게 천연두를 앓고 나면 이후 천연두로 인해 목숨을 잃는 것을 막을 수 있으리라 생각하였다. 그들은 천연두 환자의 딱지를 말려 가루로 만들었다. 그리고 은으로 만든 관을 사용해 대상이 남자일 경우 왼쪽 콧구멍으로, 여자일 경우 오른쪽 콧구멍으로 딱지 가루를 넣었다.

한편, 아랍인들은 팔에 칼로 작은 상처를 내고 천연두의 농포에서 얻은 물질을 절개 부위 안으로 밀어 넣는 인두법을 고안했다. 이 방법은 1700년대에 영국으로 전파되었는데, 당시 영국의 공주를 비롯한 귀족 자녀들이 접종을 하고 효과를 나타내며 널리 퍼지게 되었다. 하지만 잘못된 접종 방법으로 인해 부작용도 많이 발생하였다. 영국의 일부 의사들은 아무 근거도 없이 접종하기 6주 전부터 환자에게서 피를 뽑고 설사를 시키며 저열량식을 주었다. 이렇게 면역력이 떨어진 상태에서 받는 접종은 곧 독이 될 수 있었는데, 이 잘못된 관행은 약 30년 동안 지속되었다.

1773년 에드워드 제너는 소에게 발생하는 천연두인 우두에 인간이 감염되어 가볍게 앓고 나면 천연두에 걸리지 않는다는 사실을 알게 되었다. 우두균은 인체에서 자연적으로 치유되는데, 이때 만들어진 항체가 천연두균에 대해서도 효과를 발휘하는 것이다. 우두법이 개발됨에 따라, 인류는 점차 천연두의 공포에서 벗어날 수 있게 되었다.

① 접종을 하기 전 피를 뽑음으로써 인체에 항체가 더욱 잘 생성될 수 있었겠군.

② 영국인들은 천연두 농포에서 얻은 물질이 성별에 따라 다르게 작용한다고 믿었겠군.

③ 영국의 잘못된 접종 방법은 공주에게 부작용이 발생하고 나서야 사라질 수 있었겠군.

④ 인체에 투입된 우두균이 항체가 되어 천연두의 전염을 막는 것이군.

⑤ 인체의 면역력이 떨어져 있는 상태에서 천연두 환자의 딱지 가루를 흡입한다면 부작용이 나타날 확률이 높아졌겠군.

---

**정답풀이** '이렇게 면역력이 떨어진 상태에서 받는 접종은 곧 독이 될 수 있었는데, 이 잘못된 관행은 약 30년 동안 지속되었다.'를 통해 1~2문단에 언급된 천연두 딱지를 코에 넣는 방법도 면역이 떨어진 상태라면 부작용을 일으킬 수 있다는 것을 추론할 수 있다.

**오답풀이** ① 접종을 하기 전 피를 뽑음으로써 인체에 항체가 더욱 잘 생성될 수 있었다는 추론은 위의 내용만으로는 불가능하다.

② 주체 혼동의 오류이다. 천연두 농포에서 얻은 물질을 사용하는 접종 방법은 영국인이 아니라 아랍인들의 것이었다.

③ 2문단에서 영국의 공주는 효과를 본 것이지 부작용과는 관련이 없다.

④ 우두균이 자연적으로 치유될 때 만들어진 항체가 효과를 발휘하는 것이므로 우두균이 항체가 된다는 것은 옳지 않다.

**Answer**

**11** ⑤

MEMO

PART

# 03

## '최고 오답률' 완전 격파
## 3단계

박혜선 亦功 국어
**콤단문** 독해

## Chapter 01 지시 대상 찾기

### 대표 출사표 발문 체크

01  다음 글의 밑줄 친 부분이 지시하는 대상이 다른 것은? 2021 지방직 9급

02  〈보기〉의 밑줄 친 어휘들 가운데 문맥적 의미가 다른 하나는? 2019 서울시 9급 2회

### 출사표 적용

1. ㉠~㉣의 밑줄보다 더 중요한 것은 앞뒤의 단서이다. 앞뒤 단서를 객관적으로 뽑아내어 지시 대상을 찾아내야 한다.

2. 시의 경우에는 비슷한 문장 구조의 비슷한 위치에 있는 시어들은 의미가 같은 경우가 있다.
   또, 잘 읽어지지 않는 경우에는 긍정적인 시어인지 부정적인 시어인지 확인하는 것만으로도 답이 나오는 경우가 많다.

3. 고전 소설의 경우에는 동일한 사람임에도 그 사람의 성씨, 직업, 별명, 성별 등으로 불릴 수 있다는 것을 생각하며 읽어야 한다.

### 亦功 예상 적중문제

01  다음 글의 밑줄 친 부분이 지시하는 대상이 다른 것은?

2021 지방직 9급

수박을 먹는 기쁨은 우선 식칼을 들고 이 검푸른 ㉠구형의 과일을 두 쪽으로 가르는 데 있다. 잘 익은 수박은 터질 듯이 팽팽해서, 식칼을 반쯤만 밀어 넣어도 나머지는 저절로 열린다. 수박은 천지개벽하듯이 갈라진다. 수박이 두 쪽으로 벌어지는 순간, '앗' 소리를 지를 여유도 없이 초록은 ㉡빨강으로 바뀐다. 한 번의 칼질로 이처럼 선명하게도 세계를 전환시키는 사물은 이 세상에 오직 수박뿐이다. 초록의 껍질 속에서, ㉢새까만 씨앗들이 별처럼 박힌 선홍색의 바다가 펼쳐지고, 이 세상에 처음 퍼져나가는 비린 향기가 마루에 가득 찬다. 지금까지 존재하지 않던, ㉣한바탕의 완연한 아름다움의 세계가 칼 지나간 자리에서 홀연 나타나고, 나타나서 먹기를 기다리고 있다. 돈과 밥이 나오지 않았다 하더라도, 이것은 필시 흥부의 박이다.

① ㉠  ② ㉡
③ ㉢  ④ ㉣

정답풀이 지방직에서는 매년 지시 대상을 묻는 문제가 출제되므로 지방직 동형에서 이와 관련된 훈련을 많이 하였다. 문맥으로 풀되, 단서를 잡아가며 풀면 쉽게 풀 수 있는 유형이다. 구형의 과일을 "두쪽으로 가른다"는 단서로 보아 '㉠ 구형'은 수박 전체를 의미한다. '㉡ 빨강'은 "빨강"이라는 단서로 보아 수박 안에 있는 맛있는 빨간 살 부분을 의미한다. '㉢ 새까만 씨앗들이 별처럼 박힌 선홍색의 바다'의 경우에는 "선홍색의 바다"를 통해 수박의 빨간 살 부분임을 알 수 있다. '㉣ 한바탕의 완연한 아름다움의 세계'는 "먹히기를 기다리고 있다"는 단서로 보아 수박 안의 빨간 살 부분임을 알 수 있다. ㉠은 수박 전체를 지시하고 ㉡~㉣은 수박 안의 빨간 부분을 지시하므로 답은 ①이다.

## 02 〈보기〉의 밑줄 친 어휘들 가운데 문맥적 의미가 다른 하나는?

2019 서울시 9급 2회

─(보기)─

불문곡직하는 직설은 사람을 찌른다. 깜짝 놀라게 해서 제압하는 방식이다. 거기 비해 완곡함은 뜸을 들이면서 에두른다. 듣고 읽는 이가 비켜갈 <u>틈</u>을 준다. 그렇다고 완곡함이 곡필인 것도 아니다. 잘못된 길로 접어들도록 하는 게 아니라 화자와 독자의 교행이 이루어지는 <u>공간</u>을 준다. 곱씹어볼 말이 사라지고 상상의 <u>여지</u>를 박탈하는 글이 군림하는 세상은 살풍경하다. 말과 글이 세상을 따라 갈진대 세상을 갈아엎지 않고 말과 글이 세상과 함께 아름답기는 난망한 일인가. 아마 아닐 것이다. 막힐수록 옛것을 더듬으라고 했다. 물태와 인정이 극으로 나뉘는 <u>세상</u>에서 다산은 선인들이 왜 산을 바라보며 즐기되 그 흥취의 반을 항상 남겨두는지 궁금했다. 그는 미인을 만났던 사람이 적어놓은 글에서 그 까닭을 발견했다. 그가 본 글은 이러했다. '얼굴은 아름다웠으나 그 자태는 기록하지 않았다.'

① 틈　　　　　② 공간

③ 여지　　　　④ 세상

## 03 ㉠~㉢ 중 밑줄 친 문장에서 강조하는 내용과 의미가 가장 가까운 것은?

2017 서울시 사회복지직 9급

정보 통신 기술은 컴퓨터를 수단으로 하여 인간의 두뇌와 신경을 비약적으로 ㉠확장하였다. 정보 통신 기술의 발달은 전 세계적으로 정치, 경제, 산업, 교육, 의료, 생활 양식 등 사회 전반에 걸쳐 혁신적인 ㉡변화를 일으키고, 인간관계와 사고 방식, 가치관에까지 영향을 미칠 것이 틀림없다. 그러나 그 이면에는 불평등과 불균형을 불러올 위험성도 있다. 사회학자 드 세토(De Certeau)는 "기술은 문을 열 뿐이고, 그 문에 들어갈지 말지는 인간이 결정한다."라는 말을 했다. 정보 통신 기술은 우리의 모든 생활 영역에 ㉢영향을 미치고 있다. 이 시점에서 우리에게 중요한 것은 정보 통신 기술을 어떻게 활용하느냐이다. 정보 통신 기술이 우리 사회를 변화시키고 있지만, 그 기술의 가치를 이해하고 ㉣선택하는 주체는 바로 우리이기 때문이다

① ㉠　　　　　② ㉡

③ ㉢　　　　　④ ㉣

정답풀이〉 '불문곡직(不問曲直 : 不 아닐 부 問 물을 문 曲 굽을 곡 直 곧을 직)'이란 옳고 그름을 따지지 않음을 의미한다. '틈, 공간. 여지'는 직설과는 달리 완곡함을 의미한다. 하지만 '세상'은 물태와 인정이 극으로 나뉜다는 점에서 완곡함보다는 직설에 더 가깝다.

정답풀이〉 "기술은 문을 열 뿐이고, 그 문에 들어갈지 말지는 인간이 결정한다."는 정보 통신 기술이 발전한 이 시점에서 중요한 것은 정보 통신 기술을 어떻게 활용하느냐임을 의미한다. 따라서 이와 가장 가까운 의미를 지닌 것은 '㉣ 선택'이다.

Answer

01 ①　02 ④　03 ④

## 04 밑줄 친 부분의 지시 대상이 나머지 넷과 다른 하나는?

> 　　그의 행복을 기도 드리는 ㉠ 유일한 사람이 되자.
> 　　그의 파랑새처럼 여린 목숨이 애쓰지 않고 살아가도록 / 길을 도와 주는 ㉡ 머슴이 되자.
> 　　그는 살아가고 싶어서 심장이 팔뜨닥거리고 눈이 눈물처럼 / 빛나고 있는 것이다.
> 　　그는 나의 그림자도 아니며 없어질 실재도 아닌 것이다.
> 　　그는 저기 태양을 우러러 딸가는 해바라기와 같이 독립된 하나의 어여쁘고 싶은 목숨인 것이다.
> 　　어여쁘고 싶은 그의 목숨에 ㉢ 끄나풀이 되어선 못쓴다.
> 　　당길 힘이 없으면 끊어 버리자.
> 　　그리하여 싶으도록 걸어가는 그의 검은 눈동자의 행복을 기도드리는 유일한 사람이 되자.
> 　　그는 다만 나와 인연이 있었던
> 어여쁘고 깨끗이 살아가고 싶어하는 ㉣ 정한 몸알일 따름.
> 　　그리하여 만에 혹 머언 훗날 나의 영역이 커져
> 그의 사는 세상까지 미치면 그땐
> 순리로 합칠 날 있을지도 모를 일일께며.
> 　　　　　　 － 신동엽, 〈그의 행복을 기도 드리는〉에서

① ㉠ 유일한 사람
② ㉡ 머슴
③ ㉢ 끄나풀
④ ㉣ 정한 몸알

정답풀이 '정한 몸알'은 '그'를 가리키나, 나머지는 모두 그와의 화해를 갈구하는 시적 화자 자신을 가리킨다.

## 05 다음 중 함축적 의미가 유사한 시어끼리 짝지어진 것은?

> ㉠ 물가의 외로운 ㉡ 솔 혼자 어이 씩씩훈고
> ㉢ 빈 미여라 빈 미여라
> 험한 ㉣ 구름 흔(恨)치 마라 ㉤ 세상을 가리운다
> 지국총 지국총 어사와
> ㉥ 파랑성[1]을 싫어 마라 ㉦ 진훤[2]을 막는도다
> 　　　　　　 － 윤선도, 〈어부사시사, 동사 8〉
>
> 1) 파랑성: 물결 소리. 2) 진훤: 먼지와 시끄러움.

① ㉡ － ㉢
② ㉣ － ㉥
③ ㉠ － ㉤
④ ㉠ － ㉦

정답풀이 '㉠의 '물가'는 화자가 바라보는 소나무가 서 있는 자연적 배경이다.
㉡의 '소나무'는 '외롭지만 씩씩하다'는 긍정적인 의미가 부여된 자연물로 화자 자신을 표상한다고 할 수 있다.
㉢의 '배'는 출항해서 귀항하기까지의 과정을 보여주는 후렴구에 쓰인 소재로 화자가 자연을 즐길 수 있게 하는 수단이다.
㉣의 '구름'은 고전 시가에서 부정적인 의미로 자주 사용된다. 하지만 이 시에서는 인간 세상을 가리고 막아서 번잡한 세상과 시적 화자를 차단하는 긍정적인 대상으로, 인간 세상으로부터 자신을 격리하고자 하는 작가의 의식을 형상화한 소재이다.
㉤의 '세상'은 화자가 멀리하려는 속세를 의미한다. 이와 마찬가지로 ㉦의 '진훤'도 먼지와 시끄러움이라는 뜻으로 속세를 의미한다.
㉥의 '파랑성'은 물결 소리라는 뜻으로 ㉦을 막아준다고 하였다. 따라서 ㉣과 ㉥은 모두 속세로부터 화자를 차단해 주는 긍정적인 의미를 지닌다는 점에서 함축적 의미가 유사한 시어이다.

**06** 다음 지시 대상이 다른 하나는?

하루는 ㉠ 양창곡이 벽성선을 찾아갔는데 마침 그녀는 관청에서 불러서 가고 없었다. 양창곡은 무료하게 집으로 돌아왔다. 그는 다시 이런 생각을 하였다.

'내가 밤에 벽성선을 보았기 때문에 그 진면목을 보지 못했다. 이제 올라가 보아야겠구나.'

<중략> 그런데 갑자기 어디선가 보살 한 분이 나타났다. 그는 비단 가사를 입고 석장을 손에 들었으며, 꽃 같은 얼굴에 가느다란 눈썹을 하고 단아한 기운이 서려 있었다. 보살은 양창곡을 보더니 길게 읍을 하며 말했다.

"㉡ 문창성은 그동안 별고 없으셨소?"

양창곡이 당황하여 대답을 하지 못하니, 보살이 웃으며 말했다.

"홍란성은 어디 두고 제천선녀와 즐기시는 게요? ㉢ 빈도(貧道)는 남해 수월암의 관음보살이외다. 옥황상제의 성지(聖旨)를 받들어 무곡성의 병서(兵書)를 ㉣ 그대에게 전하니, 그대는 널리 중생을 구제하고 빨리 천상 극락세계로 돌아오시오."

말이 끝나자 석장을 들어 바위를 후려치면서 높은 소리로 말했다.

"돌아갈 길이 매우 바쁘니 빨리 돌아가시오."

양창곡이 놀라서 깨니 한바탕 꿈이었다.

– 남영로, 〈옥루몽〉

① ㉠  ② ㉡  ③ ㉢  ④ ㉣

**정답풀이** 나머지는 모두 '양창곡'에 해당한다. 하지만 '㉢ 빈도(貧道)'는 '승려나 도사(道士)가 자기를 낮추어 일컫는 말.'로 '보살'을 가리킨다.

**오답풀이** 〈구운몽〉과 유사한 줄거리 구조를 갖는 고전 소설이다.
① ㉠ 양창곡
② 보살이 양창곡을 청자로 두면서 이야기하는데, 양창곡을 '문창성'이라고 부르고 있으므로 '양창곡'과 '문창성'은 같은 대상이다.
④ 보살이 대화하고 있는 사람은 '양창곡'이므로 청자를 가리키는 2인칭 대명사 '그대'에 해당하는 것은 '양창곡'이다.

**작품 해설** 남영로, 〈옥루몽〉

천상계에서 문창성이 취중에 지상계를 그리워하는 시를 읊고 제방옥녀를 비롯한 선녀들을 희롱한다. 이를 안 옥황상제가 크게 노하여 문창성은 양창곡, 제방옥녀는 윤 소저, 천요성은 황 소저, 홍란성은 강남홍, 제천선녀는 벽성선, 도화성은 일지련으로 인간 세상에 태어나게 한다. 인간 세상으로 하강한 양창곡은 과거를 보러 가던 중 기생 강남홍과 가연을 맺고, 강남홍의 천거로 윤 소저와도 인연을 맺는다. 이 무렵, 소주자사 황공이 강남홍을 탐하자 강남홍은 강물에 투신하지만 윤 소저에 의해 구출되어 남쪽 탈탈국의 절에 몸을 의탁한다. 양창곡은 장원 급제하여 대원수가 되어 남만을 치는데, 만국의 원수가 되어 있던 강남홍은 명의 원수가 양창곡임을 알고 그에게 도망쳐 온다. 연왕으로 책봉된 양창곡은 처첩들과 함께 부귀영화를 누리다가 천상계로 돌아가 다시 선관이 된다.

## Chapter 02 문장, 문단 배열하기

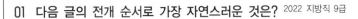

### 대표 출사표 발문 체크

**01** 다음 글의 전개 순서로 가장 자연스러운 것은? 2022 지방직 9급

**02** 문맥에 따른 배열로 가장 자연스러운 것은? 2017 지방직 9급 추가

### 출사표 적용  문장, 문단 배열하기

**문장 문단 배열 순서**

1. 먼저 선택지로 가장 앞에 올 가능성이 있는 문단을 파악한다. (보통 2개로 줄어든다)

   ① (가) - (나) - (다) - (라)
   ② (가) - (라) - (나) - (다)
   ③ (나) - (가) - (라) - (다)
   ④ (나) - (라) - (다) - (가)

2. 글이 접속어나 지시어로 시작할 가능성은 낮다.

3. 첫 문단이 확실하면 그대로 배열하면 된다.
   하지만 첫 문단이 확실하지 않으면 섣불리 선택지를 소거해서는 안 된다.
   하나 정해서 뒤의 것을 배열하되, 이상함을 발견하면 첫 번째 배열을 달리해야 한다.

4. 가장 흔한 경우 :
   - 표면적으로 연결되는 경우
   ① 보통 각 문단의 앞부분과 끝부분에 이어지는 같은 단어가 표면적으로 있는지 보기
   ② 앞부분의 단어가 지시어로 받아지는지 보기
   ③ 접속 부사로 연결이 자연스럽게 연결되는지 보기

   - 이면적으로 연결되는 경우
   ① 같은 단어, 지시어, 접속 부사가 없이 연결되는 경우에는 의미적 연결로 봐야 한다.

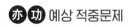

**亦功 예상 적중문제**

**01** 다음 글의 전개 순서로 가장 자연스러운 것은?

2022 지방직 9급

(가) 과거에는 고통만을 안겨 주었던 지정학적 조건이 이제는 희망의 조건이 되고 있습니다. 이제 한반도는 사람과 물자가 모여드는 동북아 물류와 금융, 비즈니스의 중심지가 될 것입니다. 우리가 주도해서 평화와 번영의 동북아 시대를 열어 나가야 합니다.

(나) 100년 전 우리는 수난과 비극의 역사를 겪었습니다. 해양으로 나가려는 세력과 대륙으로 진출하려는 세력이 한반도를 가운데 놓고 싸움을 벌였습니다. 마침내 우리는 국권을 상실하는 아픔을 감수해야 했습니다.

(다) 지금은 무력이 아니라 경제력이 국력을 좌우하는 시대입니다. 우리나라는 전쟁의 폐허를 극복하고 세계적인 경제 강국을 건설하고 있습니다. 우수한 인력과 세계 선두권의 정보화 기반을 갖추고 있습니다. 바다와 하늘과 땅을 연결하는 물류 기반도 손색이 없습니다.

(라) 그 아픔은 분단으로 이어져서 오늘에 이르고 있습니다. 그 과정에서는 정의가 패배하고 기회주의가 득세하는 불행한 역사를 겪었습니다. 그러나 이제 우리에게도 새로운 희망의 시대가 열리고 있습니다. 세계의 변방으로 머물러 왔던 동북아시아가 북미·유럽 지역과 함께 세계 경제의 3대 축으로 떠오르고 있습니다.

① (가) - (나) - (다) - (라)
② (가) - (라) - (나) - (다)
③ (나) - (가) - (라) - (다)
④ (나) - (라) - (다) - (가)

정답풀이) 먼저 선택지를 보면 (가), (나)가 앞에 옴을 알 수 있다. (가)는 미래에 앞으로 나아가야 할 길을, (나)는 과거에 대해 서술하고 있으므로 (나)가 먼저 올 확률이 더 크다. (나) 끝에 나오는 '아픔'이 (라)로 이어질 수 있다. (라)에서 '그 아픔'에 대한 이야기가 연결되고 있기 때문이다. 여기까지만 봐도 (나)-(라)이므로 답은 ④이다. 다음은 확인만 간단하게 하면 된다. (라)에서는 새로운 희망의 시대가 열린다고 하며 (가)에서는 구체적으로 어떠한 희망의 시대가 열리는지, 희망의 조건인 지정학적 조건에 대해 자세히 설명하고 있다. 따라서 순서는 (나) - (라) - (다) - (가)이다.

**Answer**

01 ④

## 02 다음 글의 전개 순서로 가장 자연스러운 것은?

2022 국가직 9급

> (가) 이 기관을 잘 수리하여 정련하면 그 작동도 원활하게 될 것이요, 수리하지 아니하여 노둔해지면 그 작동도 막혀 버릴 것이니 이런 기관을 다스리지 아니하고야 어찌 그 사회를 고취하여 발달케 하리오.
>
> (나) 이러므로 말과 글은 한 사회가 조직되는 근본이요, 사회 경영의 목표와 지향을 발표하여 그 인민을 통합시키고 작동하게 하는 기관과 같다.
>
> (다) 말과 글이 없으면 어찌 그 뜻을 서로 통할 수 있으며, 그 뜻을 서로 통하지 못하면 어찌 그 인민들이 서로 이어져 번듯한 사회의 모습을 갖출 수 있으리오.
>
> (라) 그뿐 아니라 그 기관은 점점 녹슬고 상하여 필경은 쓸 수 없는 지경에 이를 것이니 그 사회가 어찌 유지될 수 있으리오. 반드시 패망을 면하지 못할지라.
>
> (마) 사회는 여러 사람이 그 뜻을 서로 통하고 그 힘을 서로 이어서 개인의 생활을 경영하고 보존하는 데에 서로 의지하는 인연의 한 단체라.
>
> — 주시경, 〈대한국어문법 발문〉에서

① (마) － (가) － (다) － (나) － (라)
② (마) － (가) － (라) － (다) － (나)
③ (마) － (다) － (가) － (라) － (나)
④ (마) － (다) － (나) － (가) － (라)

**정답풀이** 선택지를 보면 (마)가 맨 처음임을 알 수 있다. (마)에서는 사회는 여러 사람이 '그 뜻을 통하고 그 힘을 서로 이어서' 서로 의지하는 인연의 한 단체라고 한다. 그 뒤에는 (가)와 (다)가 올 수 있지만, (가)에서 '이 기관'이 나오므로 (가)는 뒤에 올 수 없다. 왜냐하면 지시어 '이 기관'이 올 수 있으려면 앞에 '기관'이 언급되어야 하기 때문이다. 따라서 (마) 뒤에 (다)가 온다. (다)에는 (가)에서 언급되었던 '뜻이 통하는 것'에 대한 내용이 나온다. (다)에서는 말과 글이 없으면 뜻이 통하지 않으므로 번듯한 사회가 될 수 없다고 한다. 그러면 ①②는 답이 될 수 없다. (다) 뒤에 올 수 있는 것은 (가)와 (나)이다. (가)에는 '이 기관'이라는 지시어가 있으나 (다)에는 아직 '기관'에 대한 언급이 없으므로 (가)가 뒤로 올 수 없고, (나)가 와야 한다. (다)는 말과 글이 없으면 뜻이 통하지 않으므로 번듯한 사회가 될 수 없다고 하고 (나)에는 이러므로 말과 글은 중요하므로 사회는 '기관' 같다고 한다. '기관'이 언급되었으므로 (나) 뒤에는 '이 기관'이 있는 (가)가 올 수 있다. 이후 (라)는 '그 기관'이 쓸 수 없는 지경에 이르러 패망하게 되는 상황을 제시하고 있으므로 (가) 뒤에 와야 한다. 따라서 답은 (마) － (다) － (나) － (가) － (라)이다.

## 03 ⊙~⊙의 전개 순서로 가장 자연스러운 것은?

2021 국가직 9급

폭설, 즉 대설이란 많은 눈이 시간적, 공간적으로 집중되어 내리는 현상을 말한다.
㉠ 그런데 눈은 한 시간 안에 5cm 이상 쌓일 수 있어 순식간에 도심 교통을 마비시키는 위력을 가지고 있다.
㉡ 또한, 경보는 24시간 신적설이 20cm 이상 예상될 때이다.
㉢ 다만, 산지는 24시간 신적설이 30cm 이상 예상될 때 발령된다.
㉣ 이때 대설의 기준으로 주의보는 24시간 새로 쌓인 눈이 5cm 이상이 예상될 때이다.
㉤ 이뿐만 아니라 운송, 유통, 관광, 보험을 비롯한 서비스 업종과 사회 전반에 영향을 미친다.

① ㉠ − ㉤ − ㉡ − ㉢ − ㉣
② ㉠ − ㉣ − ㉤ − ㉢ − ㉡
③ ㉣ − ㉡ − ㉢ − ㉠ − ㉤
④ ㉣ − ㉠ − ㉤ − ㉢ − ㉡

## 04 (가)~(마)의 글을 논리적 순서에 맞게 나열한 것은?

2019 국회직 8급

(가) 흔히 방언에 따라 발음이 다르다고 하는 것은 이러한 상황을 가리키는 것에 불과하다.
(나) 그런데 언어 변화는 지역에 따라 차이를 보이기도 하고, 동일한 지역이라도 성별이나 연령, 계층 등의 사회적 변수에 따라 달리 진행되기도 한다.
(다) 만약 언어 변화가 모든 지역의 모든 언중에게서 같은 모습으로 나타난다면 발음의 변이란 생길 수가 없다.
(라) 발음의 변이가 나타나는 가장 중요한 이유는 언어 변화가 일률적으로 일어나지 않는 데 있다.
(마) 이처럼 언어 변화가 여러 조건들에 따라 상이하게 이루어지기 때문에 그와 더불어 발음의 변이도 발생하게 된다.

① (가) − (나) − (라) − (마) − (다)
② (다) − (나) − (라) − (마) − (가)
③ (다) − (라) − (나) − (가) − (마)
④ (라) − (가) − (다) − (나) − (마)
⑤ (라) − (다) − (나) − (마) − (가)

[정답풀이] 이 글은 폭설의 개념과 문제점에 대해 설명한 글이다. 처음에 폭설에 대해 정의를 내리고 있으므로 대설의 기준을 구체적으로 알려주는 ㉣이 처음에 와야 한다. 그 뒤에는 대설 경보의 기준을 알려주는 ㉡이나 ㉢이 올 수 있다. ㉢에 '다만'이라는 접속 부사가 왔다는 것은 앞의 말을 받아 조건부로 이와 반대되는 말을 할 때에 쓰이므로 앞의 말에 해당하는 ㉡이 먼저 전제가 되어야 한다. 따라서 ㉡ 뒤에 ㉢이 와야 한다. ㉢ 뒤에는 자연스럽게 폭설(=대설)로 인한 영향을 설명해 주는 ㉠과 ㉤이 차례대로 나오면 된다. ㉠의 '그런데'는 앞의 내용에서 초점을 바꿀 때 쓰이는 접속 부사이다. 대설의 기준과 경보의 기준을 알려주는 앞 내용과는 달리 폭설로 인한 영향을 설명하는 것이므로 ㉢ 뒤에 올 수 있다. ㉤에 '이뿐만 아니라'라는 표지가 있으므로 반드시 ㉠ 뒤에 ㉤이 와야 한다.

[오답풀이] 매력적인 오답 ④를 많이 골랐을 것이다. 절대 글자로 글을 읽지 말라고 강조를 하였건만 "5cm"에 꽂히신 분들은 ㉣ 뒤에 "5cm"가 언급된 ㉠을 골랐을 것이다. 하지만 이 글은 대설의 정의와 기준−대설로 인한 영향의 구조로 되어 설명되어 있으므로 ④는 답이 될 수 없다.

[정답풀이] (가)의 '이러한 상황'을 지시할 말은 그 앞에 나와야 하므로 (가)는 한 단락의 맨 앞에 올 수 없다. 따라서 ①은 답이 아니다.
(마)의 '이처럼 언어 변화가 여러 조건들에 따라 상이하게 이루어지기 때문에'라는 어구에서 '이처럼'이 지시하는 내용은 언어 변화가 상이하게 이루어지는 여러 조건을 제시하고 있는 (나)이므로 일단 '(나)−(마)'의 순서로 묶이고, (가)의 '이러한 상황'은 (마)의 내용을 뜻하므로 전체적으로 '(나)−(마)−(가)'의 순서로 배열됨을 알 수 있다.
(다)−(라), (라)−(다)의 경우도 (라)의 결과에 해당하는 것이 (다)이므로 '(라)−(다)'의 순서가 더 자연스럽다.

Answer

## 05 다음 글의 전개 순서로 가장 적절한 것은?

2018 국회직 9급

(가) 어느새 환경 보존은 전 지구적 과제가 되었고, 이것이 다른 모든 과제를 압도하는 것도 오늘날에는 너무나 당연한 일이 되어 버렸다.

(나) 산업화 초기에 나타났던 많은 문제점, 예컨대 도시 오염의 확산과 경관의 파괴, 주민 건강의 악화 등은 우리로 하여금 무분별한 발전이 과연 정당한지 되묻게 했다.

(다) 환경 운동은 근대의 산업화에 대한 뿌리 깊은 불신에서 시작됐다.

(라) 그리고 이러한 반성을 통해 사람들은 자연을 단순한 돈벌이 수단으로 여겨 마구 훼손해서는 안 된다는 사실을 깨달았다.

(마) 이 과정에서 인류의 생존을 위해서 지금 당장 성장을 멈춰야 한다는 주장도 나타났다.

① (다) - (라) - (가) - (나) - (마)
② (가) - (나) - (마) - (라) - (다)
③ (가) - (나) - (라) - (다) - (마)
④ (다) - (나) - (라) - (마) - (가)
⑤ (다) - (나) - (마) - (가) - (라)

정답풀이 (가) 혹은 (다)가 맨앞에 오게 되는데, (가)는 환경 보존의 필요성에 대한 설명을, (다)는 환경 운동의 배경을 설명하고 있다. (나)는 (다)에 나온 산업화에 대한 뿌리 깊은 불신을 자세하게 부연 설명하는 것이므로 (다) 뒤에는 (나)가 와야 한다. 그러면 ④, ⑤만 남게 된다. (나)에서 무분별한 발전이 정당한지 되묻는 반성이 나오므로 (라)에서 '그리고 이러한 반성을 통해'로 연결된다.
(마)에서는 반성의 과정을 '이 과정'으로 받고 있다. 이러한 반성의 과정에서 성장을 멈춰야 한다고 주장하고 (가)에서 결론으로 환경 보존의 필요성을 언급하므로 정답은 (다)-(나)-(라)-(마)-(가)이다.

## 06 다음 글의 전개 순서로 가장 자연스러운 것은?

2018 지방직 9급

(가) 생명체들은 본성적으로 감각을 갖고 태어나지만, 그들 가운데 일부의 경우에는 감각으로부터 기억이 생겨나지 않는 반면 일부의 경우에는 생겨난다. 그리고 그 때문에 후자의 경우에 해당하는 생명체들은 기억 능력이 없는 것들보다 분별력과 학습력이 더 뛰어난데, 그중 소리를 듣는 능력이 없는 것들은 분별은 하지만 배움을 얻지는 못하고, 기억에 덧붙여 청각 능력이 있는 것들은 배움을 얻는다.

(나) 앞에서 말했듯이, 유경험자는 어떤 종류의 것이든 감각을 가지고 있는 사람들보다 더 지혜롭고, 기술자는 유경험자들보다 더 지혜로우며, 이론적인 지식들은 실천적인 것들보다 더 지혜롭다는 것이 일반적인 견해이다. 그러므로 지혜는 어떤 원리들과 원인들에 대한 학문적인 인식임이 분명하다.

(다) 하지만 발견된 다양한 기술 가운데 어떤 것들은 필요 때문에, 어떤 것들은 여가의 삶을 위해서 있으니, 우리는 언제나 후자의 기술들을 발견한 사람들이 전자의 기술들을 발견한 사람들보다 더 지혜롭다고 생각한다. 그 이유는 그들이 가진 여러 가지 인식은 유용한 쓰임을 위한 것이 아니기 때문이다. 그러므로 그런 종류의 모든 발견이 이미 이루어지고 난 뒤, 여가의 즐거움이나 필요, 그 어느 것에도 매이지 않는 학문들이 발견되었으니, 그 일은 사람들이 여가를 누렸던 여러 곳에서 가장 먼저 일어났다. 그러므로 이집트 지역에서 수학적인 기술들이 맨 처음 자리 잡았으니, 그곳에서는 제사장(祭司長) 가문이 여가의 삶을 허락받았기 때문이다.

(라) 인간 종족은 기술과 추론을 이용해서 살아간다. 인간의 경우에는 기억으로부터 경험이 생겨나는데, 그 까닭은 같은 일에 대한 여러 차례의 기억은 하나의 경험 능력을 만들어 내기 때문이다. 그리고 경험은 학문적인 인식이나 기술과 거의 비슷해 보이지만, 사실 학문적인 인식과 기술은 경험의 결과로서 사람들에게 생겨나는 것이다. 그 까닭은 폴로스가 말하듯 경험은 기술을 만들어 내지만, 무경험은 우연적 결과를 낳기 때문이다. 기술은, 경험을 통해 안에 쌓인 여러 관념들로부터 비슷한 것들에 대해 하나의 일반적인 관념이 생겨날 때 생긴다.

① (가) − (다) − (나) − (라)
② (가) − (다) − (라) − (나)
③ (가) − (라) − (나) − (다)
④ (가) − (라) − (다) − (나)

정답풀이 이렇게 전개 순서를 묻는 유형은 먼저 선택지를 보고 첫째 문단이 무엇인지 확인해야 한다. 선택지를 보면 고맙게도 첫째 문단이 (가)임을 알 수 있다. (가) 문단을 보고 단서를 찾아보자. (가) 문단에서는 생명체 중 감각으로부터 기억을 얻는 생명체 중 청각 능력이 있는 것들은 배움을 얻는다고 하고 있다. 다시 선택지를 확인하니, (다) 혹은 (라)가 뒤에 올 수 있으므로 (다) 문단을 보고 단서를 찾아보자. (다)에는 접속 부사 '하지만'이 나와 있다. '하지만'은 앞의 내용과 반대의 내용이 나올 때 쓰는 접속 부사이므로 만약 '하지만' 뒤의 내용이 (가)와 반대 내용이면 (가) 뒤에 (다)를 배치할 수 있다. 그런데, "발견된 다양한 기술"이 (가)에 언급되어 있지 않기 때문에 (다)는 (가) 뒤로 올 수 없다. (가) 뒤에 (라)가 온다고 결론짓게 되면 선택지 ①,②가 날아간다. 자. 이번에 그럼 (라) 문단의 단서를 찾아보자. (라)의 첫 부분에서 "기억"에 대한 내용을 언급하는 것을 보면 (가)와 잘 이어진다. 그리고 끝 부분에서 기술은 경험을 통해 쌓인 것들을 통해 하나의 일반적 관념이 쌓인 것이라고 한다. 따라서 이 뒤에는 "발견된 다양한 기술"을 언급했던 (다)를 배열하면 된다. 혹시 모르니 (다)를 좀 더 읽어보자. (다)에서는 후자의 기술, 즉 여가의 삶을 위한 기술들을 발견한 사람들이 필요 때문에 기술을 발견한 사람들보다 "지혜"롭다고 한다. (나)를 보면 "지혜"에 관한 내용이 나온다. 따라서 (나)가 (다)의 뒤에 배열되면 된다.

Answer

05 ④  06 ④

## 07 문맥에 따른 배열로 가장 적절한 것은?

2017 지방직 9급 추가

> (가) 그러나 사람들은 소유에서 오는 행복은 소중히 여기면서 정신적 창조와 인격적 성장에서 오는 행복은 모르고 사는 경우가 많다.
>
> (나) 소유에서 오는 행복은 낮은 차원의 것이지만 성장과 창조적 활동에서 얻는 행복은 비교할 수 없이 고상한 것이다.
>
> (다) 부자가 되어야 행복해진다고 생각하는 사람은 스스로 부자라고 만족할 때까지는 행복해지지 못한다.
>
> (라) 하지만 최소한의 경제적 여건에 자족하면서 정신적 창조와 인격적 성장을 꾀하는 사람은 얼마든지 차원 높은 행복을 누릴 수 있다.
>
> (마) 자기보다 더 큰 부자가 있다고 생각될 때는 여전히 불만과 불행에 사로잡히기 때문이다.

① (나) – (라) – (가) – (다) – (마)
② (나) – (가) – (마) – (라) – (다)
③ (다) – (마) – (라) – (나) – (가)
④ (다) – (라) – (마) – (가) – (나)

정답풀이〉 선택지를 보면 처음에 올 수 있는 것은 (나) 혹은 (다)이다. 하지만 둘 중 하나를 고르기엔 근거가 부족하다. 이 경우에는 다른 기호도 읽어 보는 것이 좋다.

(가)에는 "하지만"이라는 역접의 부사가 오면서 소유에서 오는 행복을 소중히 여기면서 정신적 행복을 모르는 경우가 많다는 내용이 있다.

(라)에는 "하지만"이라는 역접의 부사가 오면서 최소한의 경제적 여건에 만족하고 정신적인 행복을 누리는 내용이 나온다.

(마)는 자기보다 큰 부자가 있으면 만족하지 못한다는 내용이 나온다.

이때 부자가 되어도 행복해지지 못할 수 있다는 (다) 뒤에 (마)가 옴을 알 수 있다. 그럼 ①, ③만 남게 된다.

소유보다 정신적 행복이 중요하다는 (나) 뒤에는 그렇지 못한 현실을 보여주는 (가)가 오는 것이 좋으므로 정답은 ③이다.

Answer
**07** ③

# 문장 하나 넣어서 배열하기

**대표 출사표 발문 체크**

**01** 다음 문장이 들어가기에 가장 적절한 곳을 ⑦~②에서 고르면? 2022 국가직 9급

**출사표 적용** 문장 하나 넣어서 배열하기

**1** 〈보기〉를 먼저 읽고 〈보기〉의 앞에 무슨 내용이 나올지 예측한다.

**2** 〈보기〉에 표면적인 연결어가 있는 경우

1. 제시문의 어떤 단어를 지시어로 받은 것인지 확인하면서 읽는다.

2. 〈보기〉에 접속어가 있는 경우
   - (예시 관계) 예를 들어, 예컨대, 가령, 이를테면 : 구체적인 예시 앞에 일반적인 원리가 나올 것이다.
   - (역접 관계) 그러나, 하지만, 그렇지만, 반면, 이에 반해 : 앞의 내용이 〈보기〉와 반대의 내용일 것이다.
   - (초점 전환) 한편, 그런데 : 앞의 내용이 〈보기〉의 화제를 다루고 있지만 다른 측면을 다루고 있을 것이다.

   - (나열 관계) 그리고, 또한, 뿐만 아니라, 게다가 : 〈보기〉의 내용과 앞의 내용은 힘이 같을 것이다.
   - (인과 관계) 그래서, 그러므로, 때문에, 그리하여 : 〈보기〉가 결과이므로 앞의 내용은 원인이 올 것이다.
   - (환언 관계) 이처럼, 즉, 다시 말해, 요컨대 : 〈보기〉는 앞의 내용을 쉽게 다시 한번 설명(요약)하는 것이므로 앞의 내용은 표현만 다르지, 같은 내용일 것이다.

**3** 〈보기〉에 표면적인 연결어가 없는 경우

〈보기〉에서 이야기하고 있는 '내용'에 초점을 맞춘다.
그 이후에 이 내용 앞에 무엇이 나올지 먼저 예측하고 제시문을 읽는다.

**亦功 예상 적중문제**

## 01 다음 문장이 들어가기에 가장 적절한 곳을 ㉠~㉣에서 고르면?

2022 국가직 9급

> 신분에 따라 문체를 고착화하는 것을 인정하지 않았던 것이다.

> 유럽이 교회로부터 정신적으로 해방된 것은 그리스와 로마의 고대 작가들에 대한 재발견을 통해서였다. ㉠ 그 이후 고대 작가들의 문체는 귀족 중심의 유럽 문화에서 모범으로 여겨졌다. ㉡ 이러한 상황은 대략 1770년대에 시작되는 낭만주의에서부터 변화하기 시작했다. ㉢ 이 낭만주의 시기에 평등과 민주주의를 꿈꿨던 신흥 시민계급은 문학에서 운문과 영웅적 운명을 귀족에게만 전속시키고 하층민에게는 산문과 우스꽝스러운 상황을 배정하는 전통 시학을 거부했다. ㉣ 고전 문학은 더 이상 문학의 규범이 아니었으며, 문학을 현실의 모방으로 인식하는 태도도 포기되었다.

① ㉠
② ㉡
③ ㉢
④ ㉣

## 02 다음 글이 들어갈 곳으로 가장 적절한 것은?

2015 국가직 7급

> 인형은 사람처럼 박자에 맞춰 춤을 추고 노래도 부르고 심지어 공연이 끝날 무렵에는 구경하던 후궁들에게 윙크를 하며 추파를 던지기까지 했다. 인형의 추태에 화가 난 목왕이 그 기술자를 죽이려고 하자 그는 서둘러 인형을 해체했고 그제야 인형의 실체가 드러났다.

> ( ㉠ ) 어느 날 서쪽 지방으로 순행을 나간 목왕은 곤륜 산을 넘어 돌아오는 길에 재주가 뛰어난 기술자를 만났다. 목왕은 그 기술자에게 그가 만든 가장 훌륭한 물건을 가져오라고 명했다. 하지만 그가 가지고 온 것은 물건이 아니었다. 이를 이상히 여긴 목왕이 왜 물건을 가지고 오지 않고 사람을 데리고 왔는지 묻자, 그는 이것이 움직이는 인형이라고 답했다. ( ㉡ ) 이에 놀란 목왕은 그 인형을 꼼꼼히 살펴봤지만 사람과 다른 점을 하나도 발견할 수 없었다. ( ㉢ ) 그것은 색을 칠한 가죽과 나무로 만들어진 기계장치였다. 하지만 그것은 오장육부는 물론 뼈, 근육, 치아, 피부, 털까지 사람이 갖춰야 할 모든 것을 갖추고 있었다. 마침내 목왕은 그에게 "자네 솜씨는 조물주에 버금가도다!"라고 크게 칭찬했다. ( ㉣ )

① ㉠
② ㉡
③ ㉢
④ ㉣

**정답풀이** 이런 문장 배열 문제는 〈보기〉를 먼저 보고 앞을 추측하면 된다고 하였다. 〈보기〉의 문장 끝이 '~한 것이다'로 끝났다는 것은 앞의 문장을 한 번 더 설명한 것이 되므로 이 문장 앞에는 '신분'에 따라 '문체를 고착화하는 것을 인정하지 않는' 내용이 나와야 한다. ㉠~㉢ 까지 '신분'에 대한 내용조차도 보이지 않으므로 ㉠~㉢에는 〈보기〉가 들어갈 수 없다. 그런데 ㉣ 앞에서는 낭만주의 시기에 '하층민'은 무시하고 '귀족'에게만 좋은 내용을 배정하는 전통 시학을 거부하는 내용이 나오므로 이 다음에 〈보기〉 문장이 들어감을 알 수 있다.

**정답풀이** 〈보기〉를 먼저 읽고 앞뒤의 내용을 추론하는 것이 좋다. 〈보기〉에는 '인형'이라는 인물이 나오는데 ㉡ 앞에서야 '인형'이 나오므로 ㉠은 답이 될 수 없다. ㉡ 뒤에 '이에'라는 지시어가 있는데 앞의 문장과 잘 이어지므로 〈보기〉가 ㉡에 들어갈 수 없다. ㉢ 뒤에 '그것'이 나오는데 이는 〈보기〉에 드러난 인형의 실체이므로 〈보기〉는 ㉢에 들어가야 함을 알 수 있다.

**03** 다음 글에 〈보기〉의 문장을 첨가하고자 할 때 가장 알맞은 곳은?

2014 국회직 9급

> 세계화와 정보화로 대표되는 현대사회에서 사람들은 다양한 기호, 이미지, 상징들이 결합된 상품들의 홍수 속에서, 그리고 진실과 경계를 구분할 수 없는 정보와 이미지의 바다 속에서 살아가고 있다. ㉠ 이러한 사회적 조건들은 개인들의 정체성 형성에 커다란 변화를 가져다주었다. ㉡ 절약, 검소, 협동, 양보, 배려, 공생 등과 같은 전통적인 가치와 규범은 이제 쾌락, 소비, 개인적 만족과 같은 새로운 가치와 규범들로 대체되고 있다. ㉢ 그래서 개인적 경험의 장이 넓어지는 만큼 역설적으로 사람들 간의 공유된 경험과 의사소통의 가능성은 점차 줄어들고 있다. ㉣ 파편화된 경험 속에서 사람들이 세계에 대한 '인식적 지도'를 그리기란 더 이상 불가능해진 것이다. ㉤

> ─〈보기〉─
> 개인들의 다양한 삶과 경험은 사고와 행위의 기준들을 다양화했으며, 이로 인해 전통적인 정체성은 해체되었다.

① ㉠  ② ㉡
③ ㉢  ④ ㉣

**정답풀이** 〈보기〉에서는 개인들의 다양한 삶은 사고와 행위의 기준들을 다양화하여 전통적인 정체성이 해체되었다고 한다. ㉡ 뒤에서는 여러 전통적인 가치와 규범을 나열하면서 이러한 가치와 규범들이 다양하고 새로운 가치와 규범들로 대체되고 있다고 한다. 〈보기〉의 내용을 ㉡에서 구체화시키고 있으므로 ㉡의 위치가 적절하다.

**04** 다음 문장들을 두괄식 문단으로 구성하고자 할 때, 문맥상 가장 먼저 와야 할 문장은?

2017 서울시 9급

> ㉠ 신라의 진평왕 때 눌최는 백제국의 공격을 받았을 때 병졸들에게, "봄날 온화한 기운에는 초목이 모두 번성하지만 겨울의 추위가 닥쳐오면 소나무와 잣나무는 늦도록 잎이 지지 않는다. ㉡ 이제 외로운 성은 원군도 없고 날로 더욱 위태로우니, 이것은 진실로 지사 의부가 절개를 다하고 이름을 드러낼 때이다."라고 훈시하였으며 분전하다가 죽었다. ㉢ 선비 정신은 의리 정신으로 표현되는 데서 그 강인성이 드러난다. ㉣ 죽죽(竹竹)도 대야성에서 백제 군사에 의하여 성이 함락될 때까지 항전하다가 항복을 권유받자, "나의 아버지가 나에게 죽죽이라 이름 지어 준 것은 내가 추운 겨울에도 잎이 지지 않으며 부러질지언정 굽힐 수 없도록 하려는 것이었다. 어찌 죽음을 두려워하여 살아서 항복할 수 있겠는가."라고 결의를 밝혔다.

① ㉠  ② ㉡
③ ㉢  ④ ㉣

**정답풀이** 두괄식 문단이란 글의 첫머리에 중심 내용이 오는 산문 구성 방식이다. 따라서 ㉠~㉣ 중 중심 내용을 찾아야 하는 문제이다. 일반화된 문장이 보통 주제문이다. ㉠㉡㉣은 구체적이고 개별적 사례들이지만 이를 일반화한 진술이 ㉢이므로 ㉢이 가장 먼저 와야 한다.

**Answer**

01 ④  02 ③  03 ②  04 ③

## 05 ㉠~㉤ 중 〈보기〉의 문장이 들어가기에 가장 적절한 곳은?

2021 국회직 8급

( ㉠ ) 서구에서는 고대부터 인간을 정신과 신체로 양분하여 탐구하였다. 정신은 이성계로서 지식에 관여하는 반면, 신체는 경험계로서 행위에 관계되는 것으로 간주했다. ( ㉡ ) 플라톤은 정신계와 물질계를 본질계와 현상계로 구분한다. ( ㉢ ) 전자는 이데아계로서 이성적인 영역이고 후자는 경험계로서 감각적 영역이라고 보았다. ( ㉣ ) 그러나 그의 이데아론을 기반으로 신체를 경시하거나 배척하던 경향과는 달리, 최근에는 신체에 가치를 부여하여 그것을, 영혼을 보호하는 공간으로 인식하는 경향이 대두되었다. ( ㉤ )

─〈보기〉─
여기서 참된 실체는 이데아계로서 경험계가 추구해야 할 궁극적 대상이며, 경험계는 이데아의 그림자, 허상, 모사에 불과하다고 간주했다.

① ㉠                    ② ㉡
③ ㉢                    ④ ㉣

## 06 다음 ㉠~㉢을 ( ) 안에 순서대로 배열한 것은?

2014 지방직 7급

㉠ 길을 가는 자는 움직이지 않고, 말을 하는 자는 소리가 들리지 않으므로 어찌 비슷하다고 할 수 있으리오.

㉡ 좌우가 반대로 되고 본말이 뒤집혀 보이므로 어찌 비슷하다고 할 수 있으리오.

㉢ 한낮에는 난쟁이 땅딸보가 되고, 저물녘에는 꺽다리 거인이 되므로 어찌 비슷하다고 할 수 있으리오.

옛것을 모방하여 글을 짓되 마치 거울이 물건을 비추듯 하고, 물이 형체를 모사한 듯하다면 비슷하다고 할 수 있을까?
(                                    )
그림자가 형상을 따르듯 하다면 비슷하다고 할 수 있을까?
(                                    )
그림이 형체를 묘사하듯 하다면 비슷하다고 할 수 있을까?
(                                    )
그렇다면 결국에는 비슷함을 얻을 수 없는 것인가? 나는 말한다. 도대체 어째서 비슷하기를 추구하는가? 비슷함을 추구하는 자들이 있지만, 비슷한 것은 진짜가 아니다.

① ㉠ - ㉡ - ㉢                    ② ㉠ - ㉢ - ㉡
③ ㉡ - ㉢ - ㉠                    ④ ㉢ - ㉠ - ㉡

정답풀이 〈보기〉를 보면 '여기서'라는 지시어가 있다. '여기서 참된 실체'가 중요한 단서가 되니 앞에서는 참된 실체와 관련된 내용이 나와야 한다. 또한 〈보기〉에는 '이데아계, 경험계'라는 용어가 나오므로 앞에 먼저 이 단어가 나와야 한다.
㉠은 맨 앞이니 정답이 될 수 없다. '여기서 참된 실체'에 관한 앞부분이 없기 때문이다.
㉢ 뒤에 '이데아계, 경험계'가 있으므로 ㉡, ㉢은 답이 될 수 없다.
㉣ 앞에서 처음으로 '이데아계, 경험계'를 설명하므로 ㉣에 〈보기〉가 오면 알맞다.

정답풀이 앞에 '거울'이라는 단서가 있으니 좌우가 반대로 된다는 ㉡이 와야 한다.
앞에 '그림자'라는 단서가 있으므로 해의 위치에 따라 그림자가 변한다는 ㉢이 와야 한다.
앞에 '그림'이라는 단서가 있으므로 그림 속의 행동은 움직이지 않고 들리지도 않는다는 ㉠이 와야 한다.

**Answer**

05 ④    06 ③

PART

# 04

## '추론' 완전 격파 4단계

박혜선 亦功 국어
**콤단문** 독해

**Chapter**
# 01 PSAT 추론

### 대표 출사표 발문 체크

01 다음 글에서 추론한 내용으로 가장 적절한 것은? 2022 지방직 9급

02 다음 글에서 추론할 수 있는 것만을 〈보기〉에서 모두 고르면? 2022 지방직 9급

### 출사표 적용 PSAT 훈련

**1 명제: 참, 거짓을 판단할 수 있는 문장을 명제**

(실제 세계의 사실과 일치하는지 봄. 일치하면 참, 일치하지 않으면 거짓)

> 소크라테스는 인간이다. : 참
> 소크라테스는 죽지 않는다. : 거짓

**2 참, 거짓의 판단**

① 명제 P: 참 → 명제 ~P: 거짓
② 명제 ~P: 참 → 명제 P: 거짓

**3 'P → Q'의 의미는?**

: P ⊂ Q (P가 Q에 포함된다)

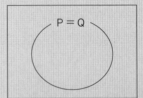 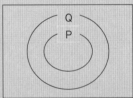

**4 'P → Q'의 역의 관계**

: 'P → Q'가 참인 경우,
역의 관계는 'Q → P'이다. 이런 경우에는 '참'이라고 보기 힘들다.

**5 'P → Q'의 대우 관계**

: 'P → Q'가 참인 경우,
대우 관계는 '~Q → ~P'이다.
이런 경우에는 '참'이라고 보아야 한다.

**亦功 예상 적중문제**

**01 다음 글에서 추론한 내용으로 가장 적절한 것은?**

2022 지방직 9급

논리실증주의자들에 따르면, 만약 어떤 것이 과학일 경우 거기에서 사용되는 문장은 유의미하다. 그들은 유의미한 문장의 기준으로 소위 '검증 원리'라고 불리는 것을 제안했다. 검증 원리란, 경험을 통해 참이나 거짓을 검증할 수 있는 문장은 유의미하고 그렇지 않은 문장은 유의미하지 않다는 것이다. 다음 두 문장을 예로 생각해 보자.

(가) 달의 다른 쪽 표면에 산이 있다.

(나) 절대자는 진화와 진보에 관계하지만, 그 자체는 진화하거나 진보하지 않는다.

위 두 문장 중 경험을 통해 검증할 수 있는 것은 무엇인가? 비록 현실적으로 큰 비용이 들기는 하지만 (가)는 분명히 경험을 통해 진위를 밝힐 수 있다. 즉 우리는 (가)의 진위를 확정하기 위해서 무엇을 경험해야 하는지 알고 있다는 것이다. 이런 점에 근거하여 논리실증주의자들은 (가)는 검증할 수 있고, 유의미한 문장이라고 판단한다. 그럼 (나)는 어떠한가? 우리는 무엇을 경험해야 (나)의 진위를 확정할 수 있는가? 논리실증주의자들은 그런 것은 없다고 주장하고, 이에 (나)는 검증할 수 없고 과학에서 사용될 수 없는 무의미한 문장이라고 말한다.

① 논리실증주의자들에 따르면 무의미한 문장을 사용하는 것은 과학이 아니다.

② 논리실증주의자들에 따르면 과학의 문장들만이 유의미하다.

③ 검증 원리에 따르면 아직까지 경험되지 않은 것을 언급한 문장은 무의미하다.

④ 검증 원리에 따르면 거짓인 문장은 무의미하다.

**정답풀이** '논리실증주의자들에 따르면, 만약 어떤 것이 과학일 경우 거기에서 사용되는 문장은 유의미하다'의 문장의 대우가 '논리실증주의자들에 따르면 무의미한 문장을 사용하는 것은 과학이 아니다.'이므로 옳다.

**오답풀이** ② 너무 극단적인 의미의 선택지이다. 참이나 거짓을 검증할 수 있으면 문장이 유의미해지므로, 과학이 아니더라도 참, 거짓을 검증할 수 있으면 문장이 유의미해진다.

③ 아직 경험되지 않은 것을 언급했어도 검증이 가능한 경우에는 유의미한 문장으로 볼 수 있으므로 적절하지 않다.

④ 거짓인 문장이더라도 참, 거짓을 검증할 수 있었다는 점에서 문장은 유의미하다고 볼 수 있다.

PART
**04**

## 02 〈보기〉의 내용에 대한 이해로 가장 옳지 않은 것은?

2022 서울시 9급

( 보기 )

　참, 거짓을 판단할 수 있는 문장을 명제라고 한
다. 문장이 나타내는 명제가 실제 세계의 사실과 일
치하면 참이고 그렇지 않으면 거짓이다. 가령, '사
과는 과일이다.'는 실제 세계의 사실과 일치하므로
참인 명제지만 '새는 무생물이다.'는 실제 세계의
사실과 일치하지 않으므로 거짓인 명제이다. 이와
같이 명제가 지닌 진리치가 무엇인지 밝혀주는 조
건을 진리 조건이라고 한다. 명제 논리의 진리 조건
을 간략하게 살펴보면 다음과 같다. 모든 명제는 참
이든지 거짓이든지 둘 중 하나여야 하며 참도 아니
고 거짓도 아니거나 참이면서 거짓인 경우는 없다.
명제 P가 참이면 ~그 부정 명제 ~P는 거짓이고
~P가 참이면 P는 거짓이다. 명제 P와 Q가 AND로
연결되는 P∧Q는 P와 Q가 모두 참일 때에만 참이
다. 명제 P와 Q가 OR로 연결되는 P∨Q는 P와 Q
둘 중 적어도 하나가 참이기만 하면 참이 된다. 명
제 P와 Q가 IF … THEN으로 연결되는 P-Q는 P
가 참이고 Q가 거짓이면 거짓이고 나머지 경우에
는 모두 참이 된다.

① 명제 논리에서 '모기는 생물이면서 무생물이다.'는
　　성립하지 않는다.
② 명제 논리에서 '파리가 새라면 지구는 둥글다.'는
　　거짓이다.
③ 명제 논리에서 '개가 동물이거나 컴퓨터가 동물이
　　다.'는 참이다.
④ 명제 논리에서 '늑대는 새가 아니고 파리는 곤충이
　　다.'는 참이다.

정답풀이 맨 마지막 문장 '명제 P와 Q가 IF … THEN으로 연결
되는 P-Q는 P가 참이고 Q가 거짓이면 거짓이고 나머지 경우
에는 모두 참이 된다.'를 보면 이 선택지는 옳지 않다. '파리가
새라면'은 거짓이기 때문에 '나머지 경우'에 해당되므로 이 명제
는 거짓이 아니라 참이다.

오답풀이 ① 모든 명제는 참이든지 거짓이든지 둘 중 하나여야
　　한다. 하지만 참(모기는 생물이면서)과 거짓(모기는 무생물
　　이다.)이 양립하고 있으므로 성립하지 않는다.
③ '개가 동물이거나 컴퓨터가 동물이다.'는 '명제 P와 Q가 OR
　　로 연결되는 P∨Q'에 해당된다. 이 경우에는 둘 중 적어도
　　하나가 참이기만 하면 참이 되므로 이 선택지는 참이라는 것
　　은 옳다.
④ '늑대는 새가 아니고 파리는 곤충이다.'는 '명제 P와 Q가
　　AND로 연결되는 P∧Q'이다. 이 경우에는 모두 참일 때에만
　　참인데, '늑대는 새가 아니고'와 '파리는 곤충이다.'는 모두
　　참이므로 참이라는 것은 옳다.

**03** 다음 글에서 추론할 수 있는 것만을 〈보기〉에서 모두 고르면?

2022 지방직 9급

컴퓨터에는 자유의지가 있을까? 나아가 컴퓨터에 도덕적 의무를 귀속시킬 수 있을까? 컴퓨터는 다양한 전기회로로 구성되어 있고, 물리법칙, 프로그래밍 방식, 하드웨어의 속성 등에 따라 필연적으로 특정한 초기 상태로부터 다음 상태로 넘어간다. 마찬가지로 두 번째 상태에서 세 번째 상태로 이동하고, 이러한 과정이 계속해서 이어진다. 즉 컴퓨터는 결정론적 법칙의 지배를 받는 시스템이라는 것이다. 그럼 이러한 시스템에는 자유의지가 있을까?

결정론적 법칙의 지배를 받는 시스템의 중요한 특징은 주어진 조건에 따라 결과가 하나로 고정된다는 점이다. 다시 말해, 이러한 시스템에는 항상 하나의 선택지만 있을 뿐이다. 그런 뜻에서 결정론적 지배를 받는다는 것과 자유의지를 가진다는 것은 양립할 수 없음이 분명하다. 어떤 선택을 할 때 그것과 다른 선택을 할 수도 있다는 것은 자유의지의 필요조건이기 때문이다. 결국 결정론적 법칙의 지배를 받는 시스템은 자유의지를 가지지 않는다. 또한 자유의지를 가지지 않는 시스템에 도덕적 의무를 귀속시킬 수 없음은 당연하다.

―〈보기〉―――――
ㄱ. 컴퓨터는 자유의지를 가지지 않으며 도덕적 의무의 귀속 대상일 수도 없다.
ㄴ. 도덕적 의무를 귀속시킬 수 있는 시스템은 결정론적 법칙의 지배를 받지 않는다.
ㄷ. 어떤 선택을 할 때 그것과 다른 선택을 할 수 없는 시스템은 자유의지를 가지지 않는다.

① ㄱ, ㄴ
② ㄱ, ㄷ
③ ㄴ, ㄷ
④ ㄱ, ㄴ, ㄷ

정답풀이 ㄱ. 컴퓨터는 결정론적 법칙의 지배를 받는 시스템이므로 자유의지를 가질 수 없다고 언급되어 있다. 또한 자유의지가 없다면 도덕적 의무도 귀속시킬 수 없음은 당연하다고 언급되어 있다.

ㄴ. 결정론적 법칙의 지배를 받는다는 것은 도덕적 의무를 귀속받을 수 없다고 하였다. 이의 대우 관계는 '도덕적 의무를 귀속시킬 수 있는 시스템은 결정론적 법칙의 지배를 받지 않는다.'이므로 옳다.

ㄷ. '어떤 선택을 할 때 그것과 다른 선택을 할 수 없는 시스템'은 결정론적 시스템을 의미한다. 결정론적 시스템은 자유의지를 가지지 않으므로 이 선택지도 옳다.

Answer

02 ② 03 ④

## 04 다음 글에 대한 이해로 가장 적절한 것은?

2020 국가직 7급

자유지상주의자에게 있어서 사회는 개인의 자유가 극대화될 때 정의롭다. 그런데 자유에 대한 자유지상주의자의 입장을 명확하게 이해하기 위해서는 '제약으로부터의 자유'인 '프리덤(freedom)'과 '강제로부터의 자유'인 '리버티(liberty)'가 동의어가 아니라는 것을 알아야 한다. 프리덤이 강제를 비롯한 모든 제약의 전적인 부재라면, 리버티는 특정한 종류의 구속인 강제의 부재로 이해될 수 있다. 일반적으로 강제는 물리적 힘을 직접적으로 행사하거나 피해를 주겠다고 위협하는 형태로 나타난다.

프리덤과 리버티가 동의어일 수 없는 이유는 다음 사례에서 잘 드러난다. 일부 국가의 어떤 시민은 특정 도시에서 생활하고 일하기 위해서 정부의 허가를 받아야 한다. 이때 정부는 법률에 복종하지 않을 경우 피해를 주겠다고 위협하거나 직접적인 물리력을 행사해 해당 시민의 자유를 제한할 수 있다. 이와 달리 A국 시민은 거주지 이전의 허가가 필요 없어서 국가로부터의 어떠한 물리적 저지나 위협도 받지 않는다고 하자. 그렇다고 해서 모든 A국 시민이 원하는 곳에 실제로 이사 갈 수 있는 것은 아니다. 일부 시민은 이사 갈 수 있을 만큼의 돈이 없거나, 이사 가려는 곳에서 원하는 직업을 찾지 못할 수도 있다. 결과적으로 이런 경우는 그들이 원하는 바를 충분히 실현할 자유가 제한되는 것이다. 따라서 어떤 개인이 누릴 수 있는 자유는 국가로부터의 강제와 무관하게 다른 많은 방식으로 제한될 수 있다.

자유지상주의자들이 자유를 극대화해야 한다고 말할 때, 이들이 두 가지 자유를 모두 극대화해야 한다고 주장하는 것은 아니다. 자유지상주의자들은 강제를 극소화하는 것, 특히 정부의 강제적인 간섭을 최소화하는 것을 통해 얻는 자유에 초점을 맞추고 있다.

① 자유지상주의자들은 '제약으로부터의 자유'를 최대한 확보할 때 정의로운 사회가 된다고 주장한다.

② A국 시민들은 다양한 법률이나 제도를 통해 국가로부터 거주지 이전에 관한 '프리덤'을 보장받고 있다.

③ '리버티'에 대한 제한은 직접적인 물리적 힘보다 피해를 주겠다는 위협을 통해 이루어지는 경우가 더 많다.

④ 개인의 행동에 대해 정부 허가가 필요하다면, 그 개인의 '강제로부터의 자유'가 제한되는 것이라고 볼 수 있다.

정답풀이 1문단에서 "프리덤이 강제를 비롯한 모든 제약의 전적인 부재라면, 리버티는 특정한 종류의 구속인 강제의 부재로 이해될 수 있다."라고 언급되어 있다. "개인의 특정 행동에 대해 정부 허가가 필요한 것"에서 정부의 허가가 필요한 것은 '강제'이기 때문에 "개인의 특정 행동에 대해 정부 허가가 필요한 것"은 강제로부터의 자유가 제한된 것이라고 볼 수 있다.

오답풀이 ① 마지막 문장에서 "자유지상주의자들은 강제를 극소화하는 것, 특히 정부의 강제적인 간섭을 최소화하는 것을 통해 얻는 자유에 초점을 맞추고 있다."라고 언급되어 있다. 즉 자유지상주의자들은 '제약'으로부터의 자유가 아니라 '강제'로부터의 자유를 최대한 확보할 때 정의로운 사회가 된다고 주장하는 것이다.

② 2문단에서 "이와 달리 A국 시민은 거주지 이전의 허가가 필요 없어서 국가로부터의 어떠한 물리적 저지나 위협도 받지 않는다고 하자. 그렇다고 해서 모든 A국 시민이 원하는 곳에 실제로 이사 갈 수 있는 것은 아니다."에 언급되어 있다. 즉, A국 시민들은 국가로부터의 어떠한 물리적 위협도 받지 않고 있으므로 '리버티'를 보장받고 있다. 하지만 그렇다고 해서 아무 제약이 없는 것은 아니므로 '프리덤'을 보장받고 있는 것은 아니다.

③ '프리덤'에 대한 제한이 직접적인 물리적 힘보다 피해를 주겠다는 위협을 통해 이루어지는 경우가 더 많은 것이다. '리버티'에 대한 제한에 대한 설명이 아니다.

**05** 다음 글을 통해 추론할 수 있는 것만을 〈보기〉에서 모두 고르면?

2020 국가직 7급

'공정하다'는 말은 여러 가지 맥락에서 사용된다. 우리는 종종 어떤 법적 판단에 대해 공정성을 묻기도 하고, 스포츠 경기에서 심판의 판단에 대해서도 공정성을 묻는다. 공정성이 성립하기 위해서는 적어도 두 가지 조건을 충족해야 한다. 첫 번째는 판단의 결과가 가능한 결과들 중 일부분으로 특별히 치우쳐서는 안 된다는 것이다. 이런 조건은 '공평성'이라고 불린다. 두 번째 조건은 '독립성'으로, 이는 관련된 판단들이 외적인 것에 의해서 영향을 받지 않아야 한다는 것을 의미한다.

공정성의 두 조건은 동전 던지기 게임을 사례로 설명할 수 있다. 게임의 규칙은 동전을 던져 뒷면이 나온 사람이 승리하는 것이라고 해 보자. 이 게임이 공평하다는 것은 동전 던지기를 충분히 여러 번 진행했을 때의 가능한 결과, 즉 앞면과 뒷면이 나오는 횟수가 거의 같다는 것을 말한다. 공평성이 성립하지 않는다면 이 게임의 공정성이 성립하지 않는다는 것은 당연하다.

그러면 독립성이 공정성의 조건이 되는 이유는 무엇일까. 동전 던지기 게임이 독립적이라는 것은 동전 던지기의 결과가 동전 자체가 가진 특성 이외의 특별한 장치에 의해서 조작되지 않는다는 것을 말한다. 만일 게임에 사용된 동전이 특별한 외부 장치에 의해 조작되어서 앞면이 두 번 나온 뒤에는 항상 뒷면이 나온다고 가정해 보자. 이때 두 번 연속으로 앞면이 나온 뒤에 게임에 참여하고, 그렇지 않은 경우에는 게임에 참여하지 않는 전략을 채택한 사람은 언제나 패배하지 않을 수 있다. 이와 같이 동전이 외부 장치에 의해 조작될 경우에는 항상 게임에서 패배하지 않을 수 있는 전략을 만들어 낼 수 있다. 언제나 패배하지 않을 수 있는 전략을 만들어 낼 수 있는 게임은 공정하지 않은 게임이다. 이런 점을 생각할 때, 독립적이지 않은 것은 공정하지 않다고 할 수 있다.

〈보기〉

ㄱ. 패배하지 않을 수 있는 전략을 만들어 낼 수 없는 동전 던지기 게임은 독립적이다.

ㄴ. 앞면이 나온 바로 다음에는 반드시 뒷면이 나오고, 뒷면이 나온 바로 다음에는 반드시 앞면이 나오도록 장치가 된 동전 던지기 게임은 공평하지 않다.

ㄷ. 동전 자체의 무게중심이 한쪽으로 쏠려 있어 앞면이 나올 확률과 뒷면이 나올 확률의 차이가 클 때, 그 동전을 이용한 동전 던지기 게임은 공정하지 않다.

① ㄱ, ㄴ
② ㄱ, ㄷ
③ ㄴ, ㄷ
④ ㄱ, ㄴ, ㄷ

**정답풀이** 제시문의 중심 화제는 '공정성이 성립하기 위한 두 가지 조건'으로 핵심어는 '공평성'과 '독립성'이다. 이를 설명하기 위해 '동전 던지기 게임'을 예시로 들고 있다.

ㄱ. 마지막 문단에서 "이와 같이 동전이 외부 장치에 의해 조작될 경우에는 항상 게임에서 패배하지 않을 수 있는 전략을 만들어 낼 수 있다."라고 언급되어 있다. 따라서 '패배하지 않을 수 있는 전략'이 없다면 외부 장치에 의해 조작되지 못하는 것이므로 독립적인 게임이 된다.

ㄷ. 공평성이란 "판단의 결과가 가능한 결과들 중 일부분으로 특별히 치우쳐서는 안 된다"는 것을 의미한다. 그런데 동전 자체의 무게 중심이 한쪽으로 치우쳐 있어 앞면이 나올 확률과 뒷면이 나올 확률의 차이가 크다면, 이는 공평성이 없는 것이므로 공정하지 않다.

**오답풀이** ㄴ. 앞면이 나온 바로 다음에는 반드시 뒷면이 나오고, 뒷면이 나온 바로 다음에는 앞면이 나오도록 장치가 된 '동전 던지기 게임'은 독립적이지는 않지만 공평하다. 왜냐하면 게임을 충분히 여러 번 진행하면 앞면과 뒷면이 나오는 횟수는 거의 같게 될 것이기 때문이다. 앞면이 나온 바로 다음에는 반드시 뒷면이 나오고, 뒷면이 나온 바로 다음에는 반드시 앞면이 나오도록 장치가 된 동전 던지기 게임은 공평하지만, 공정하지 않은 것이므로 ㄴ은 옳지 않다.

**Answer**

04 ④  05 ②

**06** 다음의 진술들이 모두 참이라고 할 때 항상 참이라고 볼 수 없는 것은?

2008 입법고시 PSAT 변형

> - 시험 기간이 되면 민아는 도서관에 간다.
> - 시험 기간이 아니면 경호는 커피를 마시지 않는다.
> - 경호가 커피를 마시든가 혹은 성환이가 수정과를 마신다.
> - 민아는 도서관에 가고, 성환이는 수정과를 마신다.

① 경호가 커피를 마시면 민아는 도서관에 간다.
② 시험 기간이다.
③ 경호가 커피를 마시면 시험 기간이다.
④ 성환이가 수정과를 마신다.

**07** 다음 글의 내용과 부합하는 것은?

> 컴퓨터 내에서 여러 프로세스*가 서로 점유하고 있는 자원을 얻기 위해 상대방의 작업이 끝나기만을 기다리며 대기하는 것을 '교착 상태'라고 한다. 교착 상태는 예방, 회피, 발견 및 복구의 방법으로 해결 가능한데, 우선 교착 상태의 네 가지 필요조건 중 하나를 부정함으로써 교착 상태의 발생을 사전에 예방할 수 있다. 교착 상태는 자원에 대한 배타적인 통제권을 요구하는 '상호 배제 조건', 프로세스가 할당된 자원을 가진 상태에서 다른 자원을 기다리는 '점유 대기 조건', 프로세스가 어떤 자원의 사용을 끝낼 때까지 그 자원을 사용할 수 없는 '비선점 조건', 프로세스가 순환적으로 다음 프로세스가 요구하는 자원을 가지고 있는 '순환 대기 조건'을 모두 충족했을 때 발생한다. 이에 따라 여러 프로세스가 공유 자원을 동시에 사용할 수 있도록 상호 배제 조건을 부정하거나, 특정 프로세스의 실행 전에 필요한 모든 자원을 미리 할당하여 점유 대기 조건을 부정하는 방법, 자원에 고유한 순서를 할당하여 순환 대기 조건을 부정하는 방법 등으로 교착 상태를 예방한다. 하지만 어떤 자원들은 근본적으로 동시에 공유가 불가능하기 때문에 일반적으로 상호배제 조건은 부정할 수 없다.
>
> *프로세스 : 실행 중인 프로그램

① 교착 상태가 발생했다면, 프로세스가 순환적으로 다음 프로세스가 요구하는 자원을 가지고 있었을 것이다.
② 교착 상태의 필요조건을 모두 부정해야 교착 상태의 발생을 예방할 수 있다.
③ 자원에 고유한 순서를 할당할 경우 교착 상태가 발생한다.
④ 교착 상태를 예방하는 일반적인 방법은 여러 프로세스가 공유 자원을 동시에 사용할 수 있도록 하는 것이다.

정답풀이〉 민아가 도서관에 간 것이 참이라고 해서 무조건 시험 기간이라는 보장은 없으므로 '시험 기간'이라고 보는 것은 항상 참일 수 없다.

오답풀이 ① 경호가 커피 마시면 시험 기간이고, 시험 기간이면 민아는 도서관에 간다. 따라서 경호가 커피를 마시면 민아는 도서관에 가는 것은 옳다.
③ 둘째 진술의 대우 관계로 보면 옳은 선택지이다.
④ 마지막 진술이 참이므로 이 명제도 참이다.

정답풀이 교착 상태는 네 가지 필요조건을 모두 충족했을 때 발생한다. '프로세스가 순환적으로 다음 프로세스가 요구하는 자원을 가지고 있'는 것은 그중 '순환 대기 조건'에 해당한다. 따라서 교착 상태가 발생했다면 순환 대기 조건을 충족했을 것이다.

오답풀이 ② 교착 상태가 발생하기 위해서는 네 가지 필요조건을 모두 충족해야 하지만, 예방하기 위해서는 필요조건 중 한 가지만 부정하면 된다.

③ '자원에 고유한 순서를 할당'하는 것은 순환 대기 조건을 부정하는 방법이다. 이는 교착 상태를 발생시키는 조건이 아니라 예방하는 방법이다.

④ '여러 프로세스가 공유 자원을 동시에 사용할 수 있도록 하는 것'은 '상호 배제 조건을 부정'하는 것이다. 그러나 글의 마지막 문장에서 '하지만 어떤 자원들은 근본적으로 동시에 공유가 불가능하기 때문에 일반적으로 상호배제 조건은 부정할 수 없다.'라고 하였으므로, 이를 교착 상태를 예방하는 일반적인 방법으로 볼 수 없다.

## 08 〈보기〉를 읽고 보인 반응으로 적절하지 않은 것은?

2019 기상직 9급

─〈 보기 〉─

어떤 두 진술 사이에 둘 가운데 한 진술이 옳으면 다른 진술이 그를 수밖에 없고, 또 둘 가운데 한 진술이 그르면 다른 진술이 옳을 수밖에 없는 관계를 모순 관계라고 한다. 일반적으로 어떤 진술 'p'와 그것의 부정 'p가 아니다.'라는 진술은 모순 관계이다. 그래서 '어떤 것이든 p이거나 p가 아니다.'라는 형식으로 이루어진 진술은 반드시 옳은 진술이다. 이러한 진술 형식을 배중률이라 한다.

또한 '어떤 것이든 p이면서 p가 아닌 것일 수 없다.'라는 형식으로 이루어지는 진술도 반드시 옳은 진술인데, 이러한 진술 형식을 무모순율이라 한다. 배중률은 모든 진술이 옳거나 그렇지 않다면 그르다는 원리를, 무모순율은 옳으면서 동시에 그른 진술은 없다는 원리를 표현하고 있다.

한편 어떤 두 진술 사이에는 둘 다 옳을 수는 없지만, 둘 다 그를 수 있는 관계가 성립하는 수가 있다. 이런 경우 두 진술 사이의 관계를 반대 관계라고 한다.

① '나는 남자이다.'와 '나는 남자가 아니다.'는 모순 관계에 있다.

② '어떤 것이든 사람이거나 사람이 아니다.'는 배중률에 해당한다.

③ '어떤 것이든 사람이면서 남성이 아닌 것일 수 없다.'는 무모순율에 해당한다.

④ '지금 덥다.'와 '지금 춥다.'라는 진술 사이의 관계는 반대 관계이다.

정답풀이 ③ '무모순율'이란 "어떤 것이든 p이면 p가 아닌 것일 수 없다."라는 형식으로 이루어진 진술이 옳은 진술인 것이다. 하지만 '어떤 것이든 사람이면서 남성이 아닌 것일 수 없다.'에서 '남성'이 아니라 앞의 진술과 똑같은 '사람'이 와야 옳다.

Answer
06 ② 07 ① 08 ③

## 09 다음 글을 이해한 내용으로 적절한 것은?

> 비트겐슈타인은 철학의 관심사가 사람이 '생각하는 바'가 아닌 사람이 '생각하는 바를 표현하는 것'이어야 한다고 주장했다. 그는 정신이나 이성에 관심을 가졌던 종래의 철학이 명제와 사실의 관계를 간과했다고 지적하며, 새로운 철학은 '말할 수 있는 것'과 '말할 수 없는 것'의 한계를 명확하게 설정할 수 있어야 한다고 보았다.
>
> 이를 위해 비트겐슈타인은 먼저 명제와 사실의 관계를 분명히 했다. 그에 의하면 명제는 사실과 대응한다. 그래서 그는 명제와 사실을 비교해서 명제가 사실과 일치하면 참, 사실과 일치하지 않으면 거짓이라고 보았다. 이를테면 '지구는 태양 주위를 돈다.'라는 명제는 지구가 태양 주위를 돌고 있다는 실제 경험할 수 있는 사실과 비교할 때 사실과 일치하기 때문에 참이 된다. 반면 '태양은 지구 주위를 돈다.'라는 명제는 사실과 비교할 때 거짓이 된다. 이처럼 비트겐슈타인은 하나의 명제는 하나의 사실과 대응하여 참 또는 거짓으로 판단할 수 있다고 보았다.

① 비트겐슈타인은 종래의 철학자들과 달리 정신이나 이성에 관심을 가졌다.
② 비트겐슈타인에 의하면 대응하는 사실이 없는 명제는 거짓인 명제이다.
③ 비트겐슈타인은 실제 경험할 수 있는 사실과 비교하여 일치하는 명제를 참이라고 보았다.
④ 비트겐슈타인은 하나의 명제는 다양한 사실과 대응하여 참 또는 거짓으로 판단할 수 있다고 보았다.

정답풀이〉 비트겐슈타인은 '지구가 태양 주위를 돌고 있다'와 같이 실제 경험할 수 있는 사실과 비교하여 이 사실과 일치하는 명제를 참, 일치하지 않는 명제를 거짓이라고 보았다. 즉, 명제이기 위해서는 대응하는 사실이 있어야 하며, 대응하는 사실이 없는 명제는 명제가 아니다.

오답풀이 ① 1문단의 두 번째 문장에서 '종래의 철학자들'은 '정신이나 이성에 관심을 가졌'다고 언급하였다.
② 명제는 반드시 대응하는 사실이 있어야 한다. 대응하는 사실이 없는 명제는 거짓인 명제가 아니라 명제 자체가 성립되지 않는 것이다.
④ 비트겐슈타인은 하나의 명제는 '하나의' 사실과 대응하여 참 또는 거짓으로 판단할 수 있다고 보았다.

Answer
09 ③

# Chapter 02 밑줄 추론

## 대표 출사표 발문 체크

01 다음 밑줄 친 부분의 의미를 풀어 쓴 것으로 적절한 것은? 2020 지방직 9급

02 밑줄 친 말에 대한 설명으로 적합한 것은? 2017 지방직 9급

03 밑줄 친 부분의 이유에 대한 필자의 견해로 볼 수 없는 것은? 2018 지방직 9급

04 ㉠에 해당하는 것과 ㉡에 해당하는 것을 문맥적 의미를 고려하여 짝지을 때 적절하지 않은 것은? 2018 국가직 7급

PART 04

## 출사표 적용 밑줄 추론

1. 긍정 발문의 경우에는 적절한 선지가 1개, 적절하지 않은 선지가 3개이므로 제시문을 먼저 읽어야 한다.
그리고 밑줄 친 부분의 주변에 있는 표면적 정보를 잘 파악하여 생략된 내용을 추론하여야 한다.

2. 부정 발문의 경우에도 추론하는 문제이므로 제시문을 먼저 읽어야 한다. 선택지의 길이가 너무 긴 경우에는 더욱 더 제시문으로 들어가는 것이 나을 수 있다.
그리고 밑줄 친 부분의 주변에 있는 표면적 정보를 잘 파악하여 생략된 내용을 추론하여야 한다.

亦功 예상 적중문제

## 01 ㉠~㉣의 고쳐 쓰기로 적절하지 않은 것은?

2022 지방직 9급

파놉티콘(panopticon)은 원형 평면의 중심에 감시탑을 설치해 놓고, 주변으로 빙 둘러서 죄수들의 방이 배치된 감시 시스템이다. 감시탑의 내부는 어둡게 되어 있는 반면 죄수들의 방은 밝아 교도관은 죄수를 볼 수 있지만, 죄수는 교도관을 바라볼 수 없다. 죄수가 잘못했을 때 교도관은 잘 보이는 곳에서 처벌을 가한다. 그렇게 수차례의 처벌이 있게 되면 죄수들은 실제로 교도관이 자리에 ㉠있을 때조차도 언제 처벌을 받을지 모르는 공포감에 의해서 스스로를 감시하게 된다. 이렇게 권력자에 의한 정보 독점 아래 ㉡다수가 통제된다는 점에서 파놉티콘의 디자인은 과거 사회 구조와 본질적으로 같았다.

현대사회는 다수가 소수의 권력자를 동시에 감시할 수 있는 시놉티콘(synopticon)의 시대가 되었다. 시놉티콘에 가장 크게 기여한 것은 인터넷의 ㉢동시성이다. 권력자에 대한 비판을 신변 노출 없이 자유롭게 표현할 수 있게 되었기 때문이다. 정보화 시대가 오면서 언론과 통신이 발달했고, ㉣특정인의 정보를 수용하고 생산하게 되었다. 그로 인해 사회에서 일어나는 일에 대한 비판적 인식 교류와 부정적 현실 고발 등 네티즌의 활동으로 권력자들을 감시하는 전환이 일어났다.

① ㉠을 '없을'로 고친다.
② ㉡을 '소수'로 고친다.
③ ㉢을 '익명성'으로 고친다.
④ ㉣을 '누구나가'로 고친다.

정답풀이 파놉티콘(panopticon)은 소수의 교도관이 다수의 죄수를 감시할 수 있게 하는 시스템이다. 따라서 '㉡다수'는 옳기 때문에 '소수'로 고치는 것은 옳지 않다.

오답풀이 ① 자리에 없을 때에도 감시하기 때문에 다수가 통제되므로 ㉠을 '없을'로 고치는 것은 옳다.
③ '신변 노출 없이'라는 단서가 있으므로 ㉢을 '익명성'으로 고치는 것은 옳다.
④ '다수'가 소수의 권력자를 감시하는 것이므로 ㉣을 '누구나가'로 고치는 것은 옳다.

## 02 ㉠, ㉡의 주장에 대한 비판으로 적절하지 않은 것은?

2021 지방직 7급

투표 제도에는 투표권 행사를 투표자의 자유의 사에 맡기는 자유 투표제와 투표권 행사를 정당한 사유 없이 기권하면 법적 제재를 가하는 의무 투표제가 있다. 우리나라는 자유 투표제를 채택하고 있는데, ㉠의무 투표제를 도입하자는 측은 낮은 투표율로 투표 결과의 정당성이 확보되지 못하는 문제를 지적한다. 법적 제재는 분명 높은 투표율로 이어질 것이므로 의무 투표제가 낮은 투표율을 해결할 최선의 방안이라고 그들은 말한다. 나아가 더 많은 국민이 투표에 참여할수록 정치인들은 정책 경쟁력을 높이려 할 것이므로 정치 소외 계층에 대한 관심이 높아질 것이라고 기대한다.

반면 ㉡의무 투표제에 반대하는 측은 현재 우리나라의 투표율이 정치 지도자들의 대표성을 훼손할 만큼 심각하지는 않다고 본다. 또 시민 교육 등 다른 방식으로도 투표율 상승을 기대할 수 있다며 의무 투표제가 투표율을 높일 가장 효과적인 방안은 아니라고 말한다. 그리고 의무 투표제를 도입하면, 선출된 정치인들이 높은 투표율을 핑계로 안하무인의 태도를 취하는 부작용이 생겨 국민의 뜻이 오히려 왜곡될 수 있다는 우려의 목소리를 내고 있다.

① ㉠은 투표율의 증가가 후보들의 정책 경쟁으로 이어진다는 것에 대한 근거를 제시해야 한다.

② ㉠은 정당한 사유 없는 기권에 대한 법적 제재가 투표율 상승으로 이어진다는 것을 뒷받침할 자료를 제시해야 한다.

③ ㉡은 선출된 정치인들이 높은 투표율을 핑계로 안하무인의 태도를 취하는 부작용에 대한 대책을 제시해야 한다.

④ ㉡은 현재 우리나라의 투표율이 정치 지도자들의 대표성을 훼손할 만큼 심각하지 않다는 것에 대한 근거를 제시해야 한다.

정답풀이 ) 선출된 정치인들이 높은 투표율을 핑계로 안하무인의 태도를 취하는 것은 의무 투표제를 도입했을 때 야기될 수 있는 부작용이다. 따라서 이에 대한 대책은 의무 투표제에 반대하는 ㉡이 아니라 의무 투표제를 도입하자고 주장하는 ㉠이 제시해야 한다.

오답풀이 ) ① ㉠은 더 많은 국민이 투표에 참여할수록 정치인들이 정책 경쟁력을 높이려 할 것이라 기대한다. 따라서 투표율의 증가가 후보들의 정책 경쟁으로 이어진다는 것에 대한 근거를 제시해야 한다는 비판은 적절하다.

② ㉠은 의무 투표제를 통해 정당한 사유 없는 기권에 대해 법적 제재를 가하는 것이 높은 투표율로 이어질 것이라 기대한다. 따라서 이를 뒷받침할 자료를 제시하라는 비판은 적절하다.

④ ㉡은 현재 우리나라의 투표율이 정치 지도자들의 대표성을 훼손할 만큼 심각하지는 않다고 주장한다. 이에 대해 근거를 제시하라는 비판은 적절하다.

Answer

**01** ② **02** ③

**03** 다음 밑줄 친 부분의 의미를 풀어 쓴 것으로 적절한 것은?

2020 지방직 9급

---

2004년 1월 태국에서는 한 소년이 극심한 폐렴 증세로 사망했다. 소년의 폐는 완전히 망가져 흐물흐물해져 있었다. 분석 결과, 이전까지 인간이 감염된 적이 없는 인플루엔자 바이러스가 원인으로 밝혀졌다. 소년은 공식적으로 고병원성 조류 인플루엔자 바이러스, H5N1의 첫 사망자가 되었다. 계절독감으로 익숙한 인플루엔자 바이러스가 이렇게 치명적일 수 있었던 것은 인간의 면역 반응 때문이다. 인류 역사상 단 한 번도 만나본 적이 없는 새로운 바이러스가 침입하자 면역계가 과민 반응을 일으켜 도리어 인체에 해를 끼친 것이다. 이런 현상을 '사이토카인 폭풍'이라 부른다. 사이토카인 폭풍은 면역 능력이 강한 젊은 층일수록 더 세게 일어난다.

만약 집에 ⊙ 좀도둑이 들었다면 작은 손해를 각오하고 인기척을 내 도둑 스스로 도망가게 하는 것이 상책이다. 그런데 만약 ⓒ 몽둥이를 들고 도둑과 싸우려 든다면 도둑은 ⓒ 강도로 돌변한다. 인체가 H5N1에 감염되면 똑같은 일이 벌어진다. 처음으로 새가 아닌 다른 숙주 몸속에 들어온 바이러스는 과민 반응한 면역계와 죽기 살기로 싸운다. 그 결과 50 %가 넘는 승률로 바이러스가 승리한다. 그러나 ② 승리의 대가는 비싸다. 숙주가 죽어 버렸기 때문에 바이러스 역시 함께 죽어야만 한다. 이것이 바로 악명을 떨치면서도 조류 독감의 사망 환자 수가 전 세계에서 400명을 넘기지 않는 이유다. 이 질병이 아직 사람 사이에서 감염되는 사례가 나타나지 않은 이유도 바이러스가 인체라는 새로운 숙주에 적응하지 못했기 때문으로 추정할 수 있다.

---

① ⊙: 면역계의 과민 반응

② ⓒ: 계절 독감

③ ⓒ: 치명적 바이러스

④ ②: 극심한 폐렴 증세

---

정답풀이 '유추'가 사용된 제시문이다. '유추'란 두 개의 사물이 여러 면에서 비슷하다는 것을 근거로 다른 속성도 유사할 것이라고 추론하여 쉽게 설명하는 방식을 의미한다. '사이토카인 폭풍'이라는 어려운 개념을 이와 비슷한 좀도둑이 든 상황에 빗대어 더 쉽게 설명하고 있는 것이다.

ⓒ은 치명적인 바이러스를 의미한다. 왜냐하면 단순한 바이러스(단순 좀도둑)였던 것이 면역계(몽둥이)가 반응하면서 치명적인 바이러스로 돌변하는 것이기 때문이다.

오답풀이 ① ⊙은 집에 처음 들어오게 된 좀도둑이기 때문에 '면역계의 과민 반응'과는 관련이 없다. ⊙은 몸속에 처음 들어온 '새로운 바이러스'이다.

② ⓒ은 좀도둑에 저항하는 존재이므로 좀도둑과 같이 부정적인 존재인 '계절 독감'이라고 볼 수 없다. ⓒ은 몽둥이가 집을 보호하려는 것처럼, 우리의 몸을 바이러스로부터 보호하려는 '면역계'이다

④ ②은 뒤의 맥락을 보면, '극심한 폐렴 증세'가 아니다. 바이러스의 승리의 대가는 '숙주가 죽음으로써 바이러스 자신도 죽는 것'이다.

**04** 밑줄 친 부분의 이유에 대한 필자의 견해로 볼 수 없는 것은?

2018 지방직 9급

관리가 본디부터 간악한 것이 아니다. 그들을 간악하게 만드는 것은 법이다. 간악함이 생기는 이유는 이루 다 열거할 수 없다. 대체로 직책은 하찮은데도 재주가 넘치면 간악하게 되며, 지위는 낮은데도 아는 것이 많으면 간악하게 되며, 노력을 조금 들였는데도 효과가 신속하면 간악하게 되며, 자신은 그 자리에 오랫동안 있는데 자신을 감독하는 사람이 자주 교체되면 간악하게 되며, 자신을 감독하는 사람의 행동이 또한 정도에서 나오지 않으면 간악하게 되며, 아래에 자신의 무리는 많은데 윗사람이 외롭고 어리석으면 간악하게 되며, 자신을 미워하는 사람이 자신보다 약하여 두려워하면서 잘못을 밝히지 않으면 간악하게 되며, 자신이 꺼리는 사람이 같이 죄를 범하였는데도 서로 버티면서 죄를 밝히지 않으면 간악하게 되며, 형벌에 원칙이 없고 염치가 확립되지 않으면 간악하게 된다. …… 간악함이 일어나기 쉬운 것이 대체로 이러하다.

① 노력은 적게 들이고 성과를 빨리 얻는다.
② 자신이 범한 과오를 감추고 남의 잘못을 드러낸다.
③ 자신은 같은 자리에 있으나 감독자가 자주 교체된다.
④ 자신의 세력이 밑에서 강한 반면 상부는 외롭고 우매하다.

정답풀이 ' 자신이 범한 과오를 감추고 남의 잘못을 드러낸다.'라는 내용은 언급되어 있지 않다. "자신이 꺼리는 사람이 같이 죄를 범하였는데도 서로 버티면서 죄를 밝히지 않으면 간악하게 되며,"라는 부분이 있긴 하지만, ②의 내용과는 관련이 없다.

오답풀이 ① "노력을 조금 들였는데도 효과가 신속하면 간악하게 되며,"라고 언급되어 있다.
③ "자신은 그 자리에 오랫동안 있는데 자신을 감독하는 사람이 자주 교체되면 간악하게 되며,"라고 언급되어 있다.
④ "아래에 자신의 무리는 많은데 윗사람이 외롭고 어리석으면 간악하게 되며,"라고 언급되어 있다.

**05** '다른 사람의 마음 문제'에서 ㉠~㉢에 해당하는 내용은?

다른 사람의 아픔을 아는 방식은 현상, 행동, 말을 통해 추론하는 것이다. 이와 비슷하게 내가 가지고 있는 마음을 다른 사람도 가졌는지 의심하는 철학적 문제를 '다른 사람의 마음 문제'라고 부른다. 여기서 다른 사람이 아프다는 것을 직접 알지 못한다는 것은 다른 사람이 거짓 행동을 한다는 뜻이 아니라, 다른 사람도 나와 같은 방식으로 생각하고 느끼고 의식한다는 것을, 곧 마음을 갖는다는 것을 의심하는 것이다. 이 의심은, 세계에 대한 우리의 앎을 믿을 수 있느냐는 '인식적 회의론', 과거를 근거로 미래를 예측하는 귀납 추론이 정당화되느냐는 '귀납의 문제'와 함께 철학에서 대표적인 회의론으로 꼽는다.

다른 사람의 마음 문제는 유비 논증으로 확인할 수 있다. 유비 논증은 만일 한 대상이 다른 대상과 ㉠몇 가지 점에서 비슷하다고 했을 때, ㉡첫 번째 대상이 가지고 있는 ㉢추가적인 특성을 두 번째 대상도 마찬가지로 가지고 있으리라 추론하는 것이다. 인간은 모두 동일한 종의 구성원이기에 신체나 행동이 매우 비슷하다. 따라서 내 손가락이 베였을 때 내가 고통을 느끼는 것을 근거로 다른 사람도 손가락이 베였을 때 나와 똑같이 고통을 느끼리라 추론하는 것이다.

| | ㉠ | ㉡ | ㉢ |
|---|---|---|---|
| ① | 마음 | 나 | 신체나 행동 |
| ② | 신체나 행동 | 나 | 마음 |
| ③ | 신체나 행동 | 다른 사람 | 마음 |
| ④ | 마음 | 다른 사람 | 신체나 행동 |

정답풀이 둘째 문단에서 '인간은 모두 동일한 종의 구성원이기에 신체나 행동이 매우 비슷( ㉠ )하다. 따라서 내 손가락을 베었을 때 내( ㉡ )가 고통( ㉢ )을 느끼는 것을 근거로 다른 사람도 손가락을 베었을 때 나와 똑같이 고통( ㉢ )을 느끼리라 추론하는 것이다.'라고 서술되고 있다. 여기서 '나'(㉡ '첫 번째 대상')가 '다른 사람'('두 번째 대상')과 '신체나 행동'(㉠ '몇 가지 점')에서 비슷하다는 것을 알고 있을 때, '나'가 '마음'이라는 '추가적인 특성'( ㉢ )을 가지고 있으므로 '다른 사람'도 '마음'을 가지고 있으리라 추론한다는 것을 알 수 있다.

Answer
**03** ③ **04** ② **05** ②

## 06 ㉠의 이유로 가장 적절한 것은?

> 과거 금세공업자들은 금을 맡긴 사람들이 한꺼번에 몰려와 금을 찾지 않는다는 것을 알게 되어 보관 증만큼의 금을 반드시 보유할 필요가 없음을 깨달았다. 그래서 여유분을 필요한 사람에게 빌려 주며 수수료를 받아 이윤을 얻었다. 그 과정에서 많이 빌려가는 사람에게는 사례를 했다.
>
> 이것이 바로 은행의 두 가지 기능이다. 첫째, 여윳돈이 있는 사람으로부터 자금을 조성해 이를 필요로 하는 사람에게 융통해 주는 금융 중개 기능이다. 이를 통해 금융 시장의 거래비용을 낮추고, 조성된 자금이 효율적으로 활용되도록 자금의 흐름을 조정하는 역할을 한다. 또한 조성된 자금이 더 건전하고 수익성 높은 곳으로 투자되도록 유도하기도 한다. 둘째, 화폐를 창출하는 예금창조 기능이다. 이 기능은 예금의 일부만을 지급준비금으로 보유하는 지급준비제도에서 비롯되는 것이다. 은행은 예금의 일부만 보유하고 나머지를 대출해 주면서 예금통화라는 화폐를 창출하게 되고, 대출 받은 사람들은 재화와 서비스를 구입할 수 있는 능력이 커지게 된다. 그러나 새롭게 만들어진 예금은 누군가가 빌려서 생긴 빚이기 때문에 사람들이 갚아야 할 빚도 그만큼 늘어난 상황으로 볼 수 있다. 이러한 과정이 이루어지면 ㉠ 교환의 매개수단으로 쓰이는 화폐의 양이 늘어 경제의 유동성은 증가하지만, 경제가 전보다 부유해지는 것은 아니다.

① 은행이 돈을 대출해 준만큼 통화량은 줄어들기 때문이다.
② 대출금으로 투자를 해 손실이 발생할 수 있기 때문이다.
③ 대출을 통해 재화와 서비스 구입 능력이 커진 만큼 부채도 늘어나기 때문이다.
④ 유통되는 화폐의 양이 늘어나면 은행의 금융 중개 기능이 약화되기 때문이다.

**정답풀이** 대출을 통해 이루어지는 예금창조로 재화와 서비스를 구입할 수 있는 능력이 커지기는 하지만, 이는 누군가가 빌려서 생긴 빚이기 때문에 갚아야 할 빚도 그만큼 늘어난 상황으로 볼 수 있다는 내용을 둘째 문단에서 확인할 수 있다.

**오답풀이** ① 은행이 돈을 대출해 준만큼 '예금통화라는 화폐를 창출'하게 된다고 하였으므로 통화량이 줄어든다는 것은 잘못된 설명이다.
② 사람들이 대출금으로 재화와 서비스를 구입할 능력이 커진다고는 하였으나, 투자로 인해 손실이 발생할 수 있다는 것은 알 수 없으므로 ㉠의 이유로 볼 수 없다.
④ 유통되는 화폐의 양이 늘어나는 것은 은행의 금융 중개 기능으로 인해 예금통화라는 화폐가 창출되었기 때문이다. 통화량의 증가는 은행의 금융 중개 기능을 약화시킨다는 것은 잘못된 설명이다.

## 07 다음 밑줄 친 부분의 근거로 적절하지 않은 것은?

우리는 한 분의 조상으로부터 퍼져 나온 단일 민족일까? 고대부터 고려 초에 이르기까지 대규모로 인구가 유입된 사례는 수 없이 많다. 또 거란, 몽골, 일본, 만주족 등의 대대적인 외침 역시 무시할 수 없다.

고조선의 건국 시조로서의 단군을 인정할 수는 있지만, <u>한민족 전체의 공통 조상으로서의 단군을 받드는 것은 옳지 않다.</u> 각 성씨의 족보를 보더라도 자기 조상이 중국으로부터 도래했다고 주장하는 귀화 성씨가 적지 않다. 또 한국의 토착 성씨인 김 씨나 박 씨를 보더라도 그 시조는 알에서 태어났지 단군의 후손임을 표방하지는 않는다. 이는 대부분의 족보가 처음 편찬된 조선 중기나 후기까지는 적어도 '단군'이라는 공통의 조상을 모신 단일 민족이라는 의식이 별로 없었다는 증거가 된다. 또 엄격한 신분제가 유지된 전통 사회에서 천민과 지배층이 같은 할아버지의 자손이라는 의식은 존재할 여지가 없다.

① 토착 성씨들도 단군의 조상임을 표방하지 않기 때문에
② 자기 조상이 중국으로부터 도래했다는 성씨가 많기 때문에
③ 조선족은 동포인데도 국내에서 차별을 받기 때문에
④ 조선 사회에서 천민과 지배층이 같은 조상의 후손이라는 의식이 없었기 때문에

정답풀이 ③의 '조선족은 동포인데도 국내에서 차별을 받는다.'는 현실을 보면 단일 민족의식에 호소라도 하고 싶다는 말을 하면서 언급한 말일 뿐이다. 이것은 공통 조상으로서의 단군을 받드는 것은 옳지 않다는 주장의 근거가 될 수 없다.

오답풀이 나머지 선택지는 제시문에서 언급된 근거로 적절하다. 이 제시문을 보면, 주장을 뒷받침하는 근거로 네 가지를 제시하고 있다. 첫째, 자기 조상이 중국으로부터 도래했다는 성씨가 많다. (②) 둘째, 토착 성씨들도 단군이 조상임을 표방하지 않는다. (①) 셋째, 신분제 사회에서 천민과 지배층이 같은 조상의 후손이라는 의식이 없다. (④)

PART
04

**08** ㉠에 해당하는 것과 ㉡에 해당하는 것을 문맥적 의미를 고려하여 짝지을 때 적절하지 않은 것은?

2018 국가직 7급

내 집에 당장 쓰러져 가는 행랑채가 세 칸이나 되어 할 수 없이 전부 수리하였다. 그중 두 칸은 이전 장마에 비가 새면서 기울어진 지 오래된 것을 알고도 이리저리 미루고 수리하지 못한 것이고 한 칸은 한 번 비가 새자 곧 기와를 바꿨던 것이다. 이번 수리할 때에 기울어진 지 오래였던 두 칸은 들보와 서까래들이 다 썩어서 다시 쓰지 못하게 되어 수리하는 비용도 더 들었으나, 비가 한 번 새었던 한 칸은 재목이 다 성하여 다시 썼기 때문에 비용도 덜 들었다. 나는 ㉠이 경험을 통해 ㉡깨달음을 얻었다. 이러한 것은 사람에게도 있는 일이다. 자기 과오를 알고 곧 고치지 않으면 나무가 썩어서 다시 쓰지 못하는 것과 같고, 과오를 알고 고치기를 서슴지 않으면 다시 착한 사람이 되기 어렵지 않으니 집 재목을 다시 쓰는 이로움과 같은 것이다. 다만 한 사람만이 아니라 한 나라의 정치도 또한 이와 같아서 백성의 이익을 침해하는 일이 심해도 그럭저럭 지내고 고치지 않다가 백성이 떠나가고 나라가 위태롭게 된 뒤에는 갑자기 고치려고 해도 바로잡기가 대단히 어려우니 삼가지 않아서야 되겠는가?

— 이규보, 〈이옥설〉

|  | ㉠ | ㉡ |
|---|---|---|
| ① | 기와를 바꾸다. | 과오를 고치다. |
| ② | 미루고 수리하지 않다. | 과오를 알고도 곧 고치지 않다. |
| ③ | 들보와 서까래가 다 썩다. | 나라를 바로잡을 방도가 없다. |
| ④ | 비가 새서 기울어진 상태 | 자기 과오 |

**정답풀이** ③의 ㉠은 개인적인 경험으로 옳지만, ㉡에서는 '나라를 바로잡을 방도가 없다'고 했기 때문에 옳지 않다. 나라가 잘못될 때 곧바로 잘못을 고치면 되는 것이므로 아예 '방도'가 없어지는 것은 아니다. 따라서 ③은 적절한 유추가 아니다. 제시문은 쓰러져 가는 행랑채를 수리하는 개인적 '㉠경험'을 통해 '㉡깨달음'을 제시하는 글이다. 글쓴이는 행랑채가 썩음에도 재빨리 고치지 않아 비용이 더 들고 고생하였다. 빨리 고친 것은 비용이 덜 들었는데, 이처럼 개인의 과오도 알게 되면 바로 고치라는 깨달음을 '유추(類推 : 유사한 점에 기초하여 다른 사물을 미루어 추측함. 행랑채를 고치는 일과 나의 잘못을 고치는 일이 유사함)'의 방식으로 제시하고 있다. 나라의 정치도 이와 같아 백성의 이익을 침해하는 일이 발견되면 빨리 바로 잡아야 한다는 깨달음으로 확대된다.

**오답풀이** ① ㉠ 기와를 바꾸는 경험은 ㉡ 과오를 고치는 행위로 유추될 수 있다. 오래된 기와를 얼른 바꾸는 것은 자신의 과오를 인식하고 고치는 행위와 유사하기 때문이다.
② ㉠ 미루고 수리를 안 한 경험은 ㉡ 과오를 고치지 않는 행위로 유추될 수 있다.
④ ㉠ 비가 새서 기울어진 상태는 문제가 있는 상태이므로 ㉡ 자기 과오로 유추될 수 있다.

# Chapter 03 사례 추론

## 대표 출사표 발문 체크

01 ㉠~㉣의 사례로 적절하지 않은 것은? 2022 국가직 9급

02 하버마스의 주장에 부합하는 사례로 가장 적절한 것은? 2021 국가직 9급

03 글의 내용을 구체적으로 설명하기 위한 예로 적절하지 않은 것은? 2019 국가직 9급

04 다음 글을 뒷받침하는 예로 적절하지 않은 것은? 2017 지방직 7급

## 출사표 적용 사례 추론

1. 제시문을 먼저 읽고 사례에 적용해야 하는 '조건'을 먼저 추출하면서 읽는다.
   조건에 밑줄을 긋는 것이 핵심이다.
   밑줄을 어디에 긋는가에 따라 정답과 오답이 결정된다.

2. 보통 조건은 1개에서 많으면 3개 정도로 추릴 수 있다.
   그런데, 이 조건들 외에 '적용되어서는 안 되는 조건'이 있으면 이를 따로 정리해야 한다.

3. 적절한 사례를 골라야 하는 경우에는 번호를 매긴 조건들 모두를 충족해야 한다.

4. 적절하지 않은 사례를 골라야 하는 경우에는 번호를 매긴 조건들 중 하나라도 누락된 것이 답이 된다.
   하지만 적절하다고 볼 수 있는 선택지가 조건들을 모두 적용하지 않는 경우가 나올 수 있다.
   이 경우에는 조건들을 가장 충족하지 않은 것을 골라야 한다. 여기서 '제외되어야 하는 조건'이 적용된 사례가 나오면 그것이 답이 된다.

**亦功 예상 적중문제**

**01** ㉠~㉣의 사례로 적절하지 않은 것은? 2022 국가직 9급

> 　단어의 의미가 변화하는 양상은 다양하다. 첫째, "아침 먹고 또 공부하자."에서 '아침'은 본래의 의미인 '하루 중의 이른 시간'을 가리키지 않고 '아침에 먹는 밥'이라는 의미로 쓰인다. '밥'의 의미가 '아침'에 포함되어서 '아침'만으로도 '아침밥'의 의미를 표현하게 된 것으로, ㉠두 개의 단어가 긴밀한 관계여서 한쪽이 다른 한쪽의 의미까지 포함하는 의미로 변화하게 된 경우이다. 둘째, '바가지'는 원래 박의 껍데기를 반으로 갈라 썼던 물건을 가리켰는데, 오늘날에는 흔히 플라스틱 바가지를 가리킨다. 이것은 ㉡언어 표현은 그대로인데 시대의 변화에 따라 지시 대상 자체가 바뀌어서 의미 변화가 발생한 경우이다. 셋째, '묘수'는 본래 바둑에서 만들어진 용어이지만 일상적인 언어생활에서도 '쉽게 생각해 내기 어려운 좋은 방안'이라는 의미로 사용된다. 이는 ㉢특수한 영역에서 사용되던 말이 일반화되면서 단어의 의미가 변화한 경우에 해당한다. 넷째, 호랑이를 두려워하던 시절에 사람들은 '호랑이'라는 이름을 직접 부르기 꺼려서 '산신령'이라고 부르기도 했는데, 이는 ㉣심리적인 이유로 특정 표현을 피하려다 보니 그것을 대신하는 단어의 의미에 변화가 생긴 경우이다.

① ㉠: '아이들의 코 묻은 돈'에서 '코'는 '콧물'의 의미로 쓰인다.

② ㉡: '수세미'는 원래 식물의 이름이었지만 오늘날에는 '그릇을 씻는 데 쓰는 물건'이라는 의미로 쓰인다.

③ ㉢: '배꼽'은 일반적으로 '탯줄이 떨어지면서 배의 한가운데에 생긴 자리'를 가리키지만 바둑에서는 '바둑판의 한가운데'라는 의미로 쓰인다.

④ ㉣: 무서운 전염병인 '천연두'를 꺼려서 '손님'이라고 불렀다.

**정답풀이** ㉢은 '특수한 영역에서 사용된 말'이 중심이 되어야 하는데 '배꼽'은 특수한 영역에서 사용된 말이 아니다. 물론 '바둑'이 특수한 영역이기는 하지만 이는 함정에 불과하다. '바둑'이 언급된 것은 단어의 의미가 변화된 결과일 뿐이다.

**오답풀이** ① 기호 문제는 앞뒤를 봐야 쉽게 풀 수 있다. ㉠ 앞에 언급된 ㉠의 예시가 단서가 된다. '아침'에 '아침밥'의 의미가 포함되는 것처럼, '코'는 '콧물'의 의미가 포함되므로 옳은 예시이다.

② ㉡ 앞의 예시를 보면 '바가지'의 의미는 시대의 변화에 따라서 변함을 알 수 있다. 그런데 '수세미'도 원래의 의미와 오늘날의 의미가 다르므로 옳은 예시이다.

④ ㉣의 앞의 예시를 보면 '호랑이'를 무서워하는 심리적인 이유로 '산신령'이라고 부르고 있으므로 무서운 전염병인 '천연두'를 꺼려서 '손님'이라고 부르는 것은 사례로 옳다.

**02** 다음 글의 '동기화 단계 조직'에 따라 (가)~(마)를 배열한 것으로 가장 적절한 것은?

2022 국가직 9급

> 설득하는 말하기의 메시지를 조직하는 방법으로 '동기화 단계 조직'이 있다. 이 방법의 세부 단계는 다음과 같다.
> 1단계: 주제에 대한 청자의 주의나 관심을 환기한다.
> 2단계: 특정 문제를 청자와 관련지어 설명함으로써 청자의 요구나 기대를 자극한다.
> 3단계: 해결 방안을 제시하여 청자의 이해와 만족을 유도한다.
> 4단계: 해결 방안이 청자에게 어떤 도움이 되는지 구체화한다.
> 5단계: 구체적인 행동의 내용과 방법을 제시하여 특정 행동을 요구한다.

> (가) 지난주 제 친구는 일을 마친 후 자전거를 타고 집으로 돌아오다가 사고를 당해 머리를 다쳤습니다.
> (나) 여러분이 자전거를 탈 때 헬멧을 착용하면 머리를 보호할 수 있습니다.
> (다) 아마 여러분도 가끔 자전거를 타는 경우가 있을 것입니다. 그런데 매년 2천여 명이 자전거를 타다가 머리를 다쳐 고생한다고 합니다.
> (라) 만약 자전거를 타는 모든 사람이 헬멧을 착용한다면 자전거 사고를 당해도 뇌손상을 비롯한 신체 피해를 75% 줄일 수 있습니다. 또 자전거 타기가 주는 즐거움과 편리함을 안전하게 누릴 수 있습니다.
> (마) 자전거를 탈 때는 안전을 위해서 반드시 헬멧을 착용하시기 바랍니다.

① (가) - (나) - (다) - (라) - (마)
② (가) - (다) - (나) - (라) - (마)
③ (가) - (다) - (라) - (나) - (마)
④ (가) - (라) - (다) - (나) - (마)

정답풀이 화법 문제와 문단 배열 문제가 합쳐진 새로운 유형이다. 오히려 화법 부분이 힌트가 되어서 문제가 더 쉬워졌다. 새로운 유형이 나왔다고 긴장하지 않아도 됨을 보여주는 문제이다.

1단계: '주제에 대한 청자의 주의나 관심을 환기'하는 1단계에 부합하는 것은 (가)이다. 친구의 자전거 사고로 주의를 환기하고 있다.

2단계: '특정 문제를 청자와 관련지어 설명'하는 2단계에 부합하는 것은 (다)이다. '아마 여러분도 가끔 자전거를 타는 경우가 있을 것입니다.'를 보면 알 수 있다.

3단계: '해결 방안을 제시하여 청자의 이해와 만족을 유도'하는 3단계에 부합하는 것은 (나)이다. '헬멧 착용'을 해결 방안으로 제시하고 있다.

   사실 3단계까지만 보아도 (가)-(다)-(나)가 나오므로 답은 ②임을 알 수 있다. 다만, 실수를 방지하기 위해 뒤에 남아 있는 것을 확인은 해주어야 한다.

4단계: '해결 방안이 청자에게 어떤 도움이 되는지 구체화'하는 4단계에 부합하는 것은 (라)이다. 헬멧을 착용하면 신체 피해를 줄이고 자전거의 즐거움과 편안함을 더 잘 느끼게 됨을 '구체적으로' 보여주고 있다. (나)가 될 수도 있으나, (나)는 해결 방안의 효과를 '구체화'한다고 보기에는 부족하다.

5단계: '구체적인 행동의 내용과 방법을 제시하여 특정 행동을 요구'하는 5단계에 부합하는 것은 (마)이다. 자전거를 탈 때에는 반드시 헬멧을 착용하라는 구체적인 행동의 내용을 언급하고 있다. 이 (마)는 사실 해결 방안을 제시하고 있기도 하므로 3단계로 넣을 수도 있어 보이지만 선택지에는 3단계에 (마)가 없으므로 (마)는 5단계로 연결될 수 있는 것이다.

PART
04

Answer
**01** ③  **02** ②

## 03 ㉠~㉣의 예를 추가할 때 가장 적절한 것은?

2018 국가직 9급

논리학에서 비형식적 오류 유형에는 우연의 오류, 애매어의 오류, 결합의 오류, 분해의 오류 등이 있다.

우선 ㉠ 우연의 오류란 거의 대부분의 경우에 적용되는 일반적인 원리나 규칙을 우연적인 상황으로 인해 생긴 예외적인 특수한 경우에까지도 무차별적으로 적용할 때 생기는 오류이다. 그 예로 "인간은 이성적인 동물이다. 중증 정신 질환자는 인간이다. 그러므로 중증 정신 질환자는 이성적인 동물이다."를 들 수 있다. ㉡ 애매어의 오류는 동일한 한 단어가 한 논증에서 맥락마다 서로 다른 의미를 지니는 것으로 사용될 때 생기는 오류를 말한다. "김 씨는 성격이 직선적이다. 직선적인 모든 것들은 길이를 지닌다. 고로 김 씨의 성격은 길이를 지닌다."가 그 예이다. 한편 각각의 원소들이 개별적으로 어떤 성질을 지니고 있다는 내용의 전제로부터 그 원소들을 결합한 집합 전체도 역시 그 성질을 지니고 있다는 결론을 도출하는 경우가 ㉢ 결합의 오류이고, 반대로 집합이 어떤 성질을 지니고 있다는 내용의 전제로부터 그 집합의 각각의 원소들 역시 개별적으로 그 성질을 지니고 있다는 결론을 도출하는 경우가 ㉣ 분해의 오류이다. 전자의 예로는 "그 연극단 단원들 하나하나가 다 훌륭하다. 고로 그 연극단은 훌륭하다."를, 후자의 예로는 "그 연극단은 일류급이다. 박 씨는 그 연극단 일원이다. 그러므로 박 씨는 일류급이다."를 들 수 있다.

① ㉠－모든 사람은 죽는다. 소크라테스는 사람이다. 그러므로 소크라테스는 죽는다.

② ㉡－부패하기 쉬운 것들은 냉동 보관해야 한다. 세상은 부패하기 쉽다. 고로 세상은 냉동 보관해야 한다.

③ ㉢－미국 아이스하키 선수단이 이번 올림픽에서 금메달을 차지했다. 그러므로 미국 선수 각자는 세계 최고 기량을 갖고 있다.

④ ㉣－그 학생의 논술 시험 답안은 탁월하다. 그의 답안에 있는 문장 하나하나가 탁월하기 때문이다.

**정답풀이** '애매어의 오류'란 동일한 단어를 애매하게 사용하여 나타나는 오류이다. '부패(腐敗)하다'의 중심 의미는 「1」 정치, 사상, 의식 따위가 타락하다.'이다. 하지만 주변 의미로 「2」 단백질이나 지방 따위의 유기물이 미생물의 작용에 의하여 분해되다. 독특한 냄새가 나거나 유독성 물질이 발생한다.'도 있다. '부패하다'는 다의어이기 때문에 문맥에 따라 잘 사용되어야 하는 단어이다. 하지만 ②의 두 번째 문장의 '부패하다'는 주변 의미인 「2」로 사용되었다. 뒤의 문장에서 부패한 세상을 냉동 보관해야 한다고 보고 있기 때문이다. 이는 ②를 '부패하다'라는 말을 애매하게 사용하여 발생한 '애매어의 오류'로 볼 수 있다.

**오답풀이** ① "모든 사람은 죽는다. 소크라테스는 사람이다. 그러므로 소크라테스는 죽는다."는 논리적 오류를 범하고 있지 않다. 이러한 논증 방식을 '연역 논증'이라고 한다. 따라서 '우연의 오류'의 예로 적절하지 않다.

③은 ㉢ 결합의 오류가 아니라 ㉣ 분해의 오류의 사례에 해당한다. '미국 아이스하키 선수단'(집단)의 기량이 뛰어나다는 전제를 통해 미국 선수 각자(개별 원소)들 역시 기량이 뛰어날 것이라는 결론을 도출하고 있으므로 이는 분해의 오류에 해당한다.

④는 ㉣ 분해의 오류가 아니라 ㉢ 결합의 오류의 사례에 해당한다. 매력적인 오답이다. '때문이다'가 있는 두 번째 문장이 전제가 된다.

따라서 답안의 문장 하나하나(개별 원소)가 뛰어나다는 전제로부터, 그 문장이 결합한 답안 전체(집단)의 내용 또한 뛰어날 것이라는 결론을 도출하고 있으므로 이는 ㉢ 결합의 오류의 사례에 해당한다.

**04** 다음 글을 바탕으로 추론한 생각 중 적절하지 않은 것은?

2018 국가직 7급

> 소쉬르는 언어를, 기호의 형식에 상응하는 기표(記標)와 기호의 의미에 상응하는 기의(記意)의 기호적 조합이라고 전제한다. 예를 들어 '흑연과 점토의 혼합물을 구워 만든 가느다란 심을 속에 넣고, 겉은 나무로 둘러싸서 만든 필기도구'라는 의미를 표시하는 기표는 한국어에서 '연필'이다. 그런데 '연필'의 기의에 대응되는 영어 기표는 'pencil'이다. 각기 다른 기표가 동일한 기의를 표현한 것이다. 소쉬르는 이처럼 하나의 기의가 서로 다른 기표에 대응되는 것을 두고 기호적 관계가 자의적이라고 주장하는 한편, 이러한 자의성은 사회적 약속과 문화적 약호(code)에 따라 조율된다고 보았다.

① 표준어로 '부추'에 상응하는 표현이 지역에 따라 달리 나타나는 현상에서 기호의 자의성을 엿볼 수 있겠군.

② 어떤 개념을 새롭게 표현한 단어가 널리 쓰이려면 그 개념을 쓰는 사회 성원들의 공통된 합의가 필요하겠군.

③ 같은 종교를 믿으면서 문화적 약호가 유사한 지역에서는 같은 기표에 대응되는 개념이 비슷할 가능성이 높겠군.

④ 사랑이나 진리와 같이 사회 문화적으로 보편적인 개념을 지시하는 각각의 기표들에서 유사한 형식을 도출할 수 있겠군.

**정답풀이** 사회 문화적으로 보편적인 개념을 지시하는 각각의 기표들에서 유사한 형식을 도출할 수 없으므로 이 선택지는 옳지 않다. 동일한 기의임에도 기표는 '연필'과 'pencil'처럼 각각 다르다. 즉 기표와 기의 간에 필연적인 연관성이 없는 기호적 관계의 자의성(恣 제멋대로 자, 의미 의 意, 성격 성 性)이 있기 때문이다. 따라서 보편적인 개념을 지시하는 각각의 기표들에서 유사한 형식을 도출하는 것은 불가능하다.

**오답풀이** ① '부추'의 기의는 '백합과의 여러해살이풀'인데, 지역에 따라 기표가 다르게 나타나는 것은 '자의성'을 잘 설명해 준다.

② 끝 부분에서 "이러한 자의성은 사회적 약속과 문화적 약호(code)에 따라 조율된다"라는 구절이 있으므로 어떤 개념을 새롭게 표현한 단어가 널리 쓰이려면 그 개념을 쓰는 사회 성원들의 공통된 합의가 필요하겠다는 이 선택지는 옳다.

③ 끝 부분에서 "이러한 자의성은 사회적 약속과 문화적 약호(code)에 따라 조율된다"라는 구절이 있으므로 문화적 약호가 유사한 지역에서는 같은 기표에 대응되는 개념이 비슷할 가능성이 높을 수 있다고 추론할 수 있다.

**Answer**

03 ② 04 ④

**05** 다음 발화가 사용되는 상황을 추론한 것으로 가장 적절한 것은?

2015 국가직 7급

> "우리나라도 경기도 말, 충청도 말, 강원도 말, 전라도 말, 경상도 말, 제주도 말 등 각 지역마다 특색이 있는 지역어(地域語)가 존재하는데, 이는 해당 지역의 지리적, 정치적, 사회적 요소 및 구성 집단의 기질과 성격 등이 오랜 세월을 거치면서 반영되고 변모되어 온 것입니다. 따라서 각 지역어는 해당 지역과 그 구성원의 정체성과도 깊이 관련되어 있기 마련입니다. 따라서 우리나라의 각 지역어가 가진 특성과 기능을 무시한 채 한 지역의 말만을 사용케 한다면 이는 타 지역의 정체성을 부인하는 것이고, 타 지역어를 사용하는 사회 구성원들의 원활한 소통 수단을 박탈하는 것입니다. 나아가 국민을 차별할 수 있으며, 심지어 타 지역의 구성원에게 정서적 갈등과 고통을 안겨 줄 수 있습니다."

① 우리말의 올바른 용법을 강조하는 강연에서
② 사고와 언어의 관계를 주장하는 학술 발표 대회에서
③ 지역어의 종류와 그 특징을 소개하는 라디오 프로그램에서
④ 표준어 정책에 반대하고 지역어의 가치를 주장하는 변론에서

정답풀이 ④ "따라서 우리나라의 각 지역어가 가진 특성과 기능을 무시한 채 한 지역의 말만을 사용케 한다면 이는 타 지역의 정체성을 부인하는 것이고, 타 지역어를 사용하는 사회 구성원들의 원활한 소통 수단을 박탈하는 것입니다."를 통해 ④가 정답임을 알 수 있다.

**06** 밑줄 친 부분과 가장 유사한 속성을 지닌 현대인의 삶의 태도는?

2016 지방직 9급

> 근대 이후 인간들은 불안감과 고독감에서 벗어나기 위해 자신에게 주어진 자유로부터 도피하려는 경향을 보인다. 그중 하나가 복종을 전제로 하는 권위주의적 양태이다. 이는 개인적 자아의 독립을 포기하고 자기 이외의 어떤 존재에 종속되고자 하는 것으로, 사라진 제1차적 속박 대신에 새로운 제2차적 속박을 추구하는 양상을 띤다. 이것은 때로 상대방을 자신에게 복종시킴으로써 심리적 안정과 만족을 얻으려는 형태로 나타나기도 한다. 일견 대립적으로 보이는 이 두 형태는 불안감과 고독감으로부터 벗어나기 위한 권위주의적 양상이라는 점에서는 동일한 것이다.

① 소속된 집단의 이익이나 정의보다는 개인의 이익이나 행복만을 추구하는 태도
② 집안에서 어떤 일을 결정할 때 부모나 어른의 의견보다는 아이들의 요구를 먼저 고려하는 태도
③ 어떤 상황에 대해 자신의 견해를 가지기보다는 언론 매체의 의견을 무비판적으로 수용하는 태도
④ 직업을 통해서 얻는 삶의 만족보다는 취미 활동을 통해서 얻는 삶의 즐거움을 더 중시하는 태도

정답풀이 '자유로부터의 도피' 뒤에 이어지는 내용을 보면, 개인적 자아의 독립을 포기하고 자기 이외의 어떤 존재에 종속되고자 하는 것이라고 한다. 어떤 상황에 대한 판단을 개인적인 자아가 독립적으로 하지 않고 언론 매체라는 존재에 종속되어 무비판적으로 수용하려는 것을 예로 들 수 있다.

Answer

05 ④  06 ③

**Chapter**

# 04 빈칸 추론＋이어질 내용 추론

**대표 출사표 발문 체크**

01 글의 통일성을 고려할 때 (가)에 들어갈 말로 가장 적절한 것은? 2021 지방직 9급

02 다음 글에 이어질 내용으로 가장 적절한 것은? 2016 국가직 7급

**출사표 적용** 빈칸 추론＋이어질 내용 추론

1. 거의 모든 것이 긍정 발문이기 때문에 선택지로 가지 않고 제시문을 먼저 전체적으로 읽어야 한다.

2. 빈칸이 중간 부분에 나타나는 경우에는 앞뒤의 정보를 꼼꼼하게 읽는다.

3. 빈칸이 끝부분에 나타나는 경우에는 앞의 정보를 꼼꼼하게 읽는다.

4. 주변 정보를 잘 살핀 후에 객관적인 근거를 바탕으로 빈칸에 어떤 것이 들어갈지 미리 예측한 후 제일 비슷한 선택지를 고른다.
   만약 예측이 어렵다면 선택지를 보면서 추려 간다.

**亦功 예상 적중문제**

**01** 글의 통일성을 고려할 때 (가)에 들어갈 말로 가장 적절한 것은?

2021 지방직 9급

혼정신성(昏定晨省)이란 저녁에는 부모님의 잠자리를 봐 드리고 아침에는 문안을 드린다는 뜻으로 자식이 아침저녁으로 부모의 안부를 물어 살핌을 뜻하는 말로 '예기(禮記)'의 '곡례편(曲禮篇)'에 나오는 말이다. 아랫목 요에 손을 넣어 방 안 온도를 살피면서 부모님께 문안을 드리던 우리의 옛 전통은 온돌을 통한 난방 방식과 관련 깊다. 온돌을 통한 난방 방식은 방바닥에 깔려 있는 돌이 열기로 인해 뜨거워지고, 뜨거워진 돌의 열기로 방바닥이 뜨거워지면 방 전체에 복사열이 전달되는 방법이다. 방바닥 쪽의 차가운 공기는 온돌에 의해 따뜻하게 데워지므로 위로 올라가고, 위로 올라간 공기가 다시 식으면 아래로 내려와 다시 데워져 위로 올라가는 대류 현상으로 인해 결국 방 전체가 따뜻해진다. 벽난로를 통한 서양식의 난방 방식은 복사열을 이용하여 상체와 위쪽 공기를 데우는 방식인데, 대류 현상으로 바닥 바로 위 공기까지는 따뜻해지지 않는다. 그 이유는 ⬚(가)⬚.

① 벽난로에 의한 난방은 방바닥의 따뜻한 공기가 위로 올라가 식으면 복사열로 위쪽의 공기만을 따뜻하게 하기 때문이다

② 벽난로에 의한 난방이 복사열에 의한 난방에서 대류 현상으로 인한 난방이라는 순서로 이루어졌기 때문이다

③ 대류 현상을 통한 난방 방식은 상체와 위쪽의 공기만 따뜻하게 하기 때문이다

④ 상체와 위쪽의 따뜻한 공기는 차가운 바닥으로 내려오지 않기 때문이다

**정답풀이** 이 문제는 온돌을 통한 우리의 전통적인 난방 방식과 벽난로를 통한 서양식의 난방 방식을 대조한 글이다. (가)의 앞 문장은 서양의 난방 방식을 언급하며, 상체와 위쪽 공기를 데우면 대류 현상으로 인해 바닥 위 공기까지는 따뜻해지지 않는다고 한다. 따라서 (가)는 대류 현상으로 인해 바닥 위 공기까지는 따뜻해지지 않는 이유를 묻고 있는 것이다. 그렇다면 대류 현상이 무엇인지를 파악하면 된다. 네 번째 문장에서 온돌을 통한 난방 방식에 대해 설명하면서 대류 현상을 언급하고 있다. 네 번째 문장을 보면, 대류 현상이란 데워진 공기는 위로 올라가고 식은 공기(=차가운 공기)는 아래로 내려가는 것으로 공기가 순환되는 현상이다. 이를 통해 상체와 위쪽 공기를 데우면 바닥 위 공기까지는 따뜻해지지 않는 이유는 데워진 공기가 위에 올라가 있기 때문임을 알 수 있다. 이것과 통하는 문장은 상체와 위쪽의 따뜻한 공기는 차가운 바닥으로 내려오지 않기 때문이라는 ④이다. 따뜻한 공기는 위에 있다는 의미와 같기 때문이다.

**오답풀이** ① (가)의 앞 문장에서 벽난로를 통한 서양식의 난방 방식은 복사열을 이용하여 상체의 공기를 데우는 방식인데, ①에서는 방바닥의 따뜻한 공기를 전제하고 있다. 서양식의 난방 방식은 복사열을 통해 위쪽의 공기만 데우는 것이므로 방바닥의 따뜻한 공기가 위로 올라갈 수 없다.

② 벽난로에 의한 난방이 복사열에 의한 난방은 이루어지지만 바닥의 공기를 따뜻하게 할 수는 없으므로 대류 현상이 일어나지 않으므로 이 선택지는 옳지 않다.

③ 대류 현상을 통한 난방 방식이 상체와 위쪽의 공기만 따뜻하게 하는 것은 아니므로 옳지 않다. 온돌을 통한 난방 방식의 경우 대류 현상을 통한 난방 방식으로 인해 상체와 위쪽의 공기가 아래로 내려올 때도 있기 때문이다. 그러한 경우에는 대류 현상을 통해 상체와 위쪽이 아니라 바닥의 공기가 따뜻해지게 된다.

## 02 다음 글에 이어질 내용으로 가장 적절한 것은?

2016 국가직 7급

페니실린은 약품으로 정제된 이후 인류의 건강을 위협하는 많은 세균과 질병을 치료하는 데 매우 효과적으로 작용했다. 그런데 문제는 항생제 사용이 잦아지자 세균들이 내성을 갖기 시작했다는 점이다. 항생제는 사람에게는 해를 주지 않으면서 세균만 골라 죽이는 아주 유용한 물질인데, 이 물질을 이겨내는 세균들이 계속 등장했다. 플레밍 또한 『뉴욕타임스』와의 인터뷰에서 페니실린에 내성인 세균이 등장할 수 있음을 경고했다. 이는 불과 몇 년 지나지 않아 현실화되었다. 페니실린에 내성을 가진 황색 포도상 구균이 곧 등장했고 전 세계적으로 확산되었다.

이후 새로운 항생제를 개발하여 감염증을 치료하려는 인류와, 항생제 내성을 획득하여 생존하려는 세균 간의 전쟁이 지금까지 치열하게 벌어지고 있다. 세균은 인류가 개발한 항생제에 내성을 갖추어 맞서고, 인류는 내성을 가진 세균에 대응하기 위해 또 다른 항생제를 만들어 반격을 하는 식이다.

이를테면 페니실린에 내성을 가진 황색 포도상 구균은 메티실린 제제가 개발되면서 치료의 길이 열렸다. 메티실린은 포도상 구균을 물리치며 맹활약했지만 세균도 가만있지는 않았다. 메티실린의 효과가 듣지 않는 강력한 세균들이 등장했고, 이에 인류는 반코마이신을 개발해 탈출구를 열었다. 이들 치료제로 효과를 볼 수 없었던 그람 음성 세균은 카바페넴으로 대응했다. 하지만 최강의 항생제인 카바페넴에 내성을 획득한 다제 내성균(슈퍼 박테리아)도 등장했다.

① 인류는 더 강력한 세균에 의해 멸망할 것이다.
② 항생제 사용은 법으로 엄격히 금지해야 한다.
③ 인류는 다제 내성균을 치료할 항생제를 개발할 것이다.
④ 앞으로 항생제에 내성이 없는 세균이 나타날 것이다.

정답풀이) 페니실린의 등장 후 세균과 질병을 치료하였지만, 항생제 사용이 잦아지자 세균들이 내성이 생겨 페니실린에도 죽지 않는 황색 포도상 구균이 등장했다. 하지만 황색 포도상 구균도 메타실린으로 극복되었다. 그러나 또 메타실린의 효과가 듣지 않는 세균이 나왔고 또, 반코마이신으로 극복되었다. 최강의 항생제인 카바페넴의 내성을 획득한 다제 내성균이 등장했지만 마찬가지로 다제 내성균을 치료할 항생제가 나올 것임을 예측할 수 있기 때문에 ③이 답이다.

오답풀이) ① 제시문에서는 새로운 강력한 세균을 모두 극복한 내용이 있기 때문에 인류는 더 강력한 세균에 의해 멸망할 것이다라는 내용이 이어지지는 않을 것이다.
② 항생제 사용과 법에 대한 내용이 아예 내용에 없기 때문에 항생제 사용은 법으로 엄격히 금지해야 한다는 내용도 이어질 수 없다.
④ 제시문은 강력한 내성균을 극복하는 논지를 전개하고 있다. 따라서 앞으로 항생제에 내성이 없는 세균이 나타날 것이라는 내용은 논지에 어긋나기 때문에 다음에 이어질 내용으로 적합하지 않다.

## 03 다음 밑줄 친 ㉠에 들어갈 표현으로 가장 적절한 것은?

2019 경찰 1차

> 말을 하고 글을 쓰는 표현 행위는 사고 활동과 분리해서 생각할 수 없다. 창의적이고 생산적인 활동에는 당연히 사고 작용이 따르기 때문이다. 역으로, 말을 하고 난 뒤에나 글을 쓰고 난 뒤에 그 과정을 되돌아보면서 새로운 생각을 하거나 발전된 생각을 얻기도 한다. 또한 청자나 독자의 반응을 통해 자신의 생각을 바꾸거나 확신을 가지기도 한다. 이처럼 사고와 표현 활동은 지속적으로 상호 작용을 하게 된다.
> ㉠_____는 점을 적극적으로 고려할 필요가 있다. 머릿속에서 이루어진 사고 활동의 내용을 구체적으로 말이나 글로 표현해 보면 부족하거나 개선할 점들을 찾을 수 있게 되고 이후에 좀 더 조직적으로 사고하는 습관도 생긴다. 한편 표현 활동을 하다 보면 어휘 선택, 내용 조직 등의 과정에서 어려움을 느끼게 된다. 이러한 어려움을 해결하기 위해 그에 대해 논리적이고 체계적으로 생각해 보게 되고 이를 통해 표현 능력이 향상된다. 이렇게 사고력과 표현력은 상호 협력의 밀접한 연관을 맺고 있다.
> 흔히 좋은 글을 쓰기 위한 조건으로 '다독(多讀), 다작(多作), 다상량(多商量)'을 들기도 하는데, 많이 읽고, 많이 써 보고, 많이 생각하다 보면 좋은 글을 쓸 수 있다는 뜻이다. 여기에서 '다상량'은 충분한 사고 활동을 의미한다. 이는 물론 말하기에도 적용되는 것으로 표현 활동과 사고 활동의 관련성을 잘 말해 주고 있다.

① 충분한 사고 활동 후에 이루어지는 표현 활동은 세련되게 된다.

② 사고한 내용을 구체적으로 표현해 보면 사고력을 향상시킬 수 있다.

③ 사고와 표현 활동은 상호 작용을 하면서 각각의 능력을 상승시킨다.

④ 말하기보다 글쓰기가 상대적으로 사고 활동과 깊은 관련을 맺고 있다.

**정답풀이** 1문단의 중심 내용은 사고와 표현 활동은 지속적으로 상호 작용을 하게 된다는 것이다. 2문단의 중심 내용은 사고와 표현 활동은 상호 작용을 하면서 각각의 능력이 는다는 것이다. 따라서 이 두 문단을 이어주는 ㉠에 들어갈 내용은 사고와 표현 활동은 상호 작용을 하면서 각각의 능력을 상승시킨다는 것이다.

## 04 ㉠에 들어갈 말로 적절한 것은?

2021 국회직 8급

> 우리가 이용하는 디지털화된 정보들은 대다수가 아날로그 기반에서 생성된 것이다. 온라인에서 보는 텍스트 정보, 사진, 동영상 대부분이 기존의 종이 매체나 필름에 기록된 것들이다. 온라인 게임을 정보 통신 시대의 독특한 문화양상이라고 하지만, 인기를 끌고 있는 많은 게임은 오래전부터 독자들로부터 사랑받던 판타지 문학에서 유래했다.
> 아날로그가 디지털과 결합해 더욱 활성화되기도 한다. 동양의 전통 놀이 중 하나인 바둑과 장기도 그렇다. 전형적인 아날로그 문화의 산물인 바둑이 인터넷 바둑 사이트 덕분에 더욱 대중화된 놀이가 되었다. 예전에는 바둑을 두기 위해 친구와 약속을 잡거나 기원을 찾아야 했지만, 지금은 인터넷에 접속하면 언제든 대국을 즐길 수 있다.
> 따라서 ( ㉠ )

① 디지털 문화와 아날로그 문화를 수직적인 것으로 파악하는 것은 본질과 거리가 멀다.

② 디지털 문화와 아날로그 문화를 수평적인 것으로 파악하는 것은 본질과 거리가 멀다.

③ 디지털 문화와 아날로그 문화를 상호 보완적인 것으로 파악하는 것은 본질과 거리가 멀다.

④ 디지털 문화와 아날로그 문화를 입체적인 것으로 파악하는 것은 본질과 거리가 멀다.

⑤ 디지털 문화와 아날로그 문화를 대립적인 것으로 파악하는 것은 본질과 거리가 멀다.

정답풀이 ) 먼저 빈칸의 위치를 확인하니, 맨 뒤에 있으며 결론을 의미하는 '따라서'라는 접속 부사가 있음을 알 수 있다. 이를 통해 앞의 내용의 결론이 ㉠에 나올 것임을 알 수 있다. 앞의 내용을 요약하면 답이 나올 수 있다.
1문단에서는 아날로그가 디지털화된 정보에 영향을 주었음을, 2문단에서는 아날로그와 디지털이 결합하여 더 활성화됨을 전달한다. 따라서 이들은 상호보완적인 영향을 주고받음을 알 수 있으므로 '디지털 문화와 아날로그 문화를 대립적인 것으로 파악하는 것은 본질과 거리가 멀다'가 정답이다.

**05** 다음 밑줄 친 ㉠에 들어갈 속담으로 가장 적절한 것은?
2019 경찰 1차

> 귀국하고 나서도 아버지는 역시 노동, 어머니는 장사를 했다. 어머니가 장사를 한 것은 귀국 즉시가 아니었고, 한번은 죽은 내 남동생의 주사를 맞히려고 하는데 집에는 돈 한 푼이 없어 이웃에게 빌리려고 했으나 어디 한 군데서도 그것을 못 했다고 한다. 그 약값이 없어 동생은 죽었다. '없으면 문둥이보다 더 더럽다.'라는 것은 당신이 노상 한 말이었고, 그래서 당신 스스로가 장사판에 뛰어든 것이다. [중략]
> 그러니까 그 덕으로 우리는 살았다. 이때도 생선을 지고 그 뒤치다꺼리는 아버지가 했다. 그 장사를 몇 년 했다. 형이 장가든 것도, 내가 그런 것도, 또 밑으로 누이동생 둘이 시집간 것도, 다 어머니가 장사를 한 덕을 입었다. 큰 벌이는 아니었으나 그동안 먹고 지낸 것, 우리들 사 남매를 장가가고 시집가게 한 조그만 힘은 되었다. [중략]
> 　어머니는 숱한 고생 속에서 세월을 보냈다. 그 어머니의 말대로, '㉠_____'였다. 자신의 노력이 하나도 드러나지 않는 것이었다. 지지리도 고생스러운 나날이었다.

① 비단옷 입고 밤길 걷기
② 솔밭에 가서 고기 낚기
③ 원님 덕에 나팔 분다
④ 굽은 나무가 선산을 지킨다

정답풀이 ) ㉠은 앞의 내용을 정리해주는 것이다. ㉠ 뒤를 보면 어머니의 노력이 하나도 드러나지 않는 고생스러운 나날이었다고 한다. 따라서 이와 관련된 것은 '비단옷 입고 밤길 걷기(가기)'이다. 비단옷을 입고 밤길을 걸으면 아무도 알아주지 않는다는 뜻으로, 공연한 일에 노력하고 애쓰고도 보람이 없는 경우를 비유적으로 이르는 속담이다. 같은 의미의 한자성어로 금의야행(錦衣夜行)이 있다.

오답풀이 ) ② 솔밭에 가서 고기 낚기 : 물에서 사는 물고기를 솔밭(산)에서 구한다는 뜻으로 불가능한 일을 하려고 애쓰는 어리석음.
③ 원님 덕에 나팔 분다 : 원님과 동행한 덕분에 나팔 불고 요란히 맞아 주는 호화로운 대접을 받는다는 뜻으로, 남의 덕으로 당치도 아니한 행세를 하게 되거나 그런 대접을 받고 우쭐대는 모양을 비유하는 속담.
④ 굽은 나무가 선산을 지킨다 : 자손이 빈한해지면 선산의 나무까지 팔아 버리나 줄기가 굽어 쓸모없는 것은 그대로 남게 된다는 뜻으로, 쓸모없어 보이는 것이 도리어 제구실을 하게 됨을 비유적으로 이르는 속담.

Answer

**03** ③　**04** ⑤　**05** ①

**06** ⑦~@에 들어갈 말로 가장 적절한 것은? 2016 국가직 7급

> 인간 본성이 이기적이냐 혹은 이타적이냐 하는 이분법적 질문은 흑백 논리를 지양하고 ( ⑦ )을 강조하는 오늘날에는 그저 지적 호사가들의 관심이나 끌 법한 낡은 질문으로 다가오는 것이 사실이다. 나아가 인간에게 내재된 본성 같은 게 실제로 있기나 한 것인지 근본적인 ( ⑥ )을/를 품어볼 수도 있다. 인류 역사에서 이러한 생각은 비교적 최근까지도 전통적인 형이상학의 영역에 속한다고 여겨 왔기 때문에 인간 본성에 대한 답변도 대체로 철학이나 종교의 영역이 맡아 왔다. 그 가운데에는 지혜의 원천으로서 인류의 삶에 훌륭한 ( ⑥ )이/가 되어 온 것들이 적지 않다. 그러나 이들은 모두 인간 중심적 사고에 ( @ )되었다는 근원적 한계를 갖는다.

|     | ⑦     | ⑥    | ⑥    | @    |
|-----|-------|------|------|------|
| ① | 다원성 | 의문 | 전범 | 착종 |
| ② | 다양성 | 회의 | 지침 | 고착 |
| ③ | 중층성 | 질문 | 모범 | 연루 |
| ④ | 융합성 | 반문 | 통찰 | 편향 |

**정답풀이** ⑦은 흑백논리를 지양하는 내용이 나와야 하므로 여기에는 '모양, 빛깔, 형태, 양식 따위가 여러 가지로 많은 특성.'을 의미하는 다양성(多樣性)과 '근원이 많음'을 의미하는 다원성(多元性)이 들어가면 된다. 그렇게 되면 답은 ① 아님 ②이다.
⑥은 인간에게 내재된 본성 같은 게 실제로 있기나 한 것인지 깊게 생각해 보는 것이므로 '의심스럽게 생각함. 또는 그런 문제나 사실'을 의미하는 '의문(疑問)'이나 '의심을 품음. 또는 마음속에 품고 있는 의심'을 의미하는 '회의(懷疑)'가 맞다.
⑥은 인간 본성에 대한 답변도 대체로 철학이나 종교의 영역이 맡아 왔다는 것을 미루어 볼 때 ⑥에는 '기준 및 지향점을 제시하는 것'이라는 의미의 단어가 들어가야 함을 알 수 있다. 따라서 '생활이나 행동 따위의 지도적 방법이나 방향을 인도하여 주는 준칙'을 의미하는 '지침(指針)'이 들어갈 수 있다. '본보기가 될 만한 모범'을 의미하는 '전범(典範)'이나 '본받아 배울 만한 대상'을 의미하는 '모범(模範)'이 올 수 있기는 하다.
@ '한계'에 대한 내용이 나오고 있으므로 '상태나 현상이 굳어져 변하지 않음.'을 의미하는 '고착(固着)'이 와야 한다.

**오답풀이** 나머지 선택지의 뜻은 다음과 같다.
⑦ 중층성(固着性) : 여러 층으로 된 것의, 가운데를 이루는 층
 융합성(融合性) : 다른 종류의 것이 녹아서 서로 구별이 없게 하나로 합하여지거나 그렇게 만듦.
⑥ 질문(質問) : 알고자 하는 바를 얻기 위해 물음.
 반문(反問) : 물음에 대답하지 아니하고 되받아 물음.
⑥ 전범(典範) : 본보기가 될 만한 모범
 모범(模範) : 본받아 배울 만한 대상
 통찰(洞察) : 예리한 관찰력으로 사물을 꿰뚫어 봄.
@ 착종(錯綜) : 이것저것이 뒤섞여 엉클어짐.
 연루(連累·緣累) : 남이 저지른 범죄에 연관됨. 관련되다.
 편향(偏向) : 한쪽으로 치우침.

07 〈보기〉에 이어질 내용으로 가장 적절한 것은?

─( 보기 )─

　미디어의 첫 혁명이라고 불릴 수 있는 인쇄술의 발전은 지식 제도 면에서 몇 가지 중요한 변화를 가져왔다. 그 가운데 가장 현저한 변화는 학교와 교사의 기능에서 생겨났다. 다시 말해서, 학교와 교사 없이도 독학을 할 수 있는 '책'이 나왔던 것이다. 독서에 의한 학습이 이루어짐으로써 학교 제도, 또는 기억이라는 개인의 습관에 대한 의존도가 낮아지게 되었다. 기억의 관습에 가한 변화는 인쇄술 발달이 가져온 중요한 업적이다.

　인쇄술의 발달로 당연히 책이 양산되고 책값 역시 저렴해졌을 뿐 아니라, 주해자/주석자의 중요성은 반감된 채 다양한 책들이 서점과 서가에 등장하게 되었다. 그 결과 여러 텍스트를 대조하고 비교할 수 있는 기회가 많아졌으며, 자연스레 지식 사회에 대한 비판과 검증이 가능해졌다

① 독점적인 학설이나 학파의 전횡도 줄어들 수밖에 없었고, 특정 학설의 권위주의적인 행보도 긴 생명을 가질 수 없게 되었다.

② 교사의 권위는 책의 내용을 쉽게 설명해줌으로써 독서를 용이하게 해주는 방식으로 더욱 공고해졌다.

③ 독서 대중의 비판과 검증에 대응하기 위해 지식 사회는 지식의 독점과 권력화에 매진하게 되었다.

④ 저자의 권위가 높아짐으로써 책의 내용을 있는 그대로 받아들이는 수동적인 독서 대중이 탄생하였다.

정답풀이 1문단에서 인쇄술의 발전이 가져온 가장 중요한 변화를 언급하고 있다. 그것은 학교 제도의 영향력이 낮아진 것, 기억에 대한 의존도가 낮아진 것을 들고 있다. 2문단에서 인쇄술의 발달로 다양한 책들이 서점과 서가에 등장하게 되면서 지식 사회에 대한 비판과 검증이 가능해졌음을 말하고 있다. 따라서 뒤에서는 지식 사회에 대한 비판과 검증이 가능해진 결과에 대한 내용이 나올 수 있다. 따라서 ① '독점적인 학설이나 학파의 전횡이 줄어든 것과 특정 학설의 권위주의적인 행보가 사라지게 된 것'이 이어질 내용으로 가장 적절하다. 비판과 검증이 가능해지게 되면 책에 있는 독점적인 학설이나 학파의 전횡이 줄어들 것이기 때문이다.

오답풀이 ② 1문단에서 이미 교사의 권위가 줄어들고 있다고 하고 있기 때문에 이 선택지는 이어질 내용으로 적절하지 않다.
③ 2문단에서 지식 사회에 대한 비판과 검증이 가능해졌다고 하기 때문에지식의 독점과 권력화에 매진하기 더 힘들어졌을 것이므로 이 선택지는 이어질 내용으로 적절하지 않다.
④ '비판과 검증'이라는 사고는 책의 내용을 있는 그대로 받아들이는 수동적인 독서 대중과는 거리가 멀기 때문에 이 선택지는 이어질 내용으로 적절하지 않다.

PART
04

Answer

06 ② 07 ①

PART

# 05

## '화법' 완전 격파 5단계

박혜선 亦功 국어
**콤단문** 독해

## Chapter 01 말하기 방식

 **출사표 이론** 말하기 방식 이론

### 1. 말하기 방식

#### 1) 언어적 표현

- 비언어(非言語)적 표현: 언어가 아닌 표정, 몸짓, 눈짓 등으로 생각이나 감정을 드러내는 것
- 반언어(半言語)적 표현: 언어의 반(半)으로, 강약, 높낮이, 억양 등으로 생각이나 감정을 드러내는 것

#### 2) 공감적 듣기

| 개념 | | 대화 상대의 말을 분석하고 비판하기보다는 일단 상대방의 관점에서 문제를 바라보고 이해하려고 노력하는 것을 말한다. |
|---|---|---|
| 종류 | 소극적인 들어 주기 | 상대방에게 관심을 표명하면서 상대방이 대화를 계속 이어 갈 수 있도록 대화의 맥락을 조절하며 격려하는 것이다. 예 (몸을 돌려 눈을 맞추며) 정말? 어떻게 그렇게 된거야? 어어 그래서? |
| | 적극적인 들어 주기 | 상대방의 말을 요약·정리하고 반영하여 상대방이 스스로 문제를 해결할 수 있도록 돕는 것이다. 예 그러니까 너의 말은 수정이가 저번 너의 행동에 서운해서 지금 너와 대화를 하기 싫어한다는 것이구나. |

| 방법 | 집중하기 기술 | 적절하게 눈 맞추기, 고개 끄덕임. 맞장구, 미소 짓는 표정, 편안한 자세 등 |
|---|---|---|
| | 격려하기 기술 | 상대방이 말한 주요 어휘나 표현 반복하기, 대화를 잇거나 내용을 정확히 이해하기 위한 말이나 질문하기 |
| | 반영하기 기술 | 들은 내용을 자신의 말로 풀어서 재진술해 주기 |

### 2. 간접 발화

| 구분 | 개념 | 예시 |
|---|---|---|
| 직접 발화 | 언어적 표현(문장의 종류: 평서문, 의문문, 명령문, 청유문, 감탄문)과 의도가 일치하는 발화 | (추운 교실에서 창가에 앉은 학생에게) "창문을 닫아라.", "창문을 닫읍시다.", "창문을 닫아 주세요." |
| 간접 발화 | 언어적 표현(문장의 종류: 평서문, 의문문, 명령문, 청유문, 감탄문)과 의도가 일치하지 않는 발화 | (추운 교실에서 창가에 앉은 학생에게) "창문이 열렸네." → 창문을 닫으라는 의미 "춥지 않니?" |

## 출사표 적용 말하기 방식 파악하기

**1 화법에서 꼭 집중해야 하는 부분**

발문, 선택지에 나온 주어를 잘 읽어야 한다. 화자에 따라 눈동자가 가는 위치가 달라지기 때문이다.

**2 부정 발문인 경우**

선택지를 먼저 충분히 읽는다. → 제시문을 독해하면서 내용이 일치하는 선택지들을 소거하며 적절한 답을 골라낸다.

**3 긍정 발문인 경우**

선택지가 길다면 바로 제시문을 읽되, '말하기 방식'에 초점을 맞추며 읽는다.

## 亦功 예상 적중문제

**01** 다음 대화에서 나타난 '지민'의 의사소통 방식으로 가장 적절한 것은?

2022 국가직 9급

> 정수 : 지난번에 너랑 같이 들었던 면접 전략 강의가 정말 유익했어.
> 지민 : 그랬어? 나도 그랬는데.
> 정수 : 특히 아이스크림 회사의 면접 내용이 도움이 많이 됐어.
> 지민 : 맞아. 그중에서도 두괄식으로 답변하라는 첫 번째 내용이 정말 인상적이더라. 핵심 내용을 먼저 말하는 전략이 면접에서 그렇게 효과적일 줄 몰랐어.
> 정수 : 어! 그래? 나는 두 번째 내용이 훨씬 더 인상적이었는데.
> 지민 : 그랬구나. 하긴 아이스크림 매출 증가에 관한 통계 자료를 인용해서 답변한 전략도 설득력이 있었어. 하지만 초두 효과의 효용성도 크지 않을까 해.
> 정수 : 그렇긴 해.

① 자신의 면접 경험을 예로 들어 상대방을 설득하고 있다.
② 상대방의 약점을 공략하며 상대방의 이견을 반박하고 있다.
③ 상대방의 견해를 존중하면서 자신의 의견을 제시하고 있다.
④ 상대방과의 갈등 해소를 위해 자신의 감정을 표현하고 있다.

정답풀이 이러한 화법 문제는 발문이 중요하다고 강조했다. 발문 안에 발화자가 나오면 그 발화자의 대사에만 집중하면 되기 때문이다. 따라서 우리는 '지민'의 대사에만 집중하면 된다. 지민이의 맨 마지막 발화를 보면 정수의 의견을 존중하면서 통계 자료를 인용한 것이 설득력 있었다고 하지만, 뒤에는 '하지만 초두 효과의 효용성도 크지 않을까 해.'라며 자신의 의견을 제시하고 있다.

오답풀이 ① 지민이는 자신의 면접 경험을 예로 든 적이 없다.
② 지민이는 정수의 약점을 공략하기보다는 정수의 의견을 존중해주고 있다.
④ 정수와 의견이 단순히 다를 뿐이지, 갈등 관계에 있다고 보기 힘들다. 또한 갈등 해소를 위한 감정 표현도 나타나 있지 않다.

Answer

**01** ③

## 02 다음 대화에서 '정민'의 의사소통 방식으로 가장 적절한 것은?

2020 국가직 9급

상수: 요즘 짝꿍이랑 사이가 별로야.

정민: 왜? 무슨 일이 있었어?

상수: 그 애가 내 일에 자꾸 끼어들어. 사물함 정리부터 내 걸음걸이까지 하나하나 지적하잖아.

정민: 그런 일이 있었구나. 짝꿍한테 그런 말을 해 보지 그랬어.

상수: 해 봤지. 하지만 그때뿐이야. 아마 나를 자기 동생처럼 여기나 봐.

정민: 나도 그런 적이 있어. 작년의 내 짝꿍도 나한테 무척이나 심했거든. 자꾸 끼어들어서 너무 힘들었어. 네 얘기를 들으니 그때가 다시 생각난다. 그런데 생각을 바꿔 보니 그게 관심이다 싶더라고. 그랬더니 마음이 좀 편해졌어. 그리고 짝꿍과 솔직하게 얘기를 해 봤더니, 그 애도 자신의 잘못된 점을 고치더라고.

상수: 너도 그랬구나. 나도 생각을 바꾸려고 노력해 보고, 짝꿍하고 진솔한 대화를 나눠 봐야겠어.

① 상대방의 입장을 고려해 용서함으로써 갈등을 해결하고 있다.

② 자신의 경험을 들어 상대방이 해결점을 찾을 수 있도록 돕고 있다.

③ 상대방의 약점을 비판하면서 자신의 장점을 최대한 부각하고 있다.

④ 상대방이 말하는 내용을 경청하면서 그 타당성을 평가하고 있다.

정답풀이 " 나도 그런 적이 있어. 작년의 내 짝꿍도 ~ 짝꿍과 솔직하게 얘기를 해 봤더니, 그 애도 자신의 잘못된 점을 고치더라고."에서 정민이는 자신의 경험을 말해준다. 그 경험을 듣고 상수는 "나도 생각을 바꾸려고 노력해 보고, 짝꿍하고 진솔한 대화를 나눠 봐야겠어."라는 해결점을 찾고 있으므로 ②가 정답이다. 이는 공감적 듣기 중 '적극적 듣기'이다.

## 03 다음 진행자 'A'의 대화 진행 전략으로 적절하지 않은 것은?

2020 국가직 9급

A : 여러분, 안녕하세요? 한 지방 자치 단체가 의료 취약 계층을 위한 의약품 공급 정보망 구축 사업을 진행해 오고 있는데요. 오늘은 그 관계자 한 분을 모시고 말씀을 들어 보기로 하겠습니다. 과장님, 안녕하세요?

B : 네, 안녕하세요.

A : 의약품 공급 정보망이라는 말이 다소 생소한데 이게 무슨 말인가요?

B : 네, 약국이나 제약 회사가 의약품을 저희에게 기탁하면, 이 약품을 필요한 사회 복지 시설이나 국내외 의료 봉사 단체에 무상으로 줄 수 있도록 연결하는 사이버상의 네트워크입니다.

A : 그렇군요. 그동안 이 사업에 성과가 있었다면 그럴 만한 이유가 있을 텐데요, 이에 대해 말씀해 주세요.

B : 그렇습니다. 약국이나 제약 회사에서는 판매되지 않은 의약품을 기탁하고 세금 혜택을 받습니다. 그리고 복지 시설이나 봉사 단체에서는 필요한 의약품을 무상으로 지원받을 수 있습니다.

A : 그렇군요. 혹시 이 사업에 걸림돌은 없나요?

B : 의약품을 의사의 처방에 따라서 주는 것이 아니라 수요자가 요구하면 주는 방식이어서 전문 의약품을 제공하는 과정에 어려움이 있습니다. 처방전 발급을 부탁할 수도 없고……

A : 그러니까 앞으로 이런 문제를 해결하기 위한 제도 정비나 의료 전문가의 지원이 좀 더 필요하다는 말씀인 것 같군요. 끝으로 이 사업에 참여하려면 어떻게 해야 하나요?

B : 그건 생각보다 쉽습니다. 저희 홈페이지에 접속하셔서 회원으로 가입하시면 기부하실 때나 받으실 때나 모두 쉽게 참여하실 수 있습니다.

A : 네, 간편해서 좋군요. 모쪼록 이 의약품 공급 정보망 사업이 확대되어 국내외 의료 취약 계층에 많은 도움이 되기를 바랍니다. 감사합니다.

① 상대방의 말을 들었다는 반응을 보인다.

② 상대방의 대답에서 모순점을 찾아 논리적으로 대응한다.

③ 대화의 화제가 된 일을 홍보할 수 있는 대답을 유도한다.

④ 상대방의 말을 대화의 흐름에 맞게 해석하여 상대방의 말을 보충한다.

정답풀이 이 글에서 'A'가 상대방의 대답에서 모순점을 찾아 논리적으로 대응하고 있지는 않다. 대화를 원활하게 진행하는 역할만 할 뿐, '모순점'을 찾거나 대응하는 것까지 나아가지는 않고 있다.

오답풀이 ① 중간에서 A가 "그렇군요."라고 하며 상대방의 말을 들었다는 반응을 보인다.

③ "끝으로 이 사업에 참여하려면 어떻게 해야 하나요?"라고 하며 대화의 화제가 된 일을 홍보할 수 있는 대답을 유도한다. 이에 대한 대답으로 B는 참여할 수 있는 방법을 잘 알려 주었다.

④ "그러니까 앞으로 이런 문제를 해결하기 위한 제도 정비나 의료 전문가의 지원이 좀 더 필요하다는 말씀인 것 같군요."라고 하며 상대방의 말을 대화의 흐름에 맞게 해석하여 상대방의 말을 보충한다.

## 04 다음에서 설명한 공감적 대화로 가장 적절한 것은?

2020 국가직 7급

> 대화는 화자와 청자 간에 이루어지는 상호 교섭적 행위이다. 공감적 대화를 하기 위해서는 상대방이 무엇을 생각하고 느끼고 필요로 하는지에 대해 귀 기울여 들을 수 있어야 한다. 진정한 공감은 상대방에게 잘못을 지적하거나 해결책을 제시하거나 조언을 해 주는 것이 아니라 상대방의 경험을 존중하고 이해해 주는 것이다.

① 가: 요즘 집중력이 떨어지는 것 같아.

　나: 음, 요즘 날씨 때문에 더 그렇지? 네가 중요하다고 생각하는 시기에 집중력이 떨어진다니 속이 상하겠구나.

② 가: 시험 날짜가 다가오니 불안한 마음이 들어.

　나: 안정감을 가져 봐. 많이 지쳐서 그럴 수 있으니 며칠 쉬면서 생각해 보면 어떨까?

③ 가: 계속 공부를 하니 지치는 것 같아.

　나: 몸이 지치면 공부를 하기가 더 힘들어지지. 고민만 하지 말고 좋은 방법을 찾아봐.

④ 가: 이번에는 좋은 결과가 나오지 않을 것 같아.

　나: 지금이 얼마나 중요한 시기인데 그런 얘길 하니? 마음을 다잡고 일단 최선을 다해 봤으면 좋겠구나.

정답풀이 '나'는 "음, 요즘 날씨 때문에 더 그렇지? 네가 중요하다고 생각하는 시기에 집중력이 떨어진다니 속이 상하겠구나."라고 하며 '가'의 말을 존중하고 이해해주고 있으므로 공감적 대화라고 볼 수 있다.

오답풀이 ② "안정감을 가져 봐. 많이 지쳐서 그럴 수 있으니 며칠 쉬면서 생각해 보면 어떨까?"라며 상대의 말에 해결책을 제시해주고 있으므로 진정한 공감적 대화라고 보기 어렵다.

③ "고민만 하지 말고 좋은 방법을 찾아봐."라며 상대의 말에 해결책을 찾으라고 북돋는 것은 진정한 공감적 대화라고 보기 어렵다. 그보다는 상대의 경험을 존중하고 이해해야 했다.

④ "지금이 얼마나 중요한 시기인데 그런 얘길 하니?"라며 잘못을 지적하고 "마음을 다잡고 일단 최선을 다해 봤으면 좋겠구나." 해결책을 제시하고 있다. 이는 진정한 공감적 대화라고 보기 어렵다.

Answer

02 ② 03 ② 04 ①

## 05 토론자들의 말하기 방식에 대한 설명으로 적절한 것은?

2019 국가직 9급

> 사회자 : 학교 폭력 문제가 나날이 심각해지고 있습니다. 이와 관련해 오늘은 '학교 폭력을 방관한 학생에게도 책임을 물어야 한다'를 주제로 토론을 해 보도록 하겠습니다. 먼저 찬성 측 말씀해 주시죠.
>
> 찬성 측 : 친구가 학교 폭력에 의해 희생되고 있는데도 자신에게 피해가 올까 두려워 아무런 조치를 취하지 않는 학생들이 많다고 합니다. 이러한 행동으로 인해 학교 폭력은 점점 확산되고 있습니다. 학교 폭력을 행하는 것을 목격했음에도 어떤 조치도 취하지 않은 것은 폭력에 대해 묵시적으로 동의한 것과 같습니다. 폭력을 직접 행사하는 행위뿐 아니라, 불의에 저항하지 않는 정의롭지 못한 행위에 대해서도 합당한 책임을 물어야 할 것입니다.
>
> 사회자 : 다음으로 반대 측 의견 말씀해 주시죠.
>
> 반대 측 : 특정 학생에게 폭력을 직접 행사해서 피해를 준 사실이 명백할 때에만 책임을 물을 수 있을 것입니다. 또한 사건에 대한 개입과 방관은 개인의 자율적 의지에 달린 문제이므로 외부에서 규제할 성질의 문제가 아닙니다.
>
> 사회자 : 그럼 이번에는 반대 측부터 찬성 측에 대해 반론해 주시지요.
>
> 반대 측 : 과연 누구까지를 학교 폭력의 방관자라고 규정지을 수 있을까요? 집에 가는 길에 우연히 폭력을 목격했을 경우, 자신의 친구로부터 폭력에 관련된 소문을 접했을 경우 등 방관자라고 규정하기에는 애매한 경우가 많습니다. 어떠한 행위를 처벌하려면 확고한 기준이 필요한데, 방관자의 범위부터 규정하기가 불명확하다고 볼 수 있습니다.
>
> 찬성 측 : 불의를 방관한 행위에 대해 사회가 책임을 묻지 않는다면 이후로도 사람들은 아무런 죄책감 없이 불의를 모른 체하고 방관할 것입니다. 결국 이는 사회 전체의 건전성과 도덕성을 떨어뜨릴 것이고, 정의에 근거한 시민의 고발정신까지 약화시킬 것입니다.

① 찬성 측은 친숙한 상황을 빗대어 자신의 견해를 펼치고 있다.
② 찬성 측은 자신의 경험을 제시하여 논지를 보충하고 있다.
③ 반대 측은 윤리적 방법으로 해결책을 제시하고 있다.
④ 반대 측은 논제에 의문을 제기하여 주장을 강화하고 있다.

**정답풀이** 반대 측의 마지막 발언에서 반대 측은 '과연 누구까지를 학교 폭력의 방관자라고 규정지을 수 있을까요?'라며 '학교 폭력을 방관한 학생에게도 책임을 물어야 한다'는 논제에 의문을 제기하고 있다. 이로써 방관한 학생에 대해 책임을 물을 수 없다는 주장을 강화하고 있으므로 ④가 말하기 방식을 설명한 것으로 적절하다.

**오답풀이** ① 찬성 측이 친숙한 상황에 빗대는 내용은 어디에도 언급되어 있지 않다. 그저 학교 폭력에 방관하는 학생들에 대해 설명할 뿐이다.
② 찬성 측은 자신의 개인적인 경험보다는 최근에 나타나는 학교 폭력의 일반적인 양상에 대해 제시하고 있을 뿐이다.
③ 반대 측은 사건에 대한 개입과 방관은 개인의 자율적 의지에 달린 문제이므로 외부에서 규제할 성질의 문제가 아니며 방관자를 규정하는 것의 어려움에 대해 말하고 있다. 따라서 반대 측은 "윤리적 방법"이라는 단어와도 무관하며 해결책을 제시하고 있지도 않다.

**06** 두 사람의 대화에 적용된 공감적 듣기의 방법이 아닌 것은?

2019 국가직 9급

> "수빈 씨, 나 처음 한 프레젠테이션인데 엉망이었어."
> "정말? 무슨 일이 있었는지 자세히 말해 봐."
> "너무 긴장해서 팀장님 질문에 대답을 못했어."
> "팀장님 질문에 대답을 못했구나. 처음 하는 프레젠테이션이라 정아 씨가 긴장을 많이 했나 보다."

① 수빈은 정아의 말에 자신이 주의 집중하고 있음을 보여 주고 있다.
② 수빈은 정아가 계속 말을 할 수 있도록 격려하고 있다.
③ 수빈은 정아의 혼란스러운 감정을 정아 스스로 정리하게끔 도와주고 있다.
④ 수빈은 정아의 말을 자신의 처지로 바꾸어 의미를 재구성하고 있다.

**07** 다음 글을 참고할 때, 〈보기〉에서 아이의 말에 대한 엄마의 말이 '반영하기'에 해당하는 것은?

2017 지방직 9급 추가

> 적극적인 듣기의 방법에는 '요약하기'와 '반영하기'가 있다. 화자가 자신의 상태에 대해 직접적으로 말하는 경우에는 요약하기와 같은 재진술이 가능하지만 그렇지 않으면 불가능하다. 한편 반영하기는 상대의 생각을 수용하고 상대의 현재 상태에 감정 이입을 하여 의미를 재구성하는 방법으로, 상대를 이해하고 있다는 청자의 적극적인 표현이기 때문에 원활한 의사소통에 도움이 된다.

―〈보기〉――
아이 : 엄마, 모레가 시험인데 내일 꼭 치과에 가야 하나요?
엄마 : _____

① 너, 치과에 가기가 싫어서 그러지?
② 네가 치료보다 시험에 집중하고 싶구나.
③ 내일 꼭 치과에 가야 하는지가 궁금했구나.
④ 약속은 지켜야 하는 거니까 치과에 가야겠지.

**정답풀이** 수빈이 정아의 말을 자신의 처지로 바꾸어 의미를 재구성하려면, "만약 나였다면~"과 같은 표현이 있을텐데 제시문에 나와 있지 않다.

**오답풀이** ① 수빈이 정아의 말에 자신이 주의 집중하고 있음을 보여 주는 부분은 맞장구 "정말?"과 정아가 한 말을 되짚어 자신이 집중하고 있음을 보여주는 "팀장님 질문에 대답을 못했구나"를 통해 알 수 있다.
② 수빈이 정아가 계속 말을 할 수 있도록 격려하는 부분은 "무슨 일이 있었는지 자세히 말해 봐."를 통해 알 수 있다.
③ 수빈이 정아의 혼란스러운 감정을 정아 스스로 정리하게끔 도와주고 있는 부분은 "팀장님 질문에 대답을 못했구나. 처음 하는 프레젠테이션이라 정아 씨가 긴장을 많이 했나 보다"에서 드러난다. 정아가 당시에 처한 상황과 느꼈던 감정과 그 원인을 추측하여 정아 스스로 혼란스러운 감정을 정리하게끔 도와주고 있다.

**정답풀이** '반영하기'는 상대의 생각을 수용하고 상대의 현재 상태에 감정 이입을 하여 의미를 재구성하는 방법이다. 아이는 모레가 시험인데 꼭 치과에 가야 하냐고 묻고 있으므로 이에 감정 이입하여 생각하면 '시험 준비를 해야 하는데 치과를 가야 하는 것에 대한 부담감'이 있음을 알 수 있다. 따라서 '네가 치료보다 시험에 집중하고 싶구나'임을 알 수 있다.

**Answer**
05 ④　06 ④　07 ②

## 08 다음 대화에 대한 설명으로 가장 적절한 것은?

2022 지방직 9급

> A: 예은 씨. 오늘 회의 내용을 팀원들에게 공유해 주시면 좋겠네요.
>
> B: 네. 알겠습니다. 팀장님, 오늘 회의 내용을 요약 정리해서 메일로 공유하면 되겠지요?
>
> A: (고개를 끄덕이며) 맞습니다.
>
> B: 네. 그럼 회의 내용은 개조식으로 요약하고, 팀장님을 포함해서 전체 팀원에게 메일로 보내도록 하겠습니다.
>
> A: 예은 씨. 그런데 개조식으로 회의 내용을 요약하는 방식에는 문제가 있지 않을까요?
>
> B: (고개를 끄덕이며) 그렇겠네요. 개조식으로 요약할 경우 회의 내용이 과도하게 생략되어 이해가 어려울 수 있겠네요.

① A는 B에게 내용 요약 방식을 제안하고 있다.

② A와 B는 대화 중에 공감의 표지를 드러내며 상대방의 말을 듣고 있다.

③ B는 회의 내용 요약 방식에 대한 A의 문제 제기에 대해 자신이 다른 입장임을 드러내고 있다.

④ A는 개조식 요약 방식이 회의 내용을 과도하게 생략하여 이해에 어려움을 줄 수 있다고 명시하고 있다.

**정답풀이** 공감의 표지란 청자에게 언어적, 비언어적, 반언어적인 표현으로 공감을 표현하는 것을 의미한다. A와 B 모두 고개 끄덕임(= 비언어적 표현)을 사용하며 공감의 표지를 드러낸다. 또한 언어적 표현으로 '네. 알겠습니다', '맞습니다'를 사용하고 있다.

**오답풀이** ① A의 대사만 빼놓고 봐도 A는 개조식 요약 방법에 대한 문제 제기를 하고는 있어도 B에게 요약 방식을 제안하고 있지는 않는다.

③ B는 A의 문제 제기에 '그렇겠네요'라고 동의를 했으므로 자신이 다른 입장임을 드러냈다는 것은 옳지 않다.

④ '개조식으로 요약할 경우 회의 내용이 과도하게 생략되어 이해가 어려울 수 있다'고 얘기한 것은 A가 아니라 B이다.

**09** 다음 대화에 대한 설명으로 적절한 것은? 2021 지방직 9급

> A : 지난번 제안서 프레젠테이션을 마친 후 "검토
> 하고 연락드리겠습니다."라고 답변을 받았는데
> 아직 별다른 연락이 없어서 고민이에요.
>
> B : 어떤 연락을 기다리신다는 거예요?
>
> A : 해당 사업에 관하여 제 제안서를 승낙했다는
> 답변이잖아요. 그런데 후속 사업 진행을 위해
> 지금쯤 연락이 와야 할 텐데 싶어서요.
>
> B : 글쎄요. 보통 그런 상황에서는 완곡하게 거절
> 하는 의사 표현이라 볼 수 있어요. 그리고 해당
> 고객이 제안서 내용은 정리가 잘되었지만, 요
> 즘 같은 코로나 시기에는 이전과 동일한 사업
> 적 효과가 있을지 궁금하다고 말한 것을 보면
> 알 수 있죠.
>
> A : 네, 기억납니다. 하지만 궁금하다고 말한 것이
> 지 사업을 수용하지 않는다는 것은 아니지 않
> 나요? 답변을 할 때도 굉장히 표정도 좋고 박수
> 도 쳤는데 말이죠. 목소리도 부드러웠고요.

① A와 B는 고객의 답변에 대해 제안서 승낙이라는
의미로 동일하게 이해한다.

② A는 동일한 사업적 효과가 있을지 궁금하다는 표현
을 제안한 사업에 대한 부정적 평가라고 판단한다.

③ B는 고객이 제안서에 의문을 제기한 내용을 근거로
고객의 답변에 대해 판단한다.

④ A는 비언어적 표현을 바탕으로 하여 고객의 답변
을 제안서에 대한 완곡한 거절로 해석한다.

**정답풀이** B는 고객이 제안서에 "동일한 사업적 효과가 있을지
궁금하다"며 의문을 제기한 내용을 근거로 고객의 답변이 완곡
한 거절이라고 판단하고 있으므로 이 선택지는 옳다.

**오답풀이** ① A는 "해당 사업에 관하여 제 제안서를 승낙했다는
답변이잖아요."를 보면 고객의 답변에 대해 승낙이라는 의미
로 이해하고 있음을 알 수 있다. 하지만 B는 "보통 그런 상황
에서는 완곡하게 거절하는 의사 표현이라 볼 수 있어요."를
보면 고객의 답변에 대해 거절의 의미로 이해하고 있다. 따
라서 A와 B는 고객의 답변에 대해 제안서 승낙이라는 의미
로 다르게 이해하고 있음을 알 수 있다.

② B는 요즘 같은 코로나 시기에는 이전과 동일한 사업적 효과
가 있을지 궁금하다고 말한 것은 완곡하게 거절하는 표현이
라고 하고 있다. 하지만 A는 "하지만 궁금하다고 말한 것이지
사업을 수용하지 않는다는 것은 아니지 않나요? 답변을 할
때도 굉장히 표정도 좋고 박수도 쳤는데 말이죠. 목소리도 부
드러웠고요."를 보면, 동일한 사업적 효과가 있을지 궁금하다
는 표현을 긍정적인 평가라고 보고 있음을 알 수 있다.

④ "표정도 좋고 박수도 쳤는데 말이죠."에 비언어적 표현이 나
오는데, A는 이러한 비언어적 표현을 바탕으로 하여 고객의
답변을 제안서에 대한 승낙으로 보고 있음을 알 수 있다.

PART
**05**

**Answer**

08 ② 09 ③

**10** 진행자의 말하기 방식에 대한 설명으로 적절하지 않은 것은?

2019 지방직 9급

> 진행자: 안녕하십니까? 오늘은 고령자의 운전면 허 자진 반납 제도에 대해 홍○○ 교수님 모시고 말씀 들어 보겠습니다.
>
> 홍 교수: 네, 반갑습니다.
>
> 진행자: 나와 주셔서 감사합니다. 우선 이 제도가 어떤 제도인가요?
>
> 홍 교수: 지자체마다 조금씩 다르기는 하지만 고 령 운전자들이 운전면허를 자발적으로 반납하게 유도하여 고령 운전자에 의한 교통사고를 줄이고자 하는 제도입니다.
>
> 진행자: 고령 운전자에 의한 교통사고가 심각한 가요? 뒷받침할 만한 자료가 있나요?
>
> 홍 교수: 네. 도로교통공단의 통계에 따르면, 전체 교통사고 대비 고령 운전자에 의한 교통 사고 비율이 2014년에는 9.0%였으나 매 년 조금씩 증가하여 2017년에는 12.3% 를 차지하고 있습니다.
>
> 진행자: 그렇군요. 아무래도 고령화 사회로 진입 하다 보니 전체 운전자 중에서 고령 운전 자에 해당하는 비율이 늘었기 때문인 것 같은데요.
>
> 홍 교수: 네, 그렇습니다. 이전보다 차량 성능이 월 등히 좋아진 점도 하나의 요인이 될 것입 니다.
>
> 진행자: 그렇다고 해도 무작정 운전면허를 반납 하라고만 할 수는 없을 테고, 뭔가 보완 책이 있나요?
>
> 홍 교수: 네. 지자체마다 차이가 있지만 소정의 교 통비를 지급함으로써 대중교통 이용을 권장하고 있습니다.
>
> 진행자: 취지 자체만으로는 긍정적으로 평가할 수 있을 것 같은데, 혹시 제도 시행상의 문제점은 없나요?
>
> 홍 교수: 일회성이 문제라고 생각합니다.
>
> 진행자: 아, 운전면허를 반납한 당시에만 교통비 가 한 차례 지원된다는 말씀이군요.

> 홍 교수: 네. 이분들이 더 이상 운전을 하지 않아 도 이동권을 확보할 수 있도록 지속적인 지원이 이루어져야 이 제도가 효과를 얻 을 수 있습니다.
>
> 진행자: 그에 더해 장기적으로는 고령자 친화적 인 대중교통 인프라를 구축하는 일도 필 요할 듯합니다. 교수님, 오늘 말씀 감사합 니다.

① 상대방의 의견이 합리적이지 않음을 지적하며 인터 뷰를 마무리 짓는다.

② 상대방이 인용한 통계 자료에 대해 자기 나름대로 의 해석을 제시한다.

③ 상대방이 제시한 정보 이외에 추가적인 정보를 요 구한다.

④ 상대방에게 해당 제도의 시행 배경에 대한 객관적 인 근거를 요구한다.

---

**정답풀이** 진행자의 말하기 방식을 파악하는 문제이다. 인터뷰의 마지막 부분에서, 상대방의 의견이 합리적이지 않음을 지적하며 인터뷰를 마무리 짓는다는 ①이 적절하지 않다. 지속적인 교통비 지원이 있어야 '고령자의 운전면허 자진 반납 제도'가 효과가 있을 것이라는 홍 교수의 의견에 대해, 진행자는 '장기적으로는 고령자 친화적인 대중교통 인프라를 구축하는 일 도 필요'하다고 한다. 이것은 홍 교수의 의견이 합리적이지 않음을 지적하는 것이 아니라 자신의 의견을 덧붙여 홍 교수의 의견 을 보완하는 것이다.

**오답풀이** ② 홍 교수가 "전체 교통사고 대비 고령 운전자에 의한 교통사고 비율이 2014년에는 9.0%였으나 매년 조금씩 증가하여 2017년에는 12.3%를 차지하고 있습니다."라고 도 로교통공단의 통계 자료를 인용하였다. 그러자 진행자는 "아 무래도 고령화 사회로 진입하다 보니 전체 운전자 중에서 고 령 운전자에 해당하는 비율이 늘었기 때문인 것 같은데요." 라고 자기 나름대로 해석하고 있다.

③ 진행자는 홍 교수에게 '고령자의 운전면허 자진 반납 제도'의 보완책이라는 추가 정보를 요구하고 있다. "그렇다고 해도 무작정 운전면허를 반납하라고만 할 수는 없을 테고, 뭔가 보완책이 있나요?"에서 확인할 수 있다.

④ 진행자는 '고령자의 운전면허 자진 반납 제도'의 시행 배경에 대한 객관적인 근거 자료를 홍 교수에게 요구하고 있다. "고 령 운전자에 의한 교통사고가 심각한가요? 뒷받침할 만한 자료가 있나요?"에서 확인할 수 있다.

**11** ⊙~ⓔ의 발화 상황에 대한 설명으로 적절한 것은?

> 동석: (혜선이가 창문을 열어 줄 것을 바라는 마음에서) ⊙ 여름이라 오후가 되면 더 심한 거 같아. 진짜 덥다! 그렇잖니?
>
> 혜선: ⓛ 정말 그렇구나. 땀이 나네 (그리고는 가만히 있는다.)
>
> 동석: ⓒ (혜선을 바라보며) 미안한데 창문 좀 열어 줘. 온도 좀 낮추자.
>
> 혜선: 그래. (창문을 열며) 아까 그 말이 창문 열어달라는 말이었구나. 내가 눈치 없었지?
>
> 동석: 괜찮아. 그럴 수도 있지. ⓔ 교실 밖에 좀 나가 있을까?
>
> 혜선: 그래. (밖으로 나가는 자세를 취하며) 그게 좋겠다.

① ⊙: 창문을 열어달라는 의도가 담긴 직접 발화이다.

② ⓛ: 동석의 발화를 직접 발화로 이해한 결과이다.

③ ⓒ: 발화자가 자신의 의도를 우회적으로 드러내는 간접 발화이다.

④ ⓔ: 교실 밖으로 함께 나가자는 의도가 담긴 직접 발화이다.

정답풀이 혜선은 동석이가 교실 공기가 탁하다는 물음에 ⓛ처럼 덥다고 직접 발화로 답하고 있다.

오답풀이 ① (창문을 열어줄 것을 바라는 마음에서)라는 지시문을 고려하면 ⊙은 '창문을 열어달라'는 요청이 담긴 간접 발화이다.

③ ⓒ은 환기를 하기 위해 창문을 열어달라는 요청이 직접 담긴 것으로, 자신의 의도를 직접적으로 표현하는 직접 발화이다.

④ ⓔ은 함께 나가자는 요청 또는 청유의 의도이지만 의문형 어미를 사용하고 있으므로 간접 발화이다.

PART
05

Answer

10 ① 11 ②

# Chapter 02 공손성의 원리

## 대표 출사표 발문 체크

01 ㉠~㉣은 '공손하게 말하기'에 대한 설명이다. ㉠~㉣을 적용한 B의 대답으로 적절하지 않은 것은? 2021 국가직 9급

02 '손님'의 말에 나타난 공손성 원리로 가장 적절한 것은? 2017 교육행정직 9급

## 출사표 이론 공손성의 원리

| | | | |
|---|---|---|---|
| 요령의 격률 | 상대방에게 부담이 되는 표현은 최소화하고, 상대방의 이익을 극대화하는 표현을 최대화하라.<br>▶ '혹시' '좀' '바쁘시겠지만' '미안하지만' 등의 표현 / 명령문이 아니라 의문문으로 표현하여 상대의 부담을 줄인다.<br>예 미안하지만(혹시) 짐 좀 들어줄 수 있을까요?<br>(늦은 친구에게)기다린지 얼마 안됐어. | 겸양의 격률 | 자신에 대한 칭찬은 최소화하고, 비방을 극대화하라. 찬동의 격률을 화자의 관점에서 말한 것이다.<br>▶ 스스로를 낮추는 잘났음에도 겸손한 표현을 찾으면 된다.<br>예 회장님: 역공녀는 쉬지 않고 일을 하는군요! 정말 성실합니다!<br>역공녀: 아닙니다. 제가 일 처리 속도가 느려서 하루 종일 일하는 거랍니다. |
| 관용의 격률 | 화자 자신에게 혜택을 주는 표현은 최소화하고, 부담을 주는 표현을 최대화하라.<br>▶ 문제를 내 탓으로 돌려, 상대방이 관용을 베풀게 만드는 표현을 찾으면 된다.<br>예 제가 부족한 탓에 업무를 모두 끝내지 못해서 죄송한데 기한을 잠시 연기해도 될까요? 제가 귀가 안 좋은데 더 크게 말해주시겠어요? | 동의의 격률 | 다른 사람과의 의견 차이를 최소화하고, 일치점을 극대화하라.<br>▶ 상대의 의견에 동의한 후 자신의 의견을 말하는 것을 찾으면 된다.<br>예 역공남: 나랑 혹시 밥 먹지 않을래?<br>역공녀: 좋지, 밥도 좋지만 지금은 배불러서... 지금 영화표가 있는데...<br>역공남: 그럼 영화보러 가자! |
| 찬동의 격률 | 다른 사람에 대한 비방은 최소화하고, 칭찬을 극대화하라.<br>▶ 상대의 좋은 점을 칭찬하는 것을 찾으면 된다.<br>예 너 남자친구 참 좋은 사람 같더라.(속으로 맘에 들지 않는 경우라면 아무 말도 하지 않고 있어도 찬동의 격률을 지키는 것이다.)<br>이야. 너가 설명해주니까 단번에 이해가 간다! | | |

**출사표 적용** 공손성의 원리(필기하세요. 적용 포인트입니다.)

| | |
|---|---|
| 요령의 격률 | |
| 관용의 격률 | |
| 찬동의 격률 | |
| 겸양의 격률 | |
| 동의의 격률 | |

PART
**05**

## 亦功 예상 적중문제

**01** ⊙~②은 '공손하게 말하기'에 대한 설명이다. ⊙~②을 적용한 B의 대답으로 적절하지 않은 것은?

2021 국가직 9급

> ⊙ 자신을 상대방에게 낮추어 겸손하게 말해야 한다.
> ⓒ 상대방의 처지를 고려하여 상대방이 부담을 갖지 않도록 말해야 한다.
> ⓒ 상대방이 관용을 베풀 수 있도록 문제를 자신의 탓으로 돌려 말해야 한다.
> ② 상대방의 의견에서 동의하는 부분을 찾아 인정해 준 다음에 자신의 의견을 말해야 한다.

① ⊙
  A: "이번에 제출한 디자인 시안 정말 멋있었어."
  B: "아닙니다. 아직도 여러모로 부족한 부분이 많습니다."

② ⓒ
  A: "미안해요. 생각보다 길이 많이 막혀서 늦었어요."
  B: "괜찮아요. 쇼핑하면서 기다리니 시간 가는 줄 몰랐어요."

③ ⓒ
  A: "혹시 내가 설명한 내용이 이해 가니?"
  B: "네 목소리가 작아서 내용이 잘 안 들렸는데 다시 한 번 크게 말해 줄래?"

④ ②
  A: "가원아, 경희 생일 선물로 귀걸이를 사 주는 것은 어때?"
  B: "그거 좋은 생각이네. 하지만 경희의 취향을 우리가 잘 모르니까 귀걸이 대신 책을 선물하는 게 어떨까?"

---

**정답풀이** ★ 막판 동형에서 여러 번 다루었던 공손성의 원리입니다.

"네 목소리가 작아서 내용이 잘 안 들렸는데"라고 하는 것은 상대방에게 큰 부담을 주는 발언으로 공손성의 원리에 아예 어긋난다. ⓒ처럼, 상대방이 관용을 베풀 수 있도록 자신의 탓으로 돌리려면, "내가 귀가 좀 안 들리는데, 다시 한번 크게 말해 줄래?"라고 해야 한다.

**오답풀이**

> ① ⊙ 자신을 상대방에게 낮추어 겸손하게 말해야 한다.
>   ⇒ 겸양의 격률

"아닙니다. 아직도 여러모로 부족한 부분이 많습니다."는 상대에게 칭찬을 듣고도 자신을 낮추는 표현이므로 적절하다.

> ② ⓒ 상대방의 처지를 고려하여 상대방이 부담을 갖지 않도록 말해야 한다.
>   ⇒ 요령의 격률

미안하다고 하는 상대방의 처지를 고려하여 "괜찮아요. 쇼핑하면서 기다리니 시간 가는 줄 몰랐어요."라고 말함으로써 상대의 부담을 줄여주고 있다.

> ④ ② 상대방의 의견에서 동의하는 부분을 찾아 인정해 준 다음에 자신의 의견을 말해야 한다.
>   ⇒ 동의의 격률

"그거 좋은 생각이네."라고 동의를 해 준 후에 자신의 의견을 말하고 있다.

**02** 다음 대화에서 밑줄 친 부분의 표현 효과에 대한 설명으로 적절한 것은?

2020 지방직 9급

> 김 대리: 늦어서 죄송합니다. 일이 좀 많았습니다.
> 이 부장: <u>괜찮아요. 오랜만에 최 대리하고 오붓하게 대화도 나누고 시간 가는 줄 몰랐네요. 허허허.</u>
> 김 대리: 박 부장님은 오늘 못 나오신다고 전해 달라셨어요.
> 이 부장: 그럼, 우리끼리 출발합시다.

① 자신과 상대방의 의견 차이를 최소화한다.
② 상대방에게 부담이 되는 표현을 최소화한다.
③ 화자 자신에게 혜택을 주는 표현을 최소화한다.
④ 상대방에 대한 비방을 최소화하고 칭찬을 최대화한다.

**03** 다음에서 설명한 '겸양의 격률'을 사용한 대화문은?

2017 국가직 7급

> '공손성의 원리'는 대화 참여자들 사이에서 공손하고 예의 바르게 말을 주고받는 태도를 중시하는 이론이다. 이 원리는 '요령', '관용', '찬동', '겸양', '동의'의 격률로 구성되어 있는데, 이 중 우리 선조들은, 상대방의 칭찬을 그대로 받아들이기 보다는 자신을 낮추어 말하는 것을 미덕으로 여긴 '겸양의 격률'을 중요하게 생각했다.

① 가: 집이 참 좋네요. 구석구석 어쩌면 이렇게 정돈이 잘 되어 있는지… 사모님 살림 솜씨가 대단하신데요.
　 나: 그렇게 말씀해 주시니 고맙습니다.
② 가: 정윤아, 날씨도 좋은데 우리 놀이공원이나 갈래?
　 나: 놀이공원? 좋지. 그런데 나는 오늘 뮤지컬 표를 예매해 둬서 어려울 것 같아.
③ 가: 제가 귀가 안 좋아서 그러는데 죄송하지만 조금만 더 크게 말씀해 주시겠어요?
　 나: 제 목소리가 너무 작았군요. 죄송합니다.
④ 가: 유진아, 너는 노래도 잘하고 운동도 잘하고 못하는 게 없구나.
　 나: 아니에요. 특별히 잘하는 것도 없는데요. 아직 많이 부족합니다.

정답풀이 공손성의 원리에 대한 문제이다.
이 부장은 늦어서 미안해하는 김 대리가 부담을 느끼지 않게끔 최 대리와 즐겁게 대화를 나누어서 시간 가는 줄 몰랐으니 괜찮다고 말하고 있다. 이는 상대방인 김 대리가 부담(미안함)을 느끼지 않도록 부담을 최소화하는 표현을 쓴 것이다. 따라서 상대방에게 부담이 되는 표현을 최소화한다는 ②가 가장 적절하다. 참고로, ②는 공손성의 원리 중 요령의 격률에 해당하는 것이다. 상대방에게 부담이 되는 표현을 최소화하고 이익이 되는 표현을 최대화하는 것을 의미한다.

오답풀이 ① 동의의 격률과 관련된 선택지이다. 이 제시문과는 관련이 없다.
③ 관용의 격률과 관련된 선택지이다. 이 제시문과는 관련이 없다.
④ 찬동(칭찬)의 격률과 관련된 선택지이다. 이 제시문과는 관련이 없다.

정답풀이 '겸양의 격률'은 자기 자신에 대한 칭찬은 최소화하고 자신에 대한 비방을 극대화하는 것이다. 따라서 '가'의 칭찬에 아직 많이 부족하다며 자신을 낮춘 '나'의 자세가 겸양의 격률이 맞다. '가'는 상대의 좋은 점을 칭찬하므로 찬동의 격률을 잘 지키고 있다.

오답풀이 ① '가'는 상대에 대한 칭찬을 극대화하고 있으므로 찬동의 격률이 사용된 대화이다.
② '가'는 청유나 명령의 의문형으로 제시하여 상대의 부담을 줄여주고 있으므로 요령의 격률이 사용된 대화이다. '나'는 '좋지'라며 상대의 의견에 동의한 후 자신의 의견을 말하고 있으므로 동의의 격률을 잘 지킨 대화이다.
③ '가'는 자신의 귀가 안 좋다고 이유를 들고 있으므로 관용의 격률을 사용한 대화이다.

Answer
01 ③　02 ②　03 ④

**04** '손님'의 말에 나타난 공손성 원리로 가장 적절한 것은?

2017 교육행정직 9급

> 손님 : 바쁘실 텐데 초대해 주셔서 감사합니다. 음식이 참 맛있네요. 요리 솜씨가 이렇게 좋으시니 정말 부럽습니다.
>
> 주인 : 뭘요, 과찬이세요. 맛있게 드셨다니 감사합니다.

① 상대방에 대한 비난을 최소화하고 칭찬의 표현을 최대화한다.

② 상대방에 대한 부담은 최소화하고 혜택의 표현을 최대화한다.

③ 자신에 대한 혜택은 최소화하고 부담의 표현을 최대화한다.

④ 자신에 대한 칭찬은 최소화하고 비난의 표현을 최대화한다.

**정답풀이** 발문을 잘 봐야 한다. '손님'은 주인의 요리 솜씨를 칭찬하므로 이는 '찬동의 격률'에 해당한다.
(하지만 '주인'은 칭찬을 겸손하게 받아들이므로 '겸양의 격률'에 해당된다.)

**오답풀이** ② 요령의 격률
③ 관용의 격률
④ 겸양의 격률

**Answer**

04 ①

Chapter
# 03 협력의 원리

출사표 **이론** 협력의 원리

| | |
|---|---|
| 양의 격률 | 필요한 만큼의 적당한 정보만 제공하기<br>**예** 혜선 : 어디 살아?<br>상익 : 우주 중에 지구이고 지구 안의 한국이고 한국 안에 서울이며 서울 안에 동작구이고 노량진동 47-1 1001동 1504호야. |
| 질의 격률 | 타당한 근거를 들어 진실을 말하기(거짓말하지 말기)<br>**예** 민지 : 내 남친이야ᴧᴧ 멋있지?<br>혜선 : (별로인데) 응. 정말 멋있다. |
| 태도의 격률 | 모호한 표현, 중의적인 표현을 쓰지 말고 간결하고 조리 있게 말하기.<br>**예** 혜선 : 성우 씨가 유리 씨 옆에 앉아도 될까요?<br>성우 : 괜찮아요.<br>혜선 : ????(앉겠다는 건가 안 앉겠다는 건가…?)<br>**예** 상익 : 이제 곧 국가직인데 어떻게 대비시켜 줄 거야? 아주 떨려 죽겠어.<br>혜선 : 일단은 역공 기출로 대비를 할 건데. 문법 위주로 해야 하나 문학 위주로…? 아님 독해?? 화법과 작문?? |
| 관련성의 격률 | 대화의 목적이나 주제와 관련된 말을 하기<br>**예** 혜선 : 내일 벚꽃 보러 갈까?<br>공유 : 드라마 촬영이 너무 바빠.<br>혜선 : ??? (그래서 본다는 거야 안 본다는 거야) |

PART
05

**01** 다음 글을 근거로 할 때, 〈보기〉의 대화에서 ㉡의 대답이 갖는 특징으로 적절하지 않은 것은? 2016 국가직 9급

그라이스(Grice)는 원활한 대화 진행을 위한 요건으로 네 가지의 '협력의 원리'를 제시한 바 있다. 첫째, 주고받는 대화의 목적에 필요한 만큼만 정보를 제공하고 필요 이상의 정보를 제공하지 말라는 양의 격률이다. 둘째, 진실한 정보만을 제공하도록 노력하고 증거가 불충한 것은 말하지 말라는 질의 격률이다. 셋째, 해당 대화 맥락과 관련되는 말을 하라는 관련성의 격률이다. 넷째, 모호하거나 중의적인 표현을 피하고 간결하고 조리 있게 말하라는 태도의 격률이다. 그러나 모종의 효과를 위해 이 네 가지의 격률을 위배하는 일은 일상 대화에서 빈번하게 이루어지는데, 일반적으로 언중들은 그것을 자연스럽게 받아들일 뿐 아니라 때에 따라서는 협력의 원리를 지키는 것이 예의에 어긋난 경우도 많다.

─〈보기〉─
대화(1) ㉠: 체중이 얼마나 되니?
㉡: 55 kg인데 키에 비해 가벼운 편입니다.
대화(2) ㉠: 얼마 전 시민 운동회가 있었다며?
㉡: 응. 백 미터 달리기에서 비행기보다 빠른 사람을 봤어.
대화(3) ㉠: 너 몇 살이니?
㉡: 형이 열일곱 살이고, 저는 열다섯 살이지요.
대화(4) ㉠: 점심은 뭐 먹을래?
㉡: 생각해 보고 마음 내키는 대로요.

① 대화(1): 관련성의 격률을 위배하였다.
② 대화(2): 질의 격률을 위배하였다.
③ 대화(3): 양의 격률을 위배하였다.
④ 대화(4): 태도의 격률을 위배하였다.

**정답풀이** 지문에 따르면 '관련성의 격률'이란 해당 대화 맥락과 관련되는 말을 하라는 격률이다. 대화 (1)의 ㉡은 체중을 물어보는 ㉠의 질문에 체중 외의 정보도 제공하였다. 이는 대화의 목적에서 벗어난 필요 이상의 정보를 제공하지 말라는 '양의 격률'을 위배한 것이다.

**오답풀이** ② 백 미터 달리기에서 본 '비행기보다 빠른 사람'이 실제로 비행기보다 빠른지에 대한 증거가 불충분하다. 따라서 증거가 불충분한 것은 말하지 말라는 '질의 격률'을 위배하였다.
③ ㉠은 너의 나이에 대한 정보만 물어보았음에도 불구하고 ㉡은 그가 물어보지 않은 형의 나이까지 대답하였다. 필요 이상의 정보를 제공하였으므로 '양의 격률'을 위배하였다.
④ '생각해 보고 마음 내키는 대로' 먹겠다는 것은 모호한 태도에 해당하므로 '태도의 격률'에 어긋난 발화이다.

**02** 다음 대화에서 밑줄 친 부분을 지키지 않은 사례로 적절한 것은?

> 협력의 원리란 대화 참여자가 대화의 목적에 최대한 기여할 수 있도록 서로 협력해야 한다는 것이다. 그중 태도의 격률이란 모호하거나 중의적인 표현을 피하고 간결하고 조리 있게 말해야 한다는 것이다.

① 역공 : 준비물을 가져오지 않은 사람 손들어볼까?
　합격 : 선생님, 오늘 짝 바꾸는 날이에요.

② 역공 : BTS 신곡 들어 봤니? 요새 그 노래 안 들어본 사람 없다더라.
　합격 : (노래를 들어본 적 없지만) 응, 어제 집에서 들어 봤는데, 또 차트 석권할 거 같더라.

③ 역공 : 이번 주 일요일에 같이 떡볶이 먹으러 갈래?
　합격 : 떡볶이 좋지. 그런데 피자도 맛있을 것 같기도 하고, 하지만 어제 피자를 먹었으니까 떡볶이를 먹을까? 어제 TV 보니까 치킨도 맛있겠더라.

④ 역공 : 너 영어 시험 범위 어디까지인지 아니?
　합격 : 국어는 3단원부터 6단원까지, 영어는 교과서 8쪽부터 67쪽까지, 한국사는 45쪽부터 72쪽까지야.

정답풀이 ▶ 태도의 격률은 모호하거나 중의적인 표현을 피하는 것인데 ③의 '합격'은 역공이의 떡볶이를 먹으러가자는 말에 명확하게 대답하지 않고 이랬다저랬다 애매모호하게 대답하고 있다.

오답풀이 ① 대화의 목적이나 주제와 관련된 것을 말해야 한다는 관련성의 격률을 어기고 있다. 역공이는 준비물을 물어봤지만 '합격'은 짝 바꾸는 것에 대해 얘기하고 있기 때문이다.
② '대화 내용이 사실이어야 한다'는 질의 격률을 어기고 있다. 노래를 들어본 적도 없으면서 들어본 적 있다고 하고 있다. 거짓말을 하면 안 된다.
④ '필요한 만큼만 정보를 제공해야 한다.'는 양의 격률을 어기고 있다. 영어 시험 범위만 알려주면 되는데 다른 과목의 범위까지 알려주고 있기 때문이다.

Answer

**01** ① **02** ③

PART

# 06

## '문학' 필수 이론 완전 격파

박혜선 亦功 국어
**콤단문** 독해

**Chapter**

# 01 문학 감상 방법

🏛️ 출사표 **이론** 문학 감상 방법

사회

작가 ── 작품 ── 독자

## 1. 내재적 감상 방법

① 구조(構造)론(= 내재론, 절대론) : 작품 자체를 절대적으로 중요한 존재로 보아, 작품 안에서만 해석하는 관점이다.

> **예** 이육사의 〈절정〉
> : 시적 화자는 암울한 현실 속에서 시련을 극복하려는 강한 의지를 다지고 있다.
> : 한시의 '기 − 승 − 전 − 결'의 구조와 유사한 형식을 가지고 있다.
> : 역설적 표현을 통해 주제를 효과적으로 형상화하고 있다.

## 2. 외재적 감상 방법

① 반영(反映)론 : 작품이 당시의 시대적 배경을 어떻게 반영했는가에 초점을 두고 작품을 감상하는 방법이다. 작품과 사회(시대)와의 관계에 초점이 맞추어져 있다.

> **예** 이육사의 〈절정〉 : 일제 강점기의 현실적 한계 상황을 극복하는 모습이 나타나 있다.

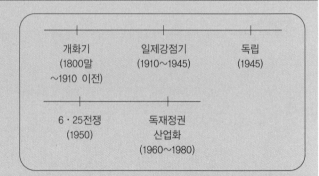

| 개화기 | 일제강점기 | 독립 |
|---|---|---|
| (1800말 ~1910 이전) | (1910~1945) | (1945) |

| 6 · 25전쟁 | 독재정권 산업화 |
|---|---|
| (1950) | (1960~1980) |

② 표현(表現)론 : 작품에 작가의 생애, 가치관, 문학의 경향 등이 어떻게 드러나는가에 초점을 두고 작품을 감상하는 방법이다. 작품과 작가의 관계에 초점이 맞추어져 있다.

> **예** 이육사의 〈절정〉
> : 이육사는 양반의 후손으로, 양반의 강인한 선비 정신이 시에 깃들어 있다.
> : 이육사는 대표적인 저항시인으로, 강인한 남성의 어조로 독립에 대한 염원을 노래하였다.

③ 효용(效用)론 : 독자가 작품을 읽고 어떻게 효율적으로 이용하는가에 초점을 두고 작품을 감상하는 방법이다. 독자는 작품을 통해 깨달음, 교훈, 즐거움, 감동 등을 얻거나 작품의 인물의 삶과 자신의 삶을 비교하거나 자신의 삶에 대한 반성(= 성찰)을 하게 된다.

> **예** 이육사의 〈절정〉
> : 나는 일제 강점기의 상황이라면 이육사처럼 일제에 저항할 수 없을 거 같았다. 힘든 상황 속에서도 소신을 잃지 않은 화자의 모습에 감동을 느꼈다.
> : 부당한 현실을 수용하던 나의 모습에 대해 성찰하게 되었다.

# Chapter 02 운문 필수 이론

**출사표 이론** 운문 필수 이론

## 1. 시의 개념과 특성

주제를 운율이 있는 언어로 함축적으로 표현한 서정 문학(음악성, 함축성, 주관성)

## 2. 시의 종류

| 형식 | 정형시<br>(定型詩) | 정해진 형식의 시<br>예 주로 고전 시: 향가, 고려가요, 시조, 가사. |
|---|---|---|
| | 자유시<br>(自由詩) | 형식이 자유로운 시<br>예 주로 현대 시(단, '현대 시조'만 정형시에 속함) |
| | 산문시<br>(散文詩) | 행이나 연으로 나뉘지 않고 줄글로 된 시.<br>예 조지훈의 〈봉황수〉, 서정주의 〈신선 재곤이〉 |

## 3. 시의 운율

| 외형률 | 음수율 | 음절의 수를 일정하게 하여 이루는 운율<br>예 3·4조(調), 4·4조<br><br>예 내 모움 버혀 내여 별둘을 밍글고져<br>구만 리 댱텬(長天)의 번두시 걸려 이셔<br>고온 님 겨신 고딕 가 비최여나 보리라 |
|---|---|---|
| | 음보율 | 끊어 읽는 단위를 일정하게 하여 이루는 운율<br>예 3음보, 4음보<br><br>예 선인교(仙人橋) 나린 물이 자하동(紫霞洞) 흘너 드러,<br>반천 년(半千年) 왕업(王業)이 물소리뿐이로다.<br>아희야, 고국 흥망(故國興亡)을 무러 무엇ᄒ리오. |
| | 음위율 | 같은 위치에 비슷한 음이나 같은 음을 배치하여 이루는 운율<br><br>예 묏버들 골희 것거 보내노라 님의손딕<br>자시논 창(窓)밧긔 심거 두고 보쇼셔<br>밤비예 새닙곳 나거든 날인가도 너기쇼셔 |
| 내재율 | | 눈으로 운율을 파악할 수 있는 외형률과 달리, 읽어야만 느낄 수 있는 내재된 운율<br>예 대부분의 현대 시 |

### 1) 동일 음운의 반복

> 예 흐르는 물은
> 어서 따라오라고 따라가자고
> 흘러도 연달아 흐릅디다려. − 김소월, 〈가는 길〉

### 2) 같은 단어, 어구의 반복

> 예 산에는 꽃 피네 / 꽃이 피네
> 갈 봄 여름 없이 / 꽃이 피네 − 김소월, 〈산유화(山有花)〉

### 3) 유사한 통사 구조의 반복

> 예 모란이 피기까지는
> 나는 아직 나의 봄을 기다리고 있을 테요
> 모란이 뚝뚝 떨어져 버린 날
> 나는 비로소 봄을 여읜 설움에 잠길 테요 − 김영랑, 〈모란이 피기까지는〉

### 4) 음성 상징어의 사용

> 예 접동 / 접동 // 아우래비 접동 − 김소월, 〈접동새〉

## 4. 표현법

### 1) 최고 빈출

#### ① 감정이입(感情移入, Empathy)

화자의 감정을 다른 대상(자연물)에 이입하는 것. 화자의 감정이 표면적으로 드러난다.

> 예 사슴의 무리도 슬피 운다. − 김소월, 〈초혼〉
> 눈물이 속된 줄을 모를 양이면 봉황새야 구천(九泉)에 호곡(呼哭)하리라.
>
> − 조지훈, 〈봉황수〉 (2021 지방직 9급)

> 예 객관적 상관물(客觀的 相關物 objective correlative)
> 화자의 주관적인 감정을 자연물을 통해 객관화하여 표현하기 위한 대상물이다. 시의 목적은 정서 전달이므로 시어들은 웬만하면 객관적 상관물이라고 볼 수 있다.

#### ② 설의법(設疑法): 의문형으로 쓰지만 대답이 나오지 않는 표현법(독자가 알아서 답을 내야 한다)

> 예 눈이 오는가 북쪽엔 / 함박눈 쏟아져 내리는가. − 이용악, 〈그리움〉
> 까마득한 날에 / 하늘이 처음 열리고 / 어데 닭 우는 소리 들렸으랴 − 이육사, 〈광야〉
> 사노라면 / 가슴 상하는 일 한두 가지겠는가 − 조병화, 〈나무의 철학〉 (2021 국가직 9급)

#### ③ 문답법(問答法): 물음과 대답을 모두 보여줌

> 예 이 몸이 죽어가셔 무어시 될고하니
> 봉래산(蓬萊山) 제일봉(第一峰)에 낙락장송(落落長松) 되어이셔
> 백설(白雪)이 만건곤(滿乾坤)제 독야청청(獨也靑靑) 하리라. − 성삼문

④ 음성 상징어

의성어와 의태어로, '멍멍', '탕탕', '아장아장', '엉금엉금' 따위가 있다.

> 예 한 번 굴러 힘을 주며 두 번 굴러 힘을 주니 발밑에 작은 티끌 바람 쫓아 펄펄, 앞뒤 점점 멀어 가니 머리 위의 나뭇잎은 몸을 따라 흔들흔들.
>
> — 작자미상, 〈춘향전〉(2021 지방직 9급)

⑤ 공감각(共感覺)적 심상(감각의 전이)

하나의 감각이 다른 감각으로 전이되는 것

> 예 여인은 나어린 딸아이를 때리며 가을밤같이 차게 울었다. — 백석, 〈여승〉
> → 청각의 촉각화
>
> 분수처럼 흩어지는 푸른 종소리 — 김광균, 〈외인촌〉
> → 청각의 시각화
>
> 피부의 바깥에 스미는 어둠 → 시각의 촉각화 — 김광균, 〈와사등〉

⑥ 비유법

원관념을 보조 관념에 빗대어 설명하는 표현 방법. 원관념과 보조 관념 사이에 유사성이 있다.

㉠ 직유법(直喩法): '같이, ~처럼, ~듯이, ~양, ~듯' 등의 연결어로 원관념과 보조 관념을 직접 연결

> 예 녹음방초 우거져 금잔디 좌르르 깔린 곳에 황금 같은 꾀꼬리는 쌍쌍이 날아든다.
>
> — 〈열녀 춘향 수절가〉(2021. 지방직 9급)
>
> 선생(先生)님은 낙타(駱駝)처럼 늙으셨다. — 이한직, 〈낙타〉

㉡ 은유법(隱喩法): A = B이다 / A의 B / B

> 예 나는 시방 위험한 짐승이다. — 김춘수, 〈꽃을 위한 서시〉
>
> 님의 사랑은 뜨거워 / 근심 산을 태우고 한 바다를 말리는데 — 한유천, 〈님의 손길〉

> ≫ 상징
> 추상적인 원관념을 구체적인 보조관념에 빗대지만, 원관념이 생략되어 있는 표현법
>
> ① 원형적 상징 예 물 : 생명, 죽음
> ② 관습적 상징 예 매란국죽 : 지조와 절개
> ② 창조적 상징 예 유치환의 〈깃발〉 : 이상향

PART
06

ⓒ 의인법(擬人法): 인간이 아닌 것을 인간처럼 표현함

> **예** 더우면 곳 퓌고 치우면 닙 디거놀
> 솔아 너는 얻디 눈서리롤 모르는다
> 九구泉천의 불희 고돈 줄을 글로 ᄒ야 아노라 ― 윤선도, 〈오우가〉

ⓔ 활유법(活喩法): 살아 있지 않은 것을 살아 있는 것처럼 표현함

> **예** 애수는 백로처럼 날개를 펴다 ― 유치환, 〈깃발〉
>
> 어둠은 새를 낳고, 돌을 낳고, 꽃을 낳는다 ― 박남수, 〈아침〉

» 의인법과 활유법의 개념 정리

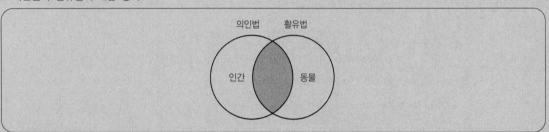

⑦ 대구법(對句法): 비슷한 어구를 짝지어 나열한 표현법

> **예** • 산에는 눈이 오고 들에는 찬비로다 ― 임제
>
> • 나는 나룻배 / 당신은 행인 ― 한용운, 〈나룻배와 행인〉
>
> • 바람보다 늦게 누워도 / 바람보다 먼저 일어나고 / 바람보다 늦게 울어도 / 바람보다 먼저 웃는다
> ― 김수영, 〈풀〉

⑧ 반복법(反復法): 같은 음운, 단어, 어절, 문장 등을 반복 ⇨ 의미 강조, 운율 형성

> **예** 산산이 부서진 이름이여! 허공중에 헤어진 이름이여!

⑨ 도치법(倒置法): 문장 성분의 순서를 바꿔 의미를 강조하는 표현법

> **예** 나는 꿈꾸었노라, 동무들과 내가 가지런히
> 벌가의 하루 일을 다 마치고 석양에 마을로 돌아오는 꿈을
> ― 김소월, 〈바라건대는 우리에게 우리의 보습 대일 땅이 있었더라면〉
>
> 죽어도 아니 눈물 흘리오리다 ― 김소월, 〈진달래꽃〉

⑩ 주관적 변용: 추상적인 대상을 구체적으로 표현함.

> **예** 동지(冬至)ㅅ 둘 기나긴 밤을 한 허리를 버혀 내어
> 춘풍 니불아리 서리서리 너헛다가
> 어론 님 오신 날 밤이여든 구뷔구뷔 펴리라.

## 2) 중간 빈출

### ① 대유법(代喩法): 일부를 통해 전체를 대표하여 비유하는 표현법

> **예** • 가노라 삼각산(三角山)아, 다시 보자 한강수(漢江水)야. → '우리나라'를 비유함
> • 한라에서 백두까지 → '우리 국토'를 비유함
> • 강호(江湖)에 봄이 드니 미친 흥(興)이 절로 난다. → '자연'을 비유함

### ② 중의법(重義法): 한 언어가 둘 이상의 의미를 갖도록 표현함

> **예** 수양산 바라보며 이제를 한하노라 한(恨)하다
> (① 중국의 산 ② 수양대군)
> 명월(明月)이 만공산(滿空山)하니 수여 간들 엇더리.
> (① 밝은 달 ② 화자의 기생 이름)

### ③ 감정 절제: 담담하게 자신의 정서를 풀어냄

> **예** 새까만 밤이 밀려 나가고 밀려와 부딪치고
> 물먹은 별이, 반짝, 보석처럼 박힌다.
> 밤에 홀로 유리를 닦는 것은
> 외로운 황홀한 심사이거니,
> 고운 폐혈관이 찢어진 채로
> 아아, 너는 산새처럼 날아갔구나!
> — 정지용, 〈유리창〉

**》"감정 절제"에서 주의할 점**
영탄법, 감정의 직접적 표현이 있음에도 감정 절제가 될 수 있다.

### ④ 반어법(反語法): 겉의 표현과 속의 진짜 의도가 반대인 표현법

ㄱ 언어적 아이러니: 일반적인 반어법

> **예** 먼 훗날 당신이 찾으시면 / 그때에 내 말이 '잊었노라' // 당신이 속으로 나무라면 / '무척 그리다가 잊었노라' // 그래도 당신이 나무라면 / '믿기지 않아서 잊었노라' // 오늘도 어제도 아니 잊고 / 먼 훗날 그때에 '잊었노라'

ㄴ 상황적 아이러니: 소설 속에 많이 등장함. 인물의 행동과는 다르게 결말이 반대로 흘러가는 반어법이다.

> **예** 이태준의 〈복덕방(福德房)〉, 김동인의 〈감자〉의 주인공 복녀, 채만식의 〈태평천하(太平天下)〉

### ⑤ 역설법(逆說法): 겉의 표현은 모순이지만 그 속에 삶의 진리나 깨달음을 담고 있음.
(모순 형용, 모순 어법)

> • 이것은 소리 없는 아우성
> • 분분한 낙화…… / 결별이 이룩하는 축복에 싸여 / 지금은 가야 할 때
> • 찬란한 슬픔의 봄
> • 괴로웠던 사나이, 행복한 예수그리스도
> • 두 볼에 흐르는 빛이 / 정작으로 고와서 서러워라
> • 가시는 걸음 놓인 그 꽃을 사뿐히 즈려 밟고 가시옵소서
> • 겨울은 강철로 된 무지갠가 보다.

⑥ 영탄법(詠嘆法) : 감탄하는 표현법(감탄사, -구나, -이여!, ~하랴!)

> 예 오오 불설워. ― 김소월, 〈접동새〉
>
> 선 채로 이 자리에 돌이 되어도
> 부르다가 내가 죽을 이름이여! ― 김소월, 〈초혼〉

⑦ 점층법(漸層法) : 정도를 더 크게 높게 강하게 표현하는 것
(길이가 점점 길어지는 것도 점층법)

> 예 돈을 잃는 것은 적게 잃는 것이지만 명예를 잃는 것은 많이 잃는 것이고 건강을 잃는 것은 모든 것을 잃는 것이다.

⑧ 연쇄법(連鎖法) : 앞 구절의 마지막 부분을 뒤에서 반복하는 것을 반복함 ⇨ 운율 형성

> 예 고인(古人)도 날 몯 보고 나도 고인(古人)몯 뵈
> 고인(古人)을 몯 뵈도 녀던 길 알픠 잇니
> 녀던 길 알픠 잇거든 아니 녀고 엇뎔고. ― 이황, 〈도산십이곡(陶山十二曲)〉

3) 난이도 조절용

① 과장법(誇張法) : 현실보다 대상을 더 크거나 작게 그려서 대상을 강조하는 표현법

> 예 대동강물이야 어느 때나 마르리
> 이별의 눈물 해마다 푸른 물결에 더하여지네 ― 정지상, 〈송인〉

② 생략법 : 여운을 남김. 간결하고 압축적인 효과. 말줄임표를 쓰게 되면 여운이 지속된다.

> 예 그냥 갈까 / 그래도 / 다시 더 한 번…… ― 김소월, 〈가는 길〉

③ 주객전도(主客顚倒) : 주인과 손의 위치가 서로 뒤바뀐다는 뜻으로, 사물의 경중·선후·완급 따위가 서로 뒤바뀜.

> 예 공명(功名)도 날 씌우고, 부귀(富貴)도 날 씌우니. ― 정극인, 〈상춘곡(賞春曲)〉

④ 언어유희(言語遊戲) : 같은 말을 다른 뜻으로 사용하거나 동음이의어를 사용하여 해학성을 높이는 표현 방법으로, 말이나 문자를 소재로 한 말재롱을 말한다.

> 예 너의 서방인지 남방인지 걸인 하나가 내려왔다.

## 5. 시상 전개 방식

작가가 자신의 주제를 효과적으로 전달하고자 선택한 전개 방식

### 1) 시간의 흐름에 따른 전개(과거 – 현재 – 미래 / 계절 변화 / 하루)

예 까마득한 날에 / 하늘이 처음 열리고 / 어데 닭 우는 소리 들렸으랴
〈중략〉 지금 눈 내리고 / 매화 향기 홀로 아득하니 / 내 여기 가난한 노래의 씨를 뿌려라.
다시 천고(千古)의 뒤에 / 백마 타고 오는 초인(超人)이 있어 / 이 광야에서 목놓아 부르게 하리라
— 이육사, 〈광야〉

예 여승(女僧)은 합장(合掌)하고 절을 했다 / 가지취의 내음새가 났다 /
쓸쓸한 낮이 옛날같이 늙었다 나는 불경(佛經)처럼 서러워졌다//
평안도의 어늬 산 깊은 금덤판 / 나는 파리한 여인(女人)에게서 옥수수를 샀다 /
여인은 나 어린 딸아이를 때리며 가을밤같이 차게 울었다//
섶벌같이 나아간 지아비 기다려 십 년이 갔다 / 지아비는 돌아오지 않고 /
어린 딸은 도라지꽃이 좋아 돌무덤으로 갔다//
산꿩도 설게 울은 슬픈 날이 있었다 /
산절의 마당귀에 여인의 머리오리가 눈물방울과 같이 떨어진 날이 있었다
— 백석, 〈여승〉

### 2) 공간(시선의 이동)의 흐름에 따른 전개(대상의 단순 나열, 원경 – 근경)

예 산(山)은 / 구강산(九江山) / 보랏빛 석산(石山) //
산도화(山桃花) / 두어송이 / 송이 버는데
봄눈 녹아 흐르는 / 옥같은 / 물에 //
사슴은 / 암사슴 / 발을 / 씻는다.
— 박목월, 〈산도화〉

### 3) 선경후정(先景後情) : 앞은 경치, 뒤는 화자의 정서

예 문 열자 선뜻! / 먼 산이 이마에 차라. //
우수절(雨水節) 들어 / 바로 초하루 아침. / 새삼스레 눈이 덮인 멧부리와 /
서늘옵고 빛난 이마받이하다. //
얼음 금가고 바람 새로 따르거니 / 흰 옷고름 절로 향기로워라. //
옹숭거리고 살아난 양이 / 아아 꿈 같기에 설워라. //
미나리 파릇한 새순 돋고 / 옴짓 아니 기던 고기 입이 오물거리는, //
꽃피기 전 철 아닌 눈에 / 핫옷 벗고 도로 춥고 싶어라. //
— 정지용, 〈춘설〉

### 4) 기승전결(起承轉結) : 기(시상 시작) / 승(정서 고조) / 전(시상 전환) / 결(주제)

예 매운 계절(季節)의 채찍에 갈겨 / 마침내 북방(北方)으로 휩쓸려 오다. //
하늘도 그만 지쳐 끝난 고원(高原) / 서릿발 칼날진 그 위에 서다. //
어데다 무릎을 꿇어야 하나 / 한 발 재겨 디딜 곳조차 없다. //
이러매 눈 감아 생각해 볼밖에 / 겨울은 강철로 된 무지갠가 보다. //
— 이육사, 〈절정〉

PART
06

5) 수미상관(首尾相關) : 첫 부분과 끝 부분이 서로 대응(관련 있음)하는 구조

> 예 하늘은 날더러 구름이 되라 하고 / 땅은 날더러 바람이 되라 하네. /
> 청룡 흑룡 흩어져 / 비 개인 나루 / 잡초나 일깨우는 잔바람이 되라네 /
> 뱃길이라 서울 사흘 목계 나루에 /
> 아흐레 나흘 / 찾아 박가분 파는 / 가을볕도 서러운 방물장수 되라네 /
> 산은 날더러 들꽃이 되라 하고 /
> 강은 날더러 잔돌이 되라 하네. / 산서리 맵차거든 풀 속에 얼굴 묻고 /
> 물여울 모질거든 바위 뒤에 붙으라네 /
> 민물 새우 끓어 넘는 토방 툇마루 / 석삼년에 한 이레쯤 천치로 변해 / 짐 부리고 앉아 쉬는 떠돌이가 되라네 /
> 하늘은 날더러 바람이 되라 하고 / 산은 날더러 잔돌이 되라 하네.
>
> — 신경림, 〈목계장터〉

## 6. 점층(漸層)적 기법에 의한 시상 전개

> 예 매운 계절의 채찍에 갈겨 / 마침내 북방으로 휩쓸려 오다. //
> 하늘도 그만 지쳐 끝난 고원 / 서릿발 칼날진 그 위에 서다. //
> 어디다 무릎을 꿇어야 하나 / 한 발 재겨 디딜 곳조차 없다. //
> 이러매 눈 감아 생각해 볼밖에 / 겨울은 강철로 된 무지갠가 보다.
>
> — 이육사, 〈절정〉

## 7. 어조

어조란 시적 자아에 의해 나타나는 목소리의 특징으로, 시인이 독자를 대함에 있어서 취하는 태도를 말한다. 어조는 분위기를 조성하고, 주제를 강조하는 기능을 하는데 어조의 유형은 다음과 같이 나누어 볼 수 있다.

| | | |
|---|---|---|
| 청자의 유무 | 독백적 어조 | 혼잣말하는 듯한 말투<br><br>예 산모퉁이를 돌아 논가 외딴 우물을 홀로 찾아가선 가만히 들여다 봅니다.<br>우물 속에는 달이 밝고 구름이 흐르고 하늘이 펼치고 파아란 바람이 불고 가을이 있습니다.<br>— 윤동주, 〈자화상〉 中 |
| | 대화적 어조 | 남과 대화하는 말투.<br>명령문, 청유문, 청자 설정으로 판단할 수 있다.<br><br>예 어머니 부디 잊지 마셔요<br>그때 우리는 어린 양을 몰고 돌아옵시다.<br>어머니<br>당신은 그 먼 나라를 알으십니까?<br>— 신석정, 〈어머니 그 먼 나라를 알으십니까〉 中 |

≫ 특수하고 중요한 계층, 지식인
교육 수준이 높은 계층으로 민중을 대변해야 하는 의무가 있다. 하지만 지식인은 힘이 없으므로 부조리한 현실에 저항하지 못한 것에 대한 무기력함을 드러내기도 한다.

MEMO

# 현대 운문 독해법
## 출사표(出事俵)

┌─────────────────────────────────────────────┐
│ **1. 작가, 제목을 먼저 확인하기** │
└─────────────────────────────────────────────┘

1) 제목 파악하기

   (1) 시적 _____

      📖 신동엽, 〈봄은〉

   (2) 시의 _____

     ① _____

       📖 정지용, 〈춘설(春雪)〉, 오민석, 〈아침 시〉, 김광균, 〈추일서정〉

     ② _____

       📖 오장환, 〈고향 앞에서〉, 윤동주, 〈길〉

   (3) 시의 _____

      📖 서정주, 〈추천(鞦韆)사〉, 정희성, 〈저문 강에 삽을 씻고〉

   (4) 화자의 _____

      📖 이용악, 〈그리움〉

   (5) 시적 _____, _____

      📖 서정주, 〈견우의 노래〉, 서정주, 〈춘향유문〉, 기형도, 〈엄마 걱정〉

2) 작가 파악하기

   (1) 순수 문학

   (2) 현실 문학

---

**Answer**

**(1)** 대상 **(2)** 배경 ① 시간 ② 공간 **(3)** 상황 **(4)** 정서 **(5)** 화자, 청자

## 2. 시 파악의 최고 중요한 KEY

→ 빈출 시어의 _____ 의미 파악하기

(단, 가장 중요한 것은 문맥적 의미를 파악하는 것!

즉, 시어 주변의 _____어, _____어를 먼저 파악하는 것!)

비슷한 _____ 구조의 비슷한 _____에 있는 시어들의 의미는 비슷할 확률이 높다.

1) 눈, 비, 바람, 서리 = _____, _____

2) 봄, 아침, 빛 = _____, _____

　겨울, 밤, 어둠 = _____, _____

3) 하늘, 바다, 별, 청산 = _____

4) 산, 고개 = _____, _____

5) 꽃 = 의미 없는 _____ 영화, _____

　풀 = _____을 지닌 _____

6) 하강적 이미지 = _____, _____의 이미지

　상승적 이미지 = _____의 이미지

3. 시적 화자
  ─ 표면 : _____, _____
  ─ 이면 : _____, _____ ×

1) _____가 대놓고 드러나면, 땡큐 베리 머치를 외친다!

   그리고 _____에 대한 답을 찾는다.

2) 화자의 욕망(_____)과 _____를 찾으면서 읽기 : 정서와 상황이 드러난다.

3) 정서에 따라 연결되는 시적 상황

| 빈출 정서 | 연결되는 상황 |
|---|---|
| 그리움 | _____ |
| 그리움 | _____ |
| 부끄러움 | _____ |

MEMO

# 고전 운문 독해법
## 출사표(出事俵)

> **1. 읽을 줄 알아야 의미 파악이 가능하다.**
>   기본 : 소리 나는 대로 읽기 (표음주의)

① · (아래 아) = 첫째 음절 _____

                  둘째 음절 _____, _____, _____

    예 ᄆᆞᅀᆞᄆᆞᆯ = _____

② ·ㅣ = _____

    예 ᄂᆡ ᄆᆞᅀᆞᆷ 둘 ᄃᆡ 업서 = _____

③ 어두 자음군

    예 ᄡᆞᆯ = _____, ᄭᅮᆷ = _____, ᄯᅩ = _____

④ △ = _____ , _____

    예 ᄀᆞᅀᆞᆯ = _____

⑤ 두음법칙 적용해서 읽기

    예 니르다 = _____, 녀기다 = _____

        녯 믈 = _____ 믈

⑥ 이중 모음은 단모음으로 읽기

    예 홀로 셔 이셔 = 홀로 _____

        어졔 = 어_____

⑦ 구개음화 적용해서 읽기

    예 것츠로 눈믈 디고 = 겉으로 눈물 _____고

---

**Answer**

① ㅏ / ㅡ, ㅗ, ㅜ 마음을 ② ㅐ / 내 마음 둘 데 없어 ③ 쌀, 꿈, 또 ④ ∅, ㅅ / 가을
⑤ 이르다, 여기다 / 옛 ⑥ 서 있어 / 제 ⑦ 지

## 2. 한자 시험이 아니니, 아는 것만 대입하자.

> **예** 탁료 계변(濁醪溪邊)에 금린어(錦鱗魚)ㅣ 안주로다.
>
> = _____

## 3. 꼭 알아야 하는 고전 필수 어휘

1. 용언

① 하다 = _____, _____ / ᄒᆞ다 = _____

   죻다 = _____ / 둏다 = _____

② 괴다 = _____  얼다 = _____  여히다 = _____

③ 이시다 = _____

④ 녀다 = _____, _____, _____

⑤ 혀다 = _____

⑥ 니르다 = _____(= _____)

⑦ 머흘다 = _____

⑧ 헌ᄉᆞ하다 = _____

⑨ 삼기다 = _____, 밍글다 = _____

⑩ 다호라 = _____

**Answer**

2. 시냇물에 물고기 안주로다.
① 많다, 크다 / 하다 / 깨끗하다 / 좋아하다(= like) ② 사랑하다 / 정을 통하다 / 사별하다 ③ 있다
④ 가다, 살다, 있다 ⑤ 켜다 ⑥ 이르다 / 말하다 ⑦ 험하다 ⑧ 야단스럽다 ⑨ 만들다, 만들다 ⑩ ~답다

⑪ 디다 = _____

⑫ 긋다/긋치다 = _____

⑬ 버히다 = _____

⑭ 어리다 = _____

⑮ 슬허하다 = _____ 슳다(슬ᄒ다) = _____

⑯ 외다 = _____

⑰ 새오다 = _____

⑱ 씌우다 = _____

⑲ 늣기다 = _____

   싀어디다 = _____

⑳ 무심하다 = _____

㉑ 恨하다 = _____

㉒ 혜다 = _____

2. 명사

① 홍진(紅塵), 인간 = _____

② 듸 = _____

   제 = _____

③ 즁 = _____

## 3. 부사

① 흥마 = _____ , 고텨 = _____

② 져근덧 = _____

## 4. 의문사

① 언제, 어느삐 = _____

② 어듸, 어듸메, 어디 = _____

③ 므슥, 므슴, 므스것 = _____

④ 현마, 몇 = _____

⑤ 엇뎨, 엇뎌 = _____

⑥ 어느/어느 = _____

## 5. 조사 어미

① ‒ㄹ셰라 = _____

② ~손듸/~다려 = _____

③ ~도곤/~라와/~에 = _____

④ 다히 = _____

⑤ ~관듸 = _____

⑥ ‒ㄹ시 = _____

⑦ ‒쟈스라 = _____ / ‒고져 = _____

**Answer**

**3.** ① 벌써, 다시 ② 잠시 동안
**4.** ① 언제(when) ② 언제(when) ③ 무엇(what) ④ 얼마, 몇(how many) ⑤ 어찌(how) ⑥ 어느(which)
**5.** ① ~할까 두렵다 ② ~에게 ③ ~보다 ④ ~답게 ⑤ ~길래 ⑥ ~하므로 ⑦ ~자 / ~하고 싶다

## 4. 알아 놓으면 꿀인 관습적 상징물

① 해, 달, 별 = _____

　햇빛, 달빛, 별빛 = _____의 _____


② 구름 = _____

　석양 = _____의 _____


③ 매란국죽송, 난초, 잣나무 = _____와 _____


④ 백구(갈매기) = _____

　도화(도연명의 고사) = _____, _____


⑤ 접동새 = 자규 = 귀촉도 = 소쩍새 = 두견 : _____


⑥ 실솔(蟋蟀 귀뚜라미) = _____

Chapter
# 03 산문 필수 이론

출사표 이론

## 1. 구성

주제를 효과적으로 전달하기 위해 작가가 선택한 구조

| | |
|---|---|
| 평면적<br>(순행적)<br>구성 | 과거 – 현재 – 미래로 사건이 전개되는 방식. 일대기를 그린 작품에서 흔히 볼 수 있다. |
| 입체적<br>(역순행적)<br>구성 | 현재 – 과거 – 현재로 사건이 전개되는 방식<br><br>예 "남대문 정거장까지 말씀입니까?"<br>　하고, 김 첨지는 잠깐 주저하였다. 그는 이 우중에 우장도 없이 그 먼곳을 칠벅거리고 가기가 싫었음일까? 처음 것, 둘째 것으로 고만 만족하였음일까? 아니다. 결코 아니다. 이상하게도 꼬리를 맞물고 덤비는 이 행운 앞에 조금 겁이 났음이다. 그리고 집을 나올 제 아내의 부탁이 마음에 켱기었다. 앞집 마나님한테서 부르러 왔을 제 병인은 그 뼈만 남은 얼굴에 유월의 샘물 같은 유달리 크고 움푹한 눈에다 애걸하는 빛을 띄우며,<br>　"오늘은 나가지 말아요. 제발 덕분에 집에 붙어 있어요. 내가 이렇게 아픈데⋯⋯."<br>　하고 모기 소리같이 중얼거리며 숨을 걸그렁걸그렁하였다. 그래도 김 첨지는 대수롭지 않은 듯이.<br>　"압다, 젠장맞을 년. 빌어먹을 소리를 다 하네. 맞붙들고 앉았으면 누가 먹여 살릴 줄 알아."<br>　하고 훌쩍 뛰어나오려니까 환자는 붙잡을 듯이 팔을 내저으며,<br>　"나가지 말라도 그래. 그러면 일찍이 들어와요."<br>　하고 목메인 소리가 뒤를 따랐다.<br>　정거장까지 가잔 말을 들은 순간에 경련적으로 떠는 손, 유달리 큼직한 눈, 울 듯한 아내의 얼굴이 김 첨지의 눈앞에 어른어른하였다.<br>　"그래, 남대문 정거장까지 얼만 말이요?"<br>　　　　　　　　－ 현진건, 〈운수 좋은 날〉 － |
| 액자식<br>구성 | 액자가 그림을 둘러서 그림을 꾸며주듯, 바깥 이야기(외부 이야기)가 그 속의 이야기(내부 이야기)를 액자처럼 포함하고 있는 기법. 외화 속 내화. 외화와 내화의 시점이 다른 경우가 많다.<br>예 이청준, 〈소문의 벽〉, 작자 미상, 〈운영전〉<br><br>예 밤늦게 귀가하던 '나'는 누군가에게 쫓기고 있어 도와달라는 남자를 만나고 집으로 데려와 재운다. 다음날 그 남자가 정신병원에서 탈출한 소설가인 박준인 것을 알게 되고, 일체의 진술을 거부하는 진술 공포증에 걸렸음도 알게 된다. 2년 전만 해도 열심히 작품을 발표하던 박준이 정신병에 걸린 것에 대한 의문을 품고, 그가 쓴 세 편의 소설을 읽는다. 그리고 그 소설들을 통해 그의 병의 원인이 어릴 적, 밤에 전짓불을 들고 들이닥쳐 좌익이냐 우익이냐를 따지던 사내들에 대한 공포심이라는 것을 깨닫게 된다. '나'는 이런 사실을 박준의 담당 의사인 김 박사에게 말하지만, 김 박사는 본인만의 치료 방법을 고집한다. 결국 김 박사는 박준의 진술을 받기 위해 전짓불을 들이대었고, 박준은 다시 병원을 탈출한다. '나'는 박준이 다시 나타날 것인가를 생각하다가 죄책감에 괴로워한다.<br>　　　　　　　－ 이청준, 〈소문의 벽〉 － |
| 피카레<br>스크식<br>구성 | 독립된 각각의 이야기에 동일한 인물이 등장하여 여러 가지 이야기를 전개하는 구성방식<br>예 양귀자의 〈원미동 사람들〉<br>　조세희의 〈난쟁이가 쏘아올린 작은 공〉<br>　박태원의 〈천변 풍경〉 |
| 옴니버스<br>구성 | '합승마차'라는 뜻으로 서로 작은 주제와 인물이 다르다고 해도 거대한 주제가 동일한 구성방식<br>예 작자미상, 〈봉산 탈춤〉 |

## 2. 인물

- 인물 내면의 직접 제시 (telling, 말하기)
  → 요약, 설명의 방식으로 인물의 성격이나 심리를 직접 드러낸다.

> 노인이 정말로 내게 빚이 없다는 사실을 잊어버리고만 것인가. 노인의 말처럼 그건 일테면 노망기가 분명했다. 그런 염치도 못 가릴 정도로 노인은 그렇게 늙어 버린 것이었다. 하지만 나는 굳이 노인의 그런 노망기를 원망할 필요도 없었다.
> — 이청준, 〈눈길〉에서 —

- 인물 내면의 간접 제시 (showing, 보여주기)
  → 사건이나 인물의 외양을 묘사하거나 인물의 대화를 전달함으로써 독자가 인물의 성격이나 심리를 추측할 수 있게끔 한다.

> "오빠, 편히 사시오."
> 계연은 이미 시뻘겋게 된 두 눈으로 성기의 마지막 시선을 찾으며 하직 인사를 했다. 성기는 계연의 이 말에, 꿈을 깬 듯, 마루에서 벌떡 일어나, 계연의 앞으로 당황히 몇 걸음 어뜩어뜩 걸어오다간, 돌연히 다시 정신이 나는 듯 그 자리에 화석처럼 발이 굳어 버린 채, 한참 동안 장승같이 계연의 얼굴만 멍하게 바라보고 있었다.
> — 김동리, 〈역마〉에서 —

## 3. 사건(갈등의 종류)

(1) 외적 갈등
① 인물 vs 인물 : 어떤 까닭으로 두 인물이 겪게 되는 대립
② 인물 vs 사회 : 인물이 속한 사회제도, 구조로 인해 생기는 대립
③ 인물 vs 운명 : 비극적 운명을 타고나서 겪게 되는 대립. 보통 인물이 운명에 패배, 순응하게 된다.

(2) 내적 갈등
한 인물의 마음 속에서 일어나는 분열적인 심리

## 4. 서술자의 시점

(1) 개념 : 서술자의 관점, 시각

(2) 종류
① 1인칭 주인공 시점
  ㉠ 개념 : 작품 속 주인공인 서술자 '나'가 자신의 내면까지 서술함.
  ㉡ 효과
    – 주인공의 내면 심리가 자세하게 서술됨.
② 1인칭 관찰자 시점
  ㉠ 개념 : 작품 속 관찰자인 서술자 '나'가 주인공이 처한 사건을 관찰하여 독자들에게 전달함.
  ㉡ 효과 : 주인공의 내면 심리에 대해 자세히 알기 힘듦. 상상력을 자극함.

> 신빙성 없는 화자 : 사건이나 인물에 대한 인식과 해석이 미성숙하거나 무지한 화자

③ 3인칭 전지적 작가 시점
  ㉠ 개념 : 작품 밖 전지전능한 서술자가 사건의 모든 것을, 인물들의 내면까지도 독자들에게 전달함.
  ㉡ 효과
    – 독자의 능동적인 해석이 제한될 수 있다.
    – 편집자적 논평이 드러날 수 있다.

> ≫ 편집자적 논평이란 전지적인 서술자가 인물이나 사건에 개입하여 자신의 주관적인 감정이나 판단을 작품 전면에 드러내는 것이다.
> 예 "길동이 재배 하직하고 문을 나매, 운산(雲山) 첩첩(疊疊)하여 지향(指向)없이 행(行)하니 어찌 가련(可憐)하지 아니하리요."
> 허균, 〈홍길동전〉

  – 대부분의 고전 소설에 나타난다.

④ 3인칭 관찰자 시점
  ㉠ 개념 : 작품 밖 능력 없는 서술자가 인물의 대화와 행동만 독자들에게 전달함.
  ㉡ 효과
    – 주관을 배제하고 객관적인 사실만 전달함.
    – 서술자와 인물의 거리가 가장 멂.

MEMO

## 박혜선

### 주요 약력

고려대학교 국어국문학과 수석 졸업
고려대학교 국어국문학과 심화 전공
정교사 2급 자격증
前 대치 반포 산에듀 국어영역 최연소 대표강사
現 박문각공무원 온라인 오프라인 1타 강사

### 주요 저서

박혜선의 All in one 문법의 왕도(박문각출판)
박혜선의 All in one 문학의 왕도(박문각출판)
박혜선의 All in one 한자의 왕도
박혜선의 역공국어 콤팩트 어문규정(박문각출판)
박혜선 국어 신기록 역공 문법 기출(박문각출판)
박혜선 국어 신기록 역공 문학 기출(박문각출판)
박혜선 역공국어 **콤팩트한 단원별 문제풀이**(문법 편)(박문각출판)
박혜선 역공국어 **콤팩트한 단원별 문제풀이**(독해 편)(박문각출판)
박혜선 역공국어 NEW 문법 쌍끌이(박문각출판)
박혜선 역공국어 NEW 문학 쌍끌이(박문각출판)
박혜선 역공국어 NEW 비문학 쌍끌이(박문각출판)
혜선국어 넷클래스 국어모의고사(박문각출판)

## 박혜선 亦功 국어
# 콤팩트한
# 단원별
# 문제풀이

## 독해 편(문학, 비문학)

**초판인쇄** | 2023. 2. 1.  **초판발행** | 2023. 2. 6.  **편저자** | 박혜선  **발행인** | 박 용  **발행처** | (주)박문각출판
**등록** | 2015년 4월 29일 제2015-000104호  **주소** | 06654 서울시 서초구 효령로 283 서경 B/D 4층
**팩스** | (02)584-2927  **전화** | 교재 주문·내용 문의 (02)6466-7202

저자와의
협의하에
인지생략

정가 15,000원   ISBN 979-11-6987-129-7
              979-11-6987-127-3 (세트)

* 본 교재의 정오표는 박문각출판 홈페이지에서 확인하실 수 있습니다.